IDENTIFICATION AND PREDICTION OF

ENTERPRISES' INTERNAL CONTROL DEFICIENCIES

企业内部控制缺陷识别与预测

王海林◎著

中国财经出版传媒集团
中国财政经济出版社

图书在版编目（CIP）数据

企业内部控制缺陷识别与预测／王海林著．—北京：中国财政经济出版社，2020.1

ISBN 978－7－5095－9341－7

Ⅰ．①企… Ⅱ．①王… Ⅲ．①上市公司－企业内部管理－研究－中国 Ⅳ．①F279.246

中国版本图书馆CIP数据核字（2019）第233544号

责任编辑：贾延平　　　　责任校对：徐艳丽

封面设计：陈宇琰

中国财政经济出版社出版

URL：http：//www.cfeph.cn

E－mail：cfeph@cfeph.cn

社址：北京市海淀区阜成路甲28号　邮政编码：100142

营销中心电话：010－88191537

北京时捷印刷有限公司印刷　各地新华书店经销

787×1092毫米　16开　19.25印张　232 000字

2020年1月第1版　2020年1月北京第1次印刷

定价：76.00元

ISBN 978－7－5095－9341－7

（图书出现印装问题，本社负责调换）

本社质量投诉电话：010－88190744

打击盗版举报热线：010－88191661　QQ：2242791300

前言

Preface

内部控制是“由企业董事会、监事会、经理层和全体员工实施的、旨在实现控制目标的过程”。内部控制不是企业管理的全部，但企业管理上出现问题却总能发现内部控制失效的影子。

作为企业管理的一部分，内部控制与其他管理活动和业务活动紧密结合，体现于企业决策、管理和运营的各个方面和所有环节。内部控制效果会通过企业日常经营活动反映出来，因此，通过观察相关企业日常活动情况可以判断企业内部控制是否有效。

内部控制缺陷既是造成内部控制失效的重要因素，也是内部控制失效的结果表现。内部控制缺陷严重程度不同对企业造成的影响、产生的后果也存在很大差异，而且企业整体上的一般缺陷，对于局部可能就是某个部门、某项业务、某项管理的致命隐患。对企业来说，如果通过观察日常经营活动及时发现了内部控制中出现的问题、存在的漏洞，分析并找到问题和漏洞产生的源头和原因，又及时对内部控制体系进行了修补完善，不仅可以将一般缺陷解决在萌芽状态，清除重要缺陷进一步恶化的隐患，还可以消除产生重大缺陷的风险因素，避免重大损失的发生。因此，借助信息技术方法和工具构建内部控制缺陷识别与预测机制，实现对内部控制缺陷严重程度的识别预测，对实现内部控制缺陷事中识别和事前预警非常必要。

本书旨在探讨如何将信息技术用于企业内部控制，解决内部控制缺陷识别预测的问题。全书首先阐述了内部控制、内部控制缺陷等基本概念，分析了内部控制与信息技术的关系，在此基础上利用 BP 神经网络技术构建了 BP 内部控制缺陷识别预测模型，给出了内部控制缺陷识别预测机制。

本书出版之际，感谢我的研究团队中陈学成、陈淼琳、韦婉、李斌、马可、刘佟、张硕、朱玮玲、王慧云、王晓旭、张爱玲、付文博、常正伟在相关数据采集、文献汇总、研究方法总结、实证检验中所做的工作。

王海林

2020 年 1 月

目录

Contents

第 1 章

绪　论

利用新技术解决企业管理的难题，提高企业管理的精细化水平是企业信息化应用的方向之一。内部控制是企业管理的重要部分，借助神经网络方法构建模型进行内部控制缺陷识别与预测，可以京服人工判断的局限，是将一般缺陷解决在萌芽状态，清除重要缺陷恶化的隐患，消除重大缺陷产生的风险因素，避免重大损失发生的切实可行之选择。

近年我国频频出现企业由于管理不规范、违规操作或造假等内部控制缺陷问题长期得不到解决，最终造成国有资产流失、企业破产倒闭，严重损害投资者利益的情况。2004 年中航油新加坡公司的巨额亏损、2008 年三鹿集团的破产、2015 年天津瑞海公司危险品仓库爆炸事故等都是鲜活的例证。来自迪博的数据显示，2010—2015 年仅制造业披露存在重大和重要缺陷的 144 家公司中就有 37 家公司是 2 年及以上反复出现重大和重要缺陷，占 25.69%。[①] 审计署披露的对国有上市企业财务收支审计结果也显示，2010—2016 年，几乎所有被审企业都存在利润不准确、操作不规范的情况。[②] 按照墨菲定律，一个系统只要存在缺陷，问题终究会爆发。中航油、三鹿、瑞海等案例已经证明了这一点。分析上述问题长期反复存在的原因，除了管理因素、纠正管理错误有难度之外，内部控制缺陷认定不够准确、缺陷没有被及时识别并得到跟踪解决也是重要原因。因此，对于内部控制存在缺陷还未发生重大损失，未造成重大影响的企业，及时识别与跟踪缺陷、避免缺陷的重复出现、消除隐患非常重要。而对所有企业，建立内部控制缺陷早期识别与预警机制无疑是将缺陷消灭在萌芽状态的最佳选择。

财政部统计数据显示，2011 年企业开始试点执行内部控制规范体系以来，我国企业在内部控制缺陷认定方面有了很大进步。比如，纳入实施范围有明确内部控制缺陷认定标准的公司占比已经大幅提高，从 2011 年占被考察公司的 47.76% 到 2012 年的 67.41%、2013 年的 96.2%、2014 年的 96.88%，并且 2013 年、2014 年已经分别有

① 资料来源：迪博公司内部控制评价缺陷库。

② 资料来源：审计署 2011—2016 年相关审计结果公告。

93.82%、95.22%的企业分类制定了缺陷认定标准。① 但是我们也看到，由于企业内部控制缺陷评价目前主要由企业相关人员或外部审计师根据经验在事后进行分析判断，缺陷认定上依然存在着认定标准笼统且实务操作性较差、缺陷认定过度依赖评价人员和注册会计师的职业素养、缺陷认定都是事后分析判断、无法事中识别及事前预警等问题。为此，有学者提出可以利用定义和表现的迹象两种方法认定内部控制重大缺陷（陈武朝，2012），利用软件抓取分析内部控制审计报告中专门词汇的方法识别 IT 控制缺陷（Boritz et al.，2013），从内部控制有效性、审计效率和时效性几方面建立指标对内部控制进行监控（Masli et al.，2010），采用测试法、迹象法识别缺陷（杨有红和李宇立，2011）。也有学者分析了内部控制重大缺陷的决定性因素（Doyle et al.，2007）或者尝试建立用测试法、判别法判别重大内控缺陷的模型（Kim et al.，2011；王茜和戴文涛，2012）。

对于一家企业而言，我们往往无法直接判断其是否存在内部控制缺陷，以及内部控制缺陷的严重程度，但是我们可以观察到企业运营过程中每个细节活动的完成情况。通过对大量企业的观察分析，可以将企业运营过程中细节活动的完成情况与内部控制缺陷严重程度联系起来，从而实现对企业内部控制缺陷的识别与预测。

基于观察企业日常经营管理活动情况推断出缺陷严重程度是一个非常复杂的过程，如果采用人工方法来完成缺陷识别，极易导致发生模糊判断、判断不准确、判断周期长的问题。只有借助信息技术方法和工具

---

① 数据来源：财政部2014年、2013年、2012年“我国上市公司实施企业内部控制规范体系情况分析报告”及“我国境内外同时上市公司2011年执行企业内控规范体系情况分析报告”。

才能真正实现内部控制缺陷事中识别和事前预警的管理目标。

神经网络作为人工智能的一种技术，可以用于模拟人脑的思维模式，通过学习大量企业的运营活动情况及其对应的缺陷等级形成一定的知识积累，然后利用这些积累形成的模型实现对其他企业缺陷严重程度的识别预测。因此，将神经网络技术应用于内部控制缺陷识别无疑具有重要意义。

按照控制论的观点，无论自动机器，还是神经系统、生命系统，以至经济系统、社会系统，它们都可以看作控制系统。系统论进一步告诉我们，系统是由相互联系、相互作用的若干要素组成的，具有一定结构和功能的有机整体。一个系统会受到各种内外部因素的作用和影响，可以将这些因素称为系统的输入信号，系统受到这些因素作用后会产生一定的响应，就是系统的输出信号。系统的内部结构和功能决定了系统产生响应的方式。如果系统结构和功能是确定的，那么输入信号相同，系统就会产生相同的输出信号。

企业是一个控制系统，我们可以从不同角度对企业的内部控制进行剖析。比如，从系统的概念结构角度看，内部控制至少包括施控主体、受控客体和将控制作用传递给受控客体的传递者三部分；从设计、实施、评价的生命周期角度看，内部控制应该包括内部控制系统、内部控制系统实施体系与内部控制评价体系；从 COSO 和我国《企业内部控制规范》提出的控制五要素角度看，内部控制由内部环境、风险评估、控制活动、信息与沟通、监督五部分构成。

企业是一个复杂的社会经济系统，内部控制作为它的子系统，其结构非常复杂，无法简单地用一个数学模型进行描述。因此，指望通过分析每一个企业内部控制结构，并利用数学模型进行模拟获得该企业内部控制缺陷严重程度的输出结果是不可行的。

对一个系统来说，一旦系统结构确定下来，系统的输出结果完全由输入信号决定，于是研究中可以将企业内部控制的结构视作一个“黑匣子”，我们只关注“黑匣子”的输入和输出，通过构建输入和输出信号之间的关系达成相关问题的研究目标。

本书采用 BP 神经网络模型研究企业内部控制缺陷识别正是基于上述思想。研究以一定周期，比如一个财政年度内的企业内部控制系统作为样本，从控制五要素视角对内部控制进行分析，依据控制要素可以将监测获得的企业内部环境、风险评估、控制活动、信息与沟通、监督方面的情况数据看作系统的输入信号，而将企业存在内部控制缺陷的程度作为系统的输出。在输入信号可知的情况下，管理者关心的是企业会有什么样的输出，即存在什么程度的内部控制缺陷。而企业对内部控制系统运行过程的输入就决定了该周期内企业内部控制缺陷的严重程度。将企业内部控制系统的结构和功能用人工神经网络进行模拟，既可以避免对内部控制系统结构进行简单模型化处理，也可以达成对内部控制缺陷严重程度进行识别预测的目的。

第 2 章

企业内部控制缺陷研究综述

内部控制缺陷是内部控制无效的结果和表现，通过制定内部控制缺陷分类和缺陷认定标准可以影响内部控制评价结果，通过披露内部控制缺陷评价和缺陷信息可以了解企业内部控制状况，判别内部控制制度的有效性，通过分析内部控制缺陷整改措施可以预估企业内部控制的未来变化……凡此种种，说明内部控制缺陷研究至关重要。

2.1　国内外企业内部控制缺陷研究回顾

已有文献显示，国内外内部控制缺陷研究主要集中在三大类：内部控制缺陷的认定与识别、内部控制缺陷的影响因素分析和内部控制缺陷的经济后果研究。

2.1.1　内部控制缺陷的认定、分类、识别与预测

内部控制缺陷的认定与识别从不同角度对内部控制缺陷进行了界定和划分，帮助企业识别出不同程度的内控缺陷。国内外学术界对于内部控制缺陷的分类并不统一，不同学者提出了不同的划分依据，分类数量也各有不同。我国企业内部控制规范将内部控制缺陷划分为设计缺陷和运行缺陷，而美国第 2 号审计准则和我国内部控制评价指引均将其分为一般缺陷、重要缺陷和重大缺陷，但分类依据不同，美国侧重于财务报告层面——基于产生错报的可能性及金额的大小进行分类，我国除了财务报告层面外还涵盖了公司层面——根据偏离控制目标的严重程度进行分类。Weili Ge 和 Sarah McVay（2005）通过对 2002 年《萨班斯法案》（SOX）颁布后披露重大内部控制缺陷的 261 家公司进行分析，把重大内部控制缺陷分为账户类缺陷、培训类缺陷、期末报告和会计政策缺陷、收入确认类缺陷、职务分离类缺陷、账户核对类缺陷、子公司类缺陷、高管类缺陷和技术类缺陷九大类。Hammersley 等（2008）根据内部控制审计的难易程度将内部控制缺陷分为较难审计缺陷和较易审计缺陷两类。较难审计缺陷包括控制环境缺陷、财务报告缺陷和关键人员方

面缺陷等，较易审计缺陷包括日常业务控制缺陷、交易计量类缺陷和控制系统缺陷等。Doylea 等（2007）将内部控制缺陷分为公司层面缺陷和账户层面缺陷两类。王慧芳（2011）从理论、制度政策、实际操作以及缺陷程度区分等方面构建了内部控制缺陷认定的基本框架。认为可以从理论上对财务报告内控缺陷与公司层面内控缺陷进行明确定义与区分，制定规则式与原则式相结合的内部控制缺陷认定标准。实际操作中，对财务报告内控缺陷认定应用定量标准，对公司层面内控缺陷认定采用定性化标准，并建议将公司层面内控缺陷只分为一般缺陷与重大缺陷。田娟和余玉苗（2012）对如何识别内部控制缺陷、内部控制缺陷重要性划分的具体规定标准等进行了分析，他们认为应该将原则和规则相结合确定内部控制缺陷认定标准，并提出了明确划分财务报告与非财务报告缺陷的建议。

根据不同的内部控制缺陷认定标准，学术界也提出了许多内控缺陷识别的探索性方法。杨有红和李宇立（2011）通过研究内部控制缺陷的实质与内部控制固有局限之间的关系，对内部控制缺陷的识别认定及其严重程度进行了分析。认为内部控制缺陷的识别应根据缺陷性质的不同，分别采用迹象识别法和测试识别法。朱海曦（2011）分析了内部控制缺陷认定的判断标准和流程。陈武朝（2012）以《萨班斯法案》（SOX）颁布之后 2003 年 11 月至 2005 年 7 月间披露重大缺陷的美国上市公司为样本，研究分析了重大缺陷的认定、披露情况。发现重大缺陷主要依据可能存在重大缺陷的重要迹象和重大缺陷的定义来认定，披露的内部控制重大缺陷几乎涉及内部控制五要素的所有内容。用以识别重大缺陷的重要迹象主要有企业审计委员会和内部审计机构对内部控制的监督无效、注册会计师发现董事、监事和高级管理人员舞弊等。李宇立（2012）认为，可以从利用观察、检查、重新执行方法获得的过程性缺陷信息和利用“故障树”分析法获得的结果性缺陷信息中发现潜在的和现实的缺陷。南京大学会计与财务研究院课题组（2010）在对我国出现重大问题的 112 个代表性企业案例归纳的基础上，按照内部控制五要素对内部控制缺陷进行了分类，认为内部控制评价的要点应是应急式评价，借以快速改进和全面提高各企业的内部控制水平。王茜和戴文涛（2012）采用逐步判别分析法构建了内部控制重大缺陷判别模型，研究发现与不存在重大缺陷的上市公司相比，存在重大缺陷的上市公司一般上市年限较长、规模较小、盈利能力和成长性都较差。

内部控制缺陷的认定与识别会涉及内部控制的评价。现有文献中，陈汉文（2011）依据《企业内部控制基本规范》等法律法规及相关文件，构建了一套内部控制指数评价体系，旨在全面客观地评价我国上市公司的内部控制现状。该体系包括四级指标：一级指标为内部控制五要素，共 5 个；二级指标为五要素下属的细分指标，共 24 个；二级指标进一步细分为 43 个三级指标和 144 个四级指标，采用 AHP 的分析方法计算出内部控制评价指数，并对上市公司进行评价分析。

梁运吉（2008）在其博士论文中构建了基于风险管理的企业内部控制整体评价数据库，按照内部控制五要素的结构形式进行具体细分，包括内部 5 个关注要素，18 个关注项目，34 个关注内容，132 个关键关注点；又构建了内部控制作业层级自我评价数据库，可对企业根据业务流程设立的各项内部控制制度的健全性、恰当性和有效性进行评价，即内部控制具体环节的评价。

王海林（2009）提出，内部控制评价应该包括内部控制实施过程的评价和实施结果的评价两方面。她认为，国内已有的内部控制评价主要集中在内部控制实施结果的评价上，于是提出了内部控制能力评价的 IC－CM 模型，将研究的对象定位于企业内部控制的实施过程，建立了企业内部控制过程评价体系。

2.1.2 内部控制缺陷的影响因素

现有研究从多方面分析了内部控制缺陷的影响因素，发现经营复杂程度、组织变化、公司财务能力及财务风险、公司基本特征等都会影响内部控制缺陷。

Doyle 等（2007）在内部控制缺陷分类基础上，将 2002 年 8 月到 2005 年披露重大缺陷的公司与未披露重大缺陷的公司进行对比检验，发现披露重大缺陷的公司一般规模较小、年限较短、财务状况较差、经营业务类型复杂、增长快或经历过重组。Stephen 和 Steven（2005）研究发现，与行业内其他企业相比，存在重大缺陷的公司通常规模较小、业绩较差，而且具有较高的 β 值（表明有较高的股权资本成本），这些公司的总市值仅占标准普尔 500 家公司总市值的 1.28%。Kenichi（2010）研究比较了2008 年日本与美国上市公司内部控制重大缺陷披露情况，发现日本上市公司披露重大缺陷的比率仅为 2.1%，远低于美国上市公司披露重大缺陷的比率（16.9%），而且存在缺陷的上市公司往往较小、较复杂、增长较慢或正在进行重组的公司。Anna 等（2012）调查了日本 2006 年《金融工具交易法》通过后公司内部控制重大缺陷的披露情况，发现存在内部控制重大缺陷的公司更可能是年限较短的、有较好发展前景的、经营环境比较复杂的或有财政约束并且有较弱的治理结构的公司。Sarah 和 David（2011）研究了 SOX 法案 404 条款下内部控制缺陷的决定因素，发现报告内部控制缺陷的概率与外部融资需求、公司规模、非审计费用和大型审计公司的存在成负相关关系；与财务困境、审计师的努力程度、先前的内部控制报告和重述、近期的审计人员和管理层的变更成正相关关系。Krishnan（2005）认为，审计委员会质量（规模、独立性、财务专家数）越好，内部控制缺陷出现的概率越低。

国内学者齐保垒等（2010）整理了我国 2008 年存在实质性缺陷的上市公司情况，得出了类似的结论——存在内部控制缺陷的企业的经营复杂程度更高、较晚上市、内控建设投入较少，并且近期经历了兼并重组或审计师变更。杨清香和张晋（2008）以 UT 斯达康国际通信有限公司为例，分析了其在飞速发展与战略转型中存在的内部控制缺陷，并提示要重视内部控制的环境适应性、重视内部控制的战略目标、重视内部控制的“人格化”问题。田勇（2011）根据 2009 年深市主板上市公司数据，运用内部控制重大缺陷的代理变量，发现资产规模、审计委员会勤勉度以及盈利能力与内控重大缺陷显著负相关，而重大重组则显著正相关。李育红（2010）发现，公司规模小、业务复杂、正经历组织变革、审计委员会会议次数多、国有股持股比例高的上市公司更容易披露内控缺陷。李宇立（2011）以问卷调查的方式进行的实证研究认为，报告缺陷影响经营控制缺陷，经营控制缺陷影响战略控制缺陷，资产安全、合法合规和报告控制缺陷高度关联。

内部控制缺陷信息披露的影响因素也是学者们关注的重点。

Gopal 和 Gnanakumar（2005）研究发现，披露内部控制缺陷的公司，一般审计委员会会议次数较多，审计委员中的财务专家比例较少，审计人员更换较频繁，财务报告重述的比例较高。左锐等（2016）发现独立性和专业性与实质性缺陷和非实质性缺陷都显著负相关，但对非实质性缺陷的影响程度更高。刘亚莉等（2011）发现，当年成立审计委员会，董事长与总经理两职兼任、审计机构变更频繁的公司更有可能披露内控缺陷。Yan 等（2007）通过对有无披露内控缺陷的公司进行对比研究发现，当公司审计委员会具有较少的财务专家，审计人员的独立性越强时，公司更可能披露内部控制缺陷。另外，近期变更审计人员的公司更可能存在内部控制缺陷。Shu 等（2011）以 214 家公司为样本数据研究了重大缺陷披露与各种内部审计职能的属性和活动之间的关系，结果表明，披露重大缺陷与内部审计职能质量等有关，内审有助于降低内控重大缺陷的发生。

Maya 和 Linda（2009）研究表明，重大内部控制缺陷的披露与公司更换审计人员具有密切联系。方红星等（2010）发现，相比普通上市公司，交叉上市公司的市场监管和审计监督更为严格，内控缺陷的披露和整改更加及时有效。Ashbau（2007）则发现，近期审计机构变更、聘请四大会计事务所进行审计的上市公司披露内部控制缺陷的可能性更大。赵息等（2014）利用内部控制缺陷与财务重述的因果关系，从管理层披露“动机选择”角度进行研究发现，两权分离度较高、陷入财务困境、融资需求大以及管理层权力大的公司更倾向于隐瞒内控缺陷，而法律诉讼风险较高的公司更愿意披露内控缺陷。田高良等（2010）研究发现，经历审计人员变更或者财务报告重述的上市公司更有可能发现、披露内部控制缺陷，内部控制缺陷披露也受上市公司聘用的会计师事务所质量影响。

2.1.3 内部控制缺陷的经济后果

研究显示，内部控制缺陷产生的经济后果主要包括盈余管理、审计收费、资本成本、非效率投资、信贷约束等。Bryan 和 LiLien（2005）研究证明，在重大缺陷的披露日，股票收益率为负，但在短期内结果并不显著。Kam 等（2008）考察了 SOX 法案 404 条款下披露重大内控缺陷的公司与其他公司相比是否会有更多的盈余管理，结果表明，披露重大缺陷的公司正的可操控性应计利润和可操控性应计利润的绝对值都大于其他公司，但是实证结果并不显著。Cristi 等（2011）研究了涉及税务的重大内控缺陷对盈余管理的影响，表明存在涉税的重大内控缺陷的公司更容易通过应计税金操纵利润，而这些缺陷的披露和改正对制约盈余管理有一定的影响。Kim 等（2010）研究发现，内部控制缺陷的披露对公司获得借贷资金存在负面影响，存在内部控制缺陷的公司的借贷成本更高。Dragon 等（2012）研究发现，披露内部控制重大缺陷的公司债权人预期回报更低。池国华等（2012）通过实验研究方法，研究了内部控制缺陷信息披露对个人投资者风险认识的影响，发现内部控制缺陷的严重程度对个人投资者的风险认知具有显著影响，相对于重要缺陷或没有披露任何缺陷，重大缺陷的披露会显著提高个人投资者的风险认知水平，而投资者对不披露任何缺陷与披露重要缺陷并没有进行差异化的风险认知反应。Ashbaugh 等（2008）认为，内部控制重大缺陷会导致更大的盈余噪音和更多的异常应计。这种负面效应主要由治理层面内部控制缺陷引起，会计层面内部控制缺陷的作用相对较小，当会计层面和治理层面内部控制缺陷同时存在时，负面影响最大（李万福等，2014）；对于审计监督较弱、披露充分性较低的上市公司，内部控制缺陷信息披露对过度投资与投资不足均产生了显著影响（Lee 等，2016）。内部控制缺陷的存在加剧了企业面临的信贷约束，企业对内部控制缺陷所采取的整改措施可以缓解其所引致的信贷约束，但并不能从根本上消除内部控制缺陷给企业信贷融资带来的消极影响（刘中华和梁红玉，2015）。

除了上述文献外，现有将神经网络技术用于内部控制问题的研究中，朱卫东等（2005）构建了内部控制评价指标，把描述企业内部控制状况的特征信息作为神经网络的输入向量，把代表相应综合评价结果的值作为输出，对企业内部控制状况进行了量化的评价。何毓海

（2009）从内部环境、生产经营活动、内部控制手段三方面分别建立指标模型对内部控制状况进行了总体评价研究，朱庆锋（2013）从资金资产管理、购销、研发与业务外包、工程项目管理、财务报告和全面预算六方面设计了含 29 个指标的模型对企业控制活动进行了评价分析。但是上述模型并没有对内部控制缺陷问题进行研究，不能解决内部控制缺陷认定识别存在的问题。王海林（2017）利用 BP 神经网络技术构建 BP 缺陷识别预测模型对企业内部控制缺陷识别问题进行了研究。

2.2 我国企业内部控制缺陷研究的热点与趋势

为了对我国内部控制缺陷的研究成果、热点和趋势进行全面梳理和分析，以期量化、客观、全面、准确地总结在此方面研究的成就，为后来者的学术发展与创新研究提供参考，在文献综述基础上，我们以 1990 年至 2014 年这 25 年里我国内部控制缺陷研究的学术文献为样本，利用知识图谱法对我国企业内部控制缺陷研究的热点和趋势进行了系统化研究。

内部控制研究从无到有，从少到多，逐渐成为我国管理研究的热点之一。国内已有学者对此进行了一定的总结分析。按照学者们的分析，可将所采用的方法划分为四大类：

第一，主题词统计分析。朱华建等（2011）以 2000—2010 年国内《会计研究》《审计研究》《审计与经济研究》等七种期刊上以“内部控制”为关键词和主题词的文献为样本，通过分类统计分析了 2000 年之后我国内部控制研究的主线和存在的问题；李连华和聂海涛（2007）

以 1985—2005 年《会计研究》《审计研究》《财务与会计》和《财会通讯》四种期刊上内部控制研究的文献为对象，利用文献题名的主题词统计总结了我国内部控制研究的结构特征；何卫红和赵佳（2011）利用 2003—2009 年国内核心及以上期刊发表的内部审计文献，人工划分了八类主题词，以内部控制为隐含主线，总结了我国内部审计的研究情况。

第二，按照主题归纳总结。秦江萍（2005）分会计舞弊动因、识别和防治三个主题对国外会计舞弊研究进行了梳理和评述；张砚和杨雄胜（2007）从审计流程、组织管理、个体行为三个视角回顾了国内外内部控制理论研究成果；杨玉凤（2007）按照实质性缺陷披露、披露成本、报告及影响等多个主题对国内外内部控制信息披露的研究进行了综述；唐志豪等（2008）分控制型和引导型两类对 IT 治理研究进行了分析；李享（2009）对美国内部控制实证研究进行了归纳总结；张庆龙和聂兴凯（2011）归纳了国外政府部门内部控制研究的成果和特征，以及我国政府部门内部控制状况。

第三，按照事物发展时间归纳分析。池国华和吴晓巍（2003）回顾了管理控制理论的四个发展阶段及相关文献；王竹泉和毕茜茜（2008）将我国改革开放 30 年划分为四个阶段，分阶段总结了我国会计监督的发展和创新；张龙平等（2009）回顾了美国内部控制审计制度的变迁和特点。

第四，归纳总结与重点文献的结合分析。王晶等（2015）、李翔等（2015）、张萍等（2015）和薛清梅等（2015）在归纳总结相关文献基础上通过重点剖析代表性文献的学术贡献，回顾与分析了内部控制有效性与会计信息质量、内部控制缺陷与信息不确定性、公司治理与财务报告内部控制、内部控制与审计四个争议性研究热点的研究情况。

2.2.1 研究方法与数据来源

2.2.1.1 研究方法

知识图谱是科学计量学发展的一种新形式。它利用可视化图形描述知识的发展过程和结构关系，为学科研究提供客观、准确的参考。知识图谱的绘制形式有多种，不同形式图谱可以满足不同的研究需求。其中，共词分析、聚类分析和多维尺度分析相结合绘制关键词知识图谱可以用于分析特定领域的研究热点（马费成等，2010；彭绪梅等，2007），以及特定学科的认知结构及演进（张斌和贾茜，2014），是社会网络分析的重要工具。

本书将知识图谱与重点文献分析相结合，研究过程主要分三步：第一，收集我国内部控制缺陷研究的相关文献，采用共词分析法对文献的关键词进行规范化处理，利用 BICOMB 软件构建共词矩阵；第二，采用社会网络分析与多元统计法，利用 Ucinet、NetDraw 以及 SPSS 软件进行中心度分析、凝聚子群分析、多维尺度分析，绘制共词网络可视化图形和我国企业内部控制缺陷研究的知识图谱；第三，依据前述分析结果探求我国企业内部控制缺陷研究的趋势、热点，确定各研究子群中具有较强影响力的代表性文献。

2.2.1.2 研究样本选取及规范化

本书的研究对象是我国企业内部控制缺陷研究的相关文献。我们以 CNKI 期刊数据库为数据源，以 1990—2014 年为研究的时限范围，以“社会科学Ⅱ辑”“信息科技”“经济与管理科学”为研究的学科领域，以 CSSCI、SCI、EI 和核心期刊为文献来源期刊类别，以“内部控制”

和“缺陷”为主题条件进行检索，共获得 509 篇文献。剔除与内部控制无关的纯审计专业研究和非营利组织研究文献后，获得研究样本 414 个，分属于 118 种期刊。逐一手工收集全部 414 篇文献的关键词，共获得 1190 个关键词样本，这些关键词出现频率 2072 次，每个关键词平均出现 1.74 次。

为了降低由于不同作者在文献写作中选择关键词和用词习惯上的差异带来的对本书研究结论准确度与有效性的影响，本书首先对收集到的关键词进行了如下规范化处理：

（1）剔除无关关键词

首先剔除了那些无助于描述研究主题内容并会影响分析结果准确度的词汇。剔除的词汇主要分为两类：①与研究无关，如“曾经辉煌”“2008 年”“力差”，以及“陈久”“黄运成”“贾探春”等人名；②只表明研究方法，如“实证研究”“数据分析”“logit 模型”“案例分析”“实验”“影响因素”等。此步规范化共剔除关键词 94 个，它们的出现频率为 113 次。

（2）关键词的分类与合并

将剩余 1096 个关键词中相似的词汇进行分类合并处理。分类合并标准有四个：①两词语意相近，如“财务报告”和“会计报告”、“财务困境”和“财务危机”、“产权主体”和“实际控制人”、“股东财富”和“所有者利益”等；②中英文对照，如《SOX 法案》和《萨班斯法案》《萨班斯—奥克斯利法案》；③原词与其缩写词，如“内部控制”和“内控”、“内部审计人员”和“内审人员”等；④同样含义的归类，如“上市公司”和“沪市公司”、“国有上市公司”和“民营上市公司”、“商业银行贷款”和“银行贷款”、“银行案件”和“金融案件”等。按照上述标准，共有 747 个关键词进行了合并处理。

经过规范化处理，最终获得520个关键词。按照出现频率排序，以8为阈值，共得到51个高频关键词，它们在文献中共出现1041次，占总频次的50.1%，说明其代表程度较高。这些高频关键词见表2－1。

表2－1 我国企业内部控制缺陷研究高频关键词汇总表（1990—2014年）

编码	关键词	出现频次	编码	关键词	出现频次	编码	关键词	出现频次
K01	内部控制	221	K18	内部控制体系	15	K35	审计意见	10
K02	内部控制缺陷	85	K19	机制	14	K36	盈余管理	10
K03	公司治理	51	K20	内部控制重大及重要缺陷	14	K37	资本成本	10
K04	信息披露	46	K21	会计控制	14	K38	信息技术	10
K05	商业银行	38	K22	市场作用和反应	13	K39	内部控制信息披露	9
K06	对策与建议	31	K23	会计工作	12	K40	内部控制审计	9
K07	业务风险	29	K24	内部审计	12	K41	会计舞弊	9
K08	上市公司	24	K25	投机和关联交易	11	K42	外部审计	9
K09	风险管理	24	K26	国有企业	11	K43	财务管理	9
K10	会计行为	21	K27	内部控制机制	11	K44	经营目标	9
K11	内部控制制度	20	K28	内部控制监督	11	K45	高管	8
K12	监管机构	19	K29	内部控制有效性和质量	11	K46	制度	8
K13	内部控制环境	19	K30	信贷管理	12	K47	内控审计报告	8
K14	COSO&SOX法案	16	K31	组织结构	10	K48	会计人员	8
K15	财务报告	16	K32	委托代理	10	K49	自愿信息披露	8
K16	金融行业	15	K33	内部控制缺陷认定	10	K50	投资管理	8
K17	出资人	15	K34	稽核	10	K51	风险	8

2.2.1.3　构建共词矩阵

（1）建立共词矩阵

用规范化处理后的高频关键词替换原有文献数据并导入 BICOMB 软件，得到$A_{51\times51}$无向对称共词矩阵。其中，a_{ii}为第 i 个关键词在全部文献中出现的次数，a_{ij}（$i\neq j$）为第 i 个关键词和第 j 个关键词共同出现在一篇文献中的次数。表 2－2 为共词矩阵前$A_{10\times10}$部分。

表 2－2　关键词共词矩阵

高频词	K01	K02	K03	K04	K05	K06	K07	K08	K09	K10
K01	221	16	26	30	28	11	17	16	13	17
K02	16	85	4	15	1	3	1	0	10	0
K03	26	4	51	2	9	3	0	3	4	1
K04	30	15	2	46	6	3	1	0	5	3
K05	28	1	9	6	38	2	12	4	0	3
K06	11	3	3	3	2	31	0	1	2	0
K07	17	1	0	1	12	0	29	8	0	4
K08	16	0	3	0	4	1	8	24	1	1
K09	13	10	4	5	0	2	0	1	24	0
K010	17	0	1	3	3	0	4	1	0	21

（2）共词矩阵标准化

为了消除共现频次绝对值差异对多元统计分析结果的影响，对表 2－2 所示共词矩阵进行标准化处理。标准化处理方法主要有包容指数法、临近指数法和等价系数法。本书采用等价系数法，通过计算关键词之间的 ochiia 相关系数（郑华川等，2002）得到共词矩阵的相似矩阵，计算公式为：

$$R_{ij} = \frac{a_{ij}}{\sqrt{a_{ii}} \cdot \sqrt{a_{jj}}}$$

其中，R_{ij}为 ochiia 相关系数，取值范围：0—1。系数越大，表示两个关键词相关程度越高。

同时，为了避免相似矩阵中大量零值对分析的干扰，将相似矩阵中R_{ij}用$1-R_{ij}$替代，相似矩阵转化为表 2-3 所示的相异矩阵。系数越大，表示两个关键词越不相关。

表 2-3　关键词相异矩阵

高频词	K01	K02	K03	K04	K05	K06	K07	K08	K09	K10
K01	0.0000	0.8833	0.7551	0.7025	0.6945	0.8671	0.7876	0.7803	0.8215	0.7505
K02	0.8833	0.0000	0.9392	0.7601	0.9824	0.9416	0.9799	1.0000	0.7786	1.0000
K03	0.7551	0.9392	0.0000	0.9587	0.7956	0.9246	1.0000	0.9143	0.8857	0.9694
K04	0.7025	0.7601	0.9587	0.0000	0.8565	0.9206	0.9726	1.0000	0.8495	0.9035
K05	0.6945	0.9824	0.7956	0.8565	0.0000	0.9417	0.6385	0.8675	1.0000	0.8938
K06	0.8671	0.9416	0.9246	0.9206	0.9417	0.0000	1.0000	0.9633	0.9267	1.0000
K07	0.7876	0.9799	1.0000	0.9726	0.6385	1.0000	0.0000	0.6968	1.0000	0.8379
K08	0.7803	1.0000	0.9143	1.0000	0.8675	0.9633	0.6968	0.0000	0.9583	0.9555
K09	0.8215	0.7786	0.8857	0.8495	1.0000	0.9267	1.0000	0.9583	0.0000	1.0000
K10	0.7505	1.0000	0.9694	0.9035	0.8938	1.0000	0.8379	0.9555	1.0000	0.0000

2.2.2 研究过程与分析

2.2.2.1 中心度分析

中心度分析是通过度量个体在网络中的位置差异来量化分析个体在网络中影响力的方法。中心度衡量指标包括度数中心度、接近中心度和中介中心度。其中，一个关键词的度数中心度指与该关键词直接相连的其他关键词出现的总频次。度数中心度越高，表明该关键词在全部关键词中越居于中心地位，对其他关键词越具影响力；关键词接近中心度衡量的是一个关键词不受其他关键词控制的程度，其倒数是该关键词与网络中其他关键词的捷径距离之和。若一个关键词与其他关键词的捷径距离都较短，说明与其他关键词都较为接近，想要到达某个关键词较为容易，该词不易受核心关键词控制，其接近中心度就较高。接近中心度与度数中心度的主要区别在于，度数中心度指标只能测度关键词之间的直接联系，而接近中心度指标可同时测度关键词之间的直接联系和间接联系；关键词中介中心度是指该关键词控制其他关键词之间联系的能力，是度量关键词“桥梁”作用强度的指标。测度方法是：

若关键词 A 位于一对关键词 B 和 C 的最短连线上，这样的连线条数 X 与关键词对 B 和 C 最短连线总条数 N 之比为 X/N，则：

$$\text{关键词} A \text{的中介中心度} = \sum_{i=1}^{m} \frac{X_i}{N_i}$$

其中，m 是所有与 A 相连的关键词对的总数。

中介中心度值越大，表示该关键词控制其他关键词的能力越强，说明该关键词越居于核心地位，越重要。

按照上述各指标计算方法，利用 Ucinet 社会网络分析软件，可以得到 51 个高频关键词的度数中心度、接近中心度和中介中心度，如表 2 -4 所示。

表 2 -4 显示，内部控制缺陷研究文献中度数中心度最高的前 10 个关键词是内部控制、公司治理、信息披露、内部控制缺陷、风险管理、会计行为、业务风险、商业银行、内部控制体系和金融行业。说明在全部关键词中此 10 个关键词处于中心地位，对其他关键词影响力最大。表 2 -4 中各关键词的中介中心度、接近中心度排名情况与度数中心度

表 2-4 关键词中心度计算结果

关键词	度数中心度	中介中心度	接近中心度	关键词	度数中心度	中介中心度	接近中心度
内部控制	100	20.86	20.86	会计控制	28	0.76	0.76
公司治理	56	3.87	3.87	稽核	26	0.18	0.18
信息披露	54	3.49	3.49	信贷管理	26	0.38	0.38
内部控制缺陷	52	4.02	4.02	高级管理层	26	0.51	0.51
风险管理	50	1.89	1.89	会计舞弊	26	0.48	0.48
会计行为	48	2.29	2.29	国有企业	26	0.28	0.28
业务风险	46	2.54	2.54	风险	24	0.44	0.44
商业银行	46	2.02	2.02	内部控制重大及重要缺陷	24	0.63	0.63
内部控制体系	42	2.22	2.22	外部审计	24	0.43	0.49
金融行业	42	1.29	1.29	制度	24	0.49	0.43
监管机构	42	1.70	1.70	市场作用和反应	24	0.43	0.43
机制	42	1.47	1.47	投资管理	22	0.25	0.25
财务报告	42	1.70	1.91	内部控制有效性和质量	22	0.58	0.58
对策与建议	42	1.91	1.70	内部控制信息披露	22	0.43	0.43
经营目标	40	1.37	1.37	委托代理	20	0.20	0.20
COSO&SOX法案	38	1.70	1.70	会计人员	20	0.27	0.27
内部审计	34	0.70	1.04	内部控制审计	20	0.24	0.24
会计工作	34	1.04	0.93	财务管理	18	0.27	0.27
投机和关联交易	34	0.93	0.70	内控审计报告	18	0.14	0.14
上市公司	34	1.13	1.13	自愿信息披露	18	0.12	0.12
内部控制机制	32	0.74	0.74	审计意见	18	0.25	0.25
内部控制环境	32	0.79	0.79	资本成本	18	0.29	0.29
内部控制制度	30	0.51	0.51	信息技术	16	0.13	0.13
内部控制监督	30	0.50	0.50	盈余管理	16	0.18	0.18
出资人	30	1.09	1.09	内部控制缺陷认定	10	0.03	0.03
组织结构	28	0.59	0.59				

基本一致，说明度数中心度最高的 10 个关键词即具有较大影响力，对其他关键词也具有很强的控制能力。

中心度分析结果表明，在我国已有内部控制缺陷研究中，内部控制、公司治理、信息披露、风险管理、会计行为、业务风险、内部控制体系等是最突出的研究热点，而包含商业银行在内的金融行业的内部控制缺陷问题受到了研究者的重点关注。

2.2.2.2　内部控制缺陷研究的可视化

为了更直观、更形象地表示出我国内部控制缺陷研究中各关键词所处位置、彼此之间关系，在中心度量化分析基础上，可以利用 Ucinet 软件，进一步绘制我国企业内部控制缺陷研究的共词网络图，这是我国企业内部控制缺陷研究的知识网络的直观表示（见图 2－1）。

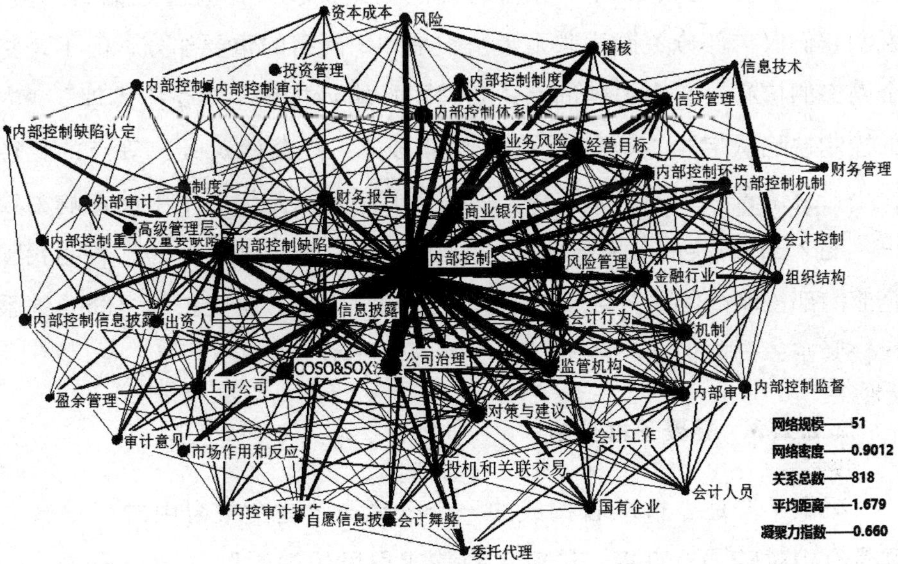

图 2－1　我国企业内部控制缺陷研究的共词网络

图2－1中，每一个点代表一个关键词，点的直径大小代表关键词的度数中心度，两个关键词相连代表此两个关键词在同一篇文献中出现过，两个关键词连线的粗细代表两个关键词的共现频率，即关系的紧密程度。

分析图2－1我们发现，关键词“内部控制”点的直径最大，几乎与所有关键词的点都相连，处于中心位置，且连线都较粗，说明“内部控制”研究是整个知识网络的中心；“公司治理”“信息披露”“内部控制缺陷”“对策与建议”“业务风险”“财务报告”“会计行为”“风险管理”“监管机构”“商业银行”等关键词点围绕着“内部控制”，这些点的直径、连线数、连线粗细仅次于“内部控制”点，说明它们是知识网络中的核心，在我国内部控制缺陷研究中的热度较高，是研究热点；“机制”“COSO&SOX法案”“内部控制体系”“经营目标”“金融行业”“上市公司”等点的直径虽然也较大，但位置偏居一侧，说明它们仅与部分关键词联系紧密，是知识网络的重要部分，但不是整个网络的核心；其余关键词点，如“内控审计报告”“委托代理”“内部控制缺陷认定”“审计意见”“资本成本”“会计人员”等点的直径较小，且位置处于图中的边缘，说明它们在整个知识网络中的影响力较小。图2－1的共词网络整体密度是0.9012，凝聚力是0.66，表明我国企业内部控制缺陷研究涉及的研究主题相对集中，研究主题之间的关系比较紧密，与其他非财经类学科交叉的情况不多。

2.2.2.3 凝聚子群分析

凝聚子群是“行动者构成的一个子集合，这个集合中的行动者之间具有相对较强、直接、紧密、经常或积极的关系”（Wasserman and Faust，1994）。关键词凝聚子群分析是在中心度、共词网络分析基础上，通过关键词之间交互关系的聚类分析，揭示内部控制缺陷研究的基本结构与组成情况，进一步挖掘内部控制缺陷研究热点的方法。凝聚子群分析的主要指标有知识网络中子群个数、子群之间关系、子群内成员之间关系。凝聚子群中的关系工具包括派系、K－丛、K－核、成分、块等多种类型，本研究使用块模型进行分析，得到图 2－2 所示的关键词子群分类图。

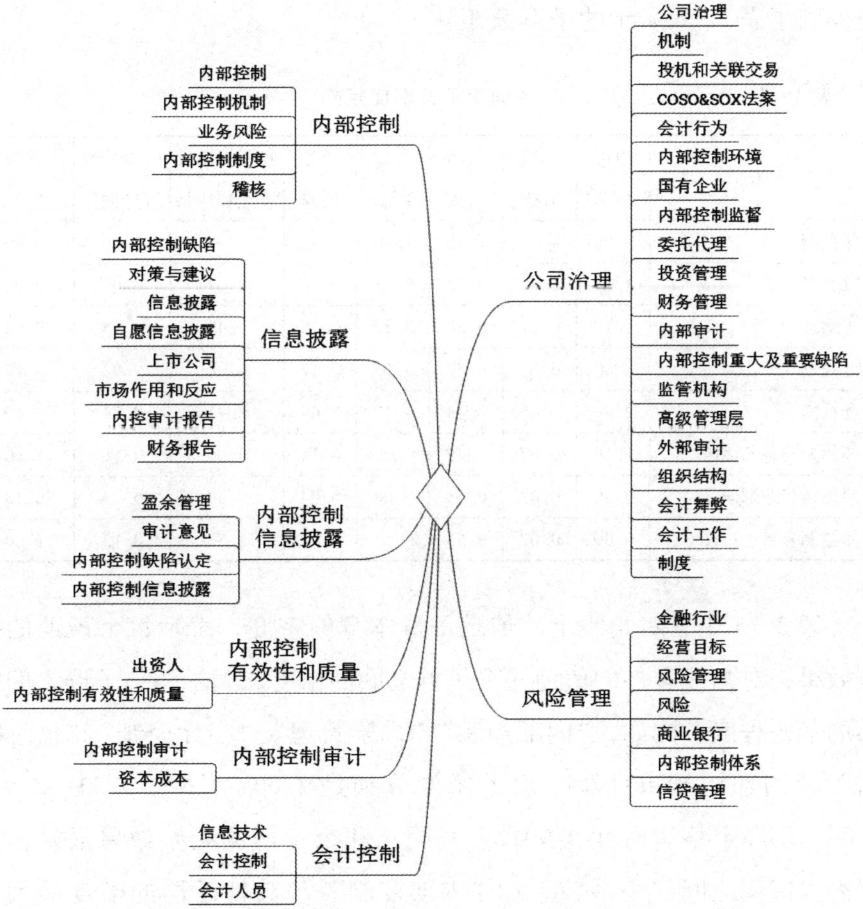

图 2－2　我国企业内部控制缺陷研究关键词子群分类图

图 2 -2 可以看出，系统将 51 个高频关键词共分成了 8 个子群，用各子群中度数中心度较高的、有代表性的关键词命名每个子群，可以得到“内部控制”“风险管理”“公司治理”“会计控制”“信息披露”“内部控制有效性和质量”“内部控制信息披露”和“内部控制审计”8 个子群。表 2 -5 是每个子群的密度矩阵。以矩阵的整体密度 0.9012 作为阈值，将子群的密度矩阵中高于阈值的替换为 1，其余替换为 0，就得到了表 2 -6 所示的子群像矩阵。

表 2 -5　　关键词子群密度矩阵

子群	内部控制	风险管理	公司治理	会计控制	信息披露	内部控制有效性和质量	内部控制信息披露	内部控制审计
内部控制	7.00	4.74	2.10	1.40	2.48	1.10	0.60	0.80
风险管理	4.74	1.62	0.71	0.33	0.46	0.07	0.00	0.07
公司治理	2.10	0.71	0.58	0.27	0.48	0.48	0.13	0.03
会计控制	1.4	0.33	0.27	3.33	0.17	0.00	0.08	0.17
信息披露	2.48	0.46	0.48	0.17	2.64	0.31	0.94	0.69
内部控制有效性和质量	1.10	0.07	0.48	0.00	0.31	0.00	0.50	1.50
内部控制信息披露	0.60	0.00	0.13	0.08	0.94	0.50	0.33	0.13
内部控制审计	0.80	0.07	0.03	0.17	0.69	1.50	0.13	1.00

表 2 -5 中，对角线上的值是子群本身的密度，表示每个子群的凝聚效果；对角线之外的值为两个子群之间的密度，表示两个子群之间关系的紧密程度。比如，“内部控制”“风险管理”“会计控制”“信息披露”“内部控制审计”子群的密度分别是 7.00、1.62、3.33、2.64、1.00，均高于整体密度 0.9012，表明这几个子群的凝聚效果最好，子群内关键词之间的关系较近；“内部控制”与其他子群的密度最大为 4.74，最小为 0.6，说明该子群与其他子群的联系普遍较强；“内部控

制审计”则只与“内部控制”和“内部控制有效性和质量”的联系紧密。

表 2-6　　子群的像矩阵

子群	内部控制	风险管理	公司治理	会计控制	信息披露	内部控制有效性和质量	内部控制信息披露	内部控制审计
内部控制	1	1	1	1	1	1	0	0
风险管理	1	1	0	0	0	0	0	0
公司治理	1	0	0	0	0	0	0	0
会计控制	1	0	0	1	0	0	0	0
信息披露	1	0	0	0	1	0	1	0
内部控制有效性和质量	1	0	0	0	0	0	0	1
内部控制信息披露	0	0	0	0	1	0	0	0
内部控制审计	0	0	0	0	0	1	0	1

将子群的像矩阵导入 UCINET 软件，再利用 NETDRAW 软件可以得到内部控制缺陷研究的知识图谱简化图，如图 2-3 所示。图 2-3 非常清晰地描绘出 8 个子群之间的交互关系。其中，“内部控制”是整个网络的中心，它与“公司治理”“会计控制”“风险管理”“内部控制有效性和质量”和“信息披露”几个子群直接相连，“内部控制信息披露”和“内部控制审计”两个子群分别通过“信息披露”“内部控制有效性和质量”子群与“内部控制”间接相连，这种交互关系结论也正好与理论相一致。同时，由于“内部控制”“会计控制”“风险管理”“信息披露”和“内部控制审计”5 个子群的密度比矩阵整体密度大，表明这些子群具有一定的自反性，子群内各个关键词之间的联系也比其他子群紧密。

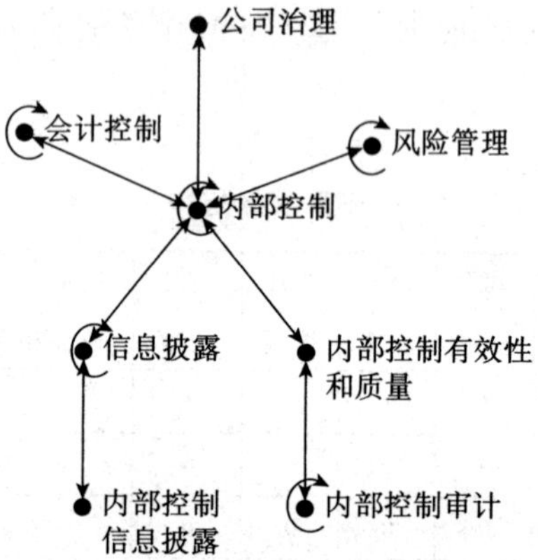

图 2-3 内部控制缺陷研究的知识图谱简化图

2.2.2.4 多维尺度分析

多维尺度分析（MDS）是一种数据降维技术，目的是寻找一个能最大程度保留数据点之间结构相似度的低维空间。MDS 分为度量 MDS 和非度量 MDS 两种，本书使用度量 MDS。度量 MDS 是将相似矩阵或相异矩阵利用各种距离测度方法转换为距离平方阵，再转换为内积阵，然后通过求内积阵的特征值和特征向量得到原始数据点的坐标，并将其在二维或三维空间表示出来的方法。数据点之间的距离越小，代表其越相似，高度相似的关键词聚集在一起就形成了关键词子群。

利用多维尺度分析，能够直观反映关键词之间的相似程度、关键词子群的构成情况和子群之间的关系，而关键词子群的数量和边界可以根据凝聚子群分析的结果确定。用表 2-5 所示的关键词相异矩阵进行 MDS 分析可以得到关键词二维分布图，将其与图 2-2 所示的凝聚子群分类结果结合，于是系统绘制出了我国内部控制缺陷研究的知识图谱（见图 2-4）。

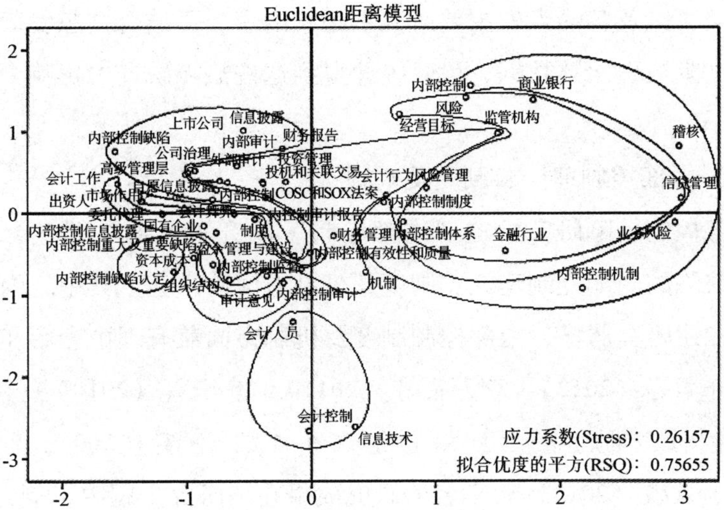

图 2－4　我国企业内部控制缺陷研究的知识图谱

图 2－4 的应力系数（Stress）为 0.26157，拟合优度的平方（RSQ）为 0.75655，说明其拟合效果较好。从图 2－4 可以看到，“会计控制”子群处于知识图谱下方，明显远离其他子群，表明其与其他子群相似度较低，“会计控制”相关研究较为独立；“公司治理”子群位于知识图谱正中间，与其他子群的边界都较近，表明其与其他子群可能会存在一定的交叉重叠；“内部控制有效性和质量”“信息披露”“内部控制信息披露”和“内部控制审计”几个子群聚集在知识图谱的左侧，说明这几个子群之间相似度较高，相关研究联系较为紧密。

2.2.3　研究结论

2.2.3.1　内部控制缺陷研究的热点与相关重点文献

根据上述研究过程，我们已经得到了我国内部控制缺陷研究的 8 个热点分类，以及各热点的主要研究主题和内容。再结合文献发表的期刊等级、文献被引次数数据，可以统计得到这些热点研究中影响力大的重点文献。①

（1）内部控制理论、制度及机制

内部控制缺陷研究中的“内部控制”研究主题群主要包含涉及内部控制缺陷的内部控制理论、制度及机制方面的内容。其中，内部控制理论以综述研究居多，内部控制制度及机制方面兼有理论介绍和实证研究。周守华等（2013）、李万福等（2011）、单华军（2010）、《亚新科集团内控管理程序修正》课题组（2001）、王湛（2001）、曹强等（2010）、袁敏（2012）等学者的研究成果在该研究主题中影响力较大。

（2）风险管理

“风险管理”研究主题群主要包括以商业银行为研究对象的内部控制体系以及操作风险度量研究、内部控制视角下的企业风险管理和信用担保研究，以及个人投资风险认知等方面的研究。这方面的文献总体上影响力不高。池国华等（2012）、方晓霞（2004）、郝玉贵和刘李晓（2012）的研究成果被引用较多。

（3）公司治理

“公司治理”研究主题群包含的关键词最多，围绕公司治理研究呈现出多样化特点，且与其他研究主题存在一定的交叉。该主题可以进一步划分成公司治理、会计舞弊、内部控制环境、理论与影响四大方面。公司治理方面涉及“组织结构”“高级管理层”“外部审计”等关键词，会计舞弊涉及“投机和关联交易”“COSO&SOX 法案”等关键词，

① 本部分重点文献的选择标准是：全部样本中发表在 CSSCI 期刊，截至 2016 年 6 月 30 日被引 30 次以上，其中，发表 10 年以上的文献被引 50 次以上。

内部控制环境包含了“内部控制监督”“制度”“机制”“内部审计”“会计行为”等关键词，理论与影响涉及“委托代理”“投资管理”“财务管理”等关键词。刘静和李竹梅（2005）、郑海英（2004）、唐正清和顾慈阳（2005）等在此类主题的研究中具有较高的代表性。

（4）会计控制

“会计控制”研究主题群由会计控制和信息技术两方面构成。文献数量较少，每篇文献的分类和总体影响力有限。陈潇怡和欧阳电平（2013）的研究相对影响较高。

（5）信息披露

“信息披露”研究主题涉及会计和审计报告的信息质量、内部控制缺陷影响因素两大方面内容，信息披露质量改进的对策与建议研究也涵盖其中。刘焱和姚海鑫（2014）、齐保垒等（2010、2011）是此主题研究中影响力较高的文献。

（6）内部控制有效性和质量

“内部控制有效性和质量”研究主题从内部控制有效性和质量的影响因素以及对审计师变更等因素的影响两方面进行描述。高影响力的文献较少，李万福等（2012）的研究有一定影响力。

（7）内部控制信息披露

“内部控制信息披露”研究主题主要包含内部控制信息披露、盈余管理以及内部控制缺陷认定三个方面。这部分文献的总量和高影响力文献都较多。王惠芳（2011）、杨清香等（2012）、杨有红和李宇立（2011）、叶建芳等（2012）、杨玉凤（2007）、田高良等（2010）、齐保垒和田高良（2010）、张晓岚等（2012）、刘亚莉等（2011）、盖地和盛常艳（2013）、董卉娜和朱志雄（2012）、陈丽蓉和周曙光（2010）、陈武朝（2012）、赵息和许宁宁（2013）的研究成果是代表性文献。

（8）内部控制审计

“内部控制审计”研究主题涉及内部控制审计和资本成本两个方面。刘玉廷和王宏（2010）、张宜霞（2011）、李明辉和张艳（2010）的成果具有较高的影响力。

2.2.3.2 我国内部控制缺陷研究的趋势

（1）整体研究趋势分析

内部控制缺陷研究最早的文献是“对计算机犯罪引起的内部控制存在缺陷的研究（许永斌，1990）”，全部研究样本的年度分布情况如图2－5所示。从图2－5看，根据发文数量，我们可以将25年中我国企业内部控制缺陷研究大致划分成1990—2002年、2003—2008年、2009—2014年三个阶段。2003年以前的相关研究很少，1990—2002年的13年里总共25篇文献，年发文最高6篇。2003年开始研究逐步增加，2003—2008年6年里发文109篇，年发文量11篇到24篇不等。而2009年之后，研究明显增多，2009—2014年6年里共有280篇相关文献，2012年开始每年发文量都在50篇以上。

探究原因，我们认为，2001年美国“安然事件”和2002年“世通”造假丑闻，以及美国国会在2002年颁布《萨班斯法案》要求在美上市公司披露内部控制报告，全球范围内对企业内部控制开始重视，内部控制缺陷研究也第一次受到了国内学者的大量关注，2003年之后的相关研究成果比之前大幅增加。2008年我国《企业内部控制基本规范》、2010年《企业内部控制配套指引》的发布，以及从2011年起的试点实施、2012年逐步扩大到主板公司实行，使得2009年开始的国内企业内部控制缺陷研究热度更进一步跃升。上述数据也从另外一个角度说明，我国的学术研究与国家政策、企业实践等存在较强的相关性，学者们能够将自身的学术研究与国家、企业的需要较紧密地结合起来。

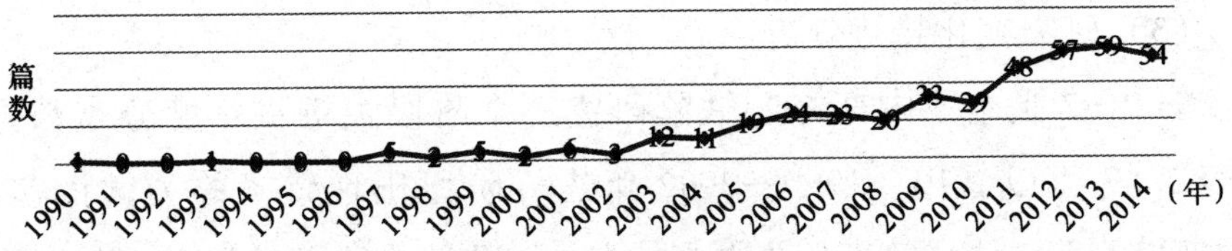

图 2－5　我国企业内部控制缺陷研究趋势图

（2）研究主题趋势分析

图 2－6 是基于高频关键词绘制的我国企业内部控制缺陷研究主题变化趋势。图 2－6 中显示，研究主题从 2003 年开始明显发散，研究呈现多样化。其中，“公司治理”“内部控制”类研究多数年份普遍处于领先地位，说明它们一直是内部控制缺陷研究的重要方面；“风险管理”类研究成为 1997 年最重要的研究主题，2006 年到 2009 年也再次引起关注，排在前列，但是从 2010 年起呈现明显下降趋势；“信息披露”类研究从 2003 年开始出现，并呈现逐年上升趋势，从 2010 年开始超越其他研究主题成为第一研究主题并保持不变；“内部控制有效性和质量”“内部控制审计”与“内部控制信息披露”三类研究从 2011 年开始整体引起关注，呈现飞跃式上升；“会计控制”类研究在 2005 年达到研究的峰值，之后整体居于低水平状态。

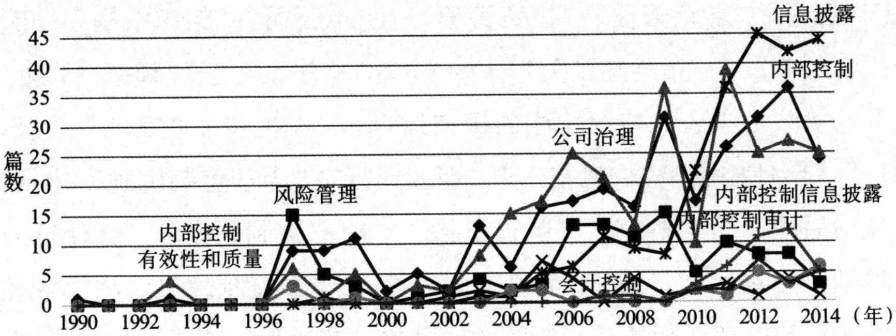

图 2－6　我国企业内部控制缺陷研究主题变化趋势

（3）研究变化趋势分析

表2－7是企业内部控制缺陷研究三个阶段关键词年度分布数据。从表2－7可以看出，1990—2002年这一阶段出现较多的关键词包括“内部控制”“信贷管理”“内部控制制度”“金融行业”“业务风险”“会计行为”“稽核”“出资人”“商业银行”“内部控制机制”“机制”“监管机构”；2003—2008年这一阶段新出现的关键词有“对策与建议”“上市公司”“财务报告”“信息披露”“COSO&SOX法案”“财务管理”“内部控制监督”“会计人员”“经营目标”“会计舞弊”“审计意见”“市场作用和反应”“投资管理”“盈余管理”“组织结构”“内部审计”“投机和关联交易”“委托代理”；2009—2014年这一阶段新出现的关键词有“内部控制缺陷认定”“内部控制审计”“内部控制信息披露”“内部控制有效性和质量”“内部控制重大及重要缺陷”“内控审计报告”“资本成本”“自愿信息披露”。

表2－7显示，“金融行业”“稽核”“信贷管理”这3个关键词出现频率一直处于下降状态，我们认为这些“过时”的关键词表明此方面的相关研究逐渐退出了研究者的关注和研究热点范围。“内部控制”“内部控制缺陷”“信息披露”“会计舞弊”“业务风险”“风险管理”“审计意见”“盈余管理”“投资管理”“上市公司”“组织结构”“市场作用和反应”“对策与建议”“COSO & SOX法案”出现频率一直处于上升趋势，是学者们持续关注的研究热点。“投机和关联交易”“公司治理”“会计控制”“信息技术”“商业银行”“内部控制机制”出现频率先增后减，而“机制”“监管机构”“内部控制制度”“会计行为”出现频率先减后增，与25年里国内外企业内部控制政策、法律规范、企业实践等的变化相关，我们认为，随着这些因素的变化，相关研究未来将依然会具有一定的波动和反复。

表 2－7　　**关键词年度分布**

关键词	1990—2002 年	2003—2008 年	2009—2014 年	关键词	1990—2002 年	2003—2008 年	2009—2014 年
内部控制	15	66	139	上市公司	0	7	17
信贷管理	10	1	1	内部审计	0	7	5
内部控制制度	8	5	7	投机和关联交易	0	7	4
金融行业	7	5	3	财务报告	0	6	10
业务风险	6	8	15	委托代理	0	6	4
会计行为	6	3	12	信息披露	0	5	41
稽核	5	3	2	COSO&SOX 法案	0	4	12
商业银行	4	21	13	内部控制监督	0	4	7
出资人	4	5	6	财务管理	0	4	5
内部控制机制	4	5	2	会计人员	0	3	5
监管机构	4	3	12	经营目标	0	2	7
机制	4	3	7	市场作用和反应	0	1	12
风险管理	2	8	14	审计意见	0	1	9
内部控制体系	2	5	8	盈余管理	0	1	9
公司治理	1	30	20	组织结构	0	1	9
会计控制	1	9	4	会计舞弊	0	1	8
内部控制环境	1	8	10	投资管理	0	1	7
会计工作	1	6	5	内部控制重大及重要缺陷	0	0	14
信息技术	1	6	3	内部控制有效性和质量	0	0	11
风险	1	4	3	内部控制缺陷认定	0	0	10
制度	1	4	3	资本成本	0	0	10
国有企业	1	3	7	内部控制审计	0	0	9
内部控制缺陷	1	2	82	内部控制信息披露	0	0	9
外部审计	1	2	6	内控审计报告	0	0	8
高级管理层	1	2	5	自愿信息披露	0	0	8
对策与建议	0	12	19				

第3章

经济与管理研究中常用数量方法与模型

经济与管理活动的量化研究都要依据一定的方法，建立一定的模型，各种模型方法都存在优势和不足。因此，从需要研究的问题出发，分析和选择适当的模型方法，力争最大化发挥各种方法的优势，降低每种方法不足带来的局限，可以使根据历史数据建立起来的模型能够更准确地挖掘和发现事务发展的规律，确保研究结果与所研究的经济和管理活动的实际发展情况更加一致。

3.1　多元统计分析方法

最常用的统计分析方法是回归分析法（Regression Analysis）。回归分析是使用概率统计法研究变量之间关系的一种统计分析方法，按自变量的数量分为一元回归分析和多元回归分析；按回归方程表现形式分为线性回归分析和非线性回归分析。

3.1.1　因子分析法

因子分析法（Factor Analysis Method，FAM）是利用降维思想从研究原始变量相关矩阵或协方差矩阵的内部依赖关系出发，将一些存在错综复杂关系的多个变量归结为少数几个综合因子的一种多元统计分析方法。

因子分析概念起源于 20 世纪初 Karl Pearson 和 Charles Spearmen 等人关于智力测验的统计分析，之后理论不断丰富和完善。目前，因子分析法已经成功地应用于心理学、教育学、医学、社会学、气象、地质、自然科学等领域。在经济学、管理学领域主要应用于多指标体系的综合评价与监控，如员工绩效指标体系（苏中兴，2010）、旅游竞争力评价体系（李玺，2010）、城乡统筹发展评价指标体系（杜茂华，2010）、城市化水平综合评价体系（宣国富，2005）、公司成长性综合评价指标体系（张信东，2010）、企业业绩指标体系（周宏，2010），以及金融发展指数构建（王永剑，2011）、高技术产业技术创新效率的测度（赵琳，2011）、企业社会资本测度（韦影，2007）等方面。因子分析法的数学模型如下：

$$X_1 = a_{11}f_1 + a_{12}f_2 + a_{13}f_3 + \cdots + a_{1k}f_k + \varepsilon_1$$

$$X_2 = a_{21}f_1 + a_{22}f_2 + a_{23}f_3 + \cdots + a_{2k}f_k + \varepsilon_2$$

$$\cdots$$

$$X_p = a_{p1}f_1 + a_{p2}f_2 + a_{p3}f_3 + \cdots + a_{pk}f_k + \varepsilon_p$$

其中，X_1，X_2，$\cdots X_p$为 p 个均值为 0、标准差为 1 的原始变量；f_1，f_2，$\cdots$，f_k为 k（$k<p$）个因子变量（公共因子），是不可直接观测但又客观存在的变量。数学模型的矩阵形式为 $X=AF+\varepsilon$。A 为因子载荷矩阵，a_{ij}是原始变量X_i在因子变量f_j上的负荷。在因子不相关的前提下，负荷系数a_{ij}是原始变量X_i与因子变量f_j的相关系数，反映因子f_j对变量X_i的重要程度，a_{ij}越大，说明因子f_j与变量X_i的关系越密切，因子f_j对变量X_i重要程度越高。

原始变量的方差可用特殊因子和共同度两部分解释。ε 为特殊因子，均值为 0，表示原始变量不能被公共因子所解释的部分，ε 越小，表示原始变量X_i的信息丢失程度越少。

共同度h_i^2为第 i 行负荷系数的平方和，即 $h_i^2 = \sum_{j=1}^{k} a_{ij}^2$，其越接近于 1，表示原始变量$X_i$的信息被共同因子解释的部分越多，信息被保留程度越高。因此，共同度是衡量因子分析效果的重要指标，一般认为，共同度高于 0.8 的因子分析效果较好。

因子f_j对所有原始变量的方差贡献g_j^2为第 j 列负荷系数的平方和，即 $g_j^2 = \sum_{i=1}^{p} a_{ij}^2$，反映因子$f_j$对所有原始变量方差的解释能力。$g_j^2$越大，说明因子$f_j$的重要性越强。

3.1.1.1 因子分析法的基本步骤

（1）信度与效度检验

信度检验：若 Cronbach's α 系数大于 0.7，说明原始变量的内部一致性较高。

效度检验：KMO 值越接近于 1，说明该数据越适合进行因子分析。Bartlett 球形检验的 $P<0.001$ 时，认为变量间具有一定相关性，可进行因子分析。

（2）因子提取

通常可以用主成分分析法、极大似然法等对原始变量进行因子提取。

（3）因子旋转

因子旋转的目的就是使因子负荷两极分化，要么接近 0，要么接近 1，使得提取出的因子具有可解释性。常用的旋转方法有正交旋转和斜交旋转。

（4）计算因子得分

如果要使用这些因子作为自变量进行回归分析，对样本进行分类或评价，就需要用回归法、Bartlett 法计算出公共因子值。回归法得到的因子得分是有偏的，但计算结果误差较小。Bartlett 法是极大似然估计，也是加权最小二乘回归，得到的因子得分是无偏的，但是计算结果误差较大。

3.1.1.2　因子分析法优缺点

因子分析法消除了多重共线性，计算得出的因子权数具有客观性，在信息损失不大的前提下减少了评价工作量，而且通过因子旋转使因子变量更具有可解释性。但是进行因子分析的前提是原始变量之间应有较强的相关性，否则得出的公共因子无法替代原始变量进行综合评价，而且因子分析法只能解释公共因子，而无法解释特殊因子，仍有一定的局限性。

3.1.2 主成分分析法

主成分分析法（Principal Components Analysis，PCA）是由Hotelling于1933年提出的，在力求数据信息丢失最少的原则下，通过降维将多指标转化为少数几个综合指标的多元统计分析方法。主成分分析法主要解决由于指标过多，研究难以在高维空间上展开的问题。它通过将数据进行重新组织，使原始变量的线性组合作为新变量，并从中挑选出若干方差较大[Var(F1)大]且互不相关[Cov(F1，F2)=0]的组合作为多个主成分替代原始变量，以尽可能多地保留原始变量的信息。

主成分分析法适用于指标间线性相关性很强的情形，可以用来削减回归分析中变量的个数、筛选离群值、测定多重共线性。

经济与管理领域，主成分分析法已经应用在了人类或城市发展评价（杨永恒，2005）、供应商综合评价（解敏，2005）、财务预警（孔宁宁，2010）、区域竞争力评测（姜春林，2005；郑会军，2009；刘贵文，2009）、企业绩效评价（刘辉，2005；唐加福，2008）、土地集约利用评价（曹银贵，2010）、企业会计信息失真预测（梅国平，2006）、信贷风险评估（赵晓翠，2006）等方面。

3.1.2.1 主成分分析法的基本步骤

（1）计算相关系数矩阵

$$R=\begin{bmatrix} r_{11} & r_{12} & \cdots & r_{1p} \\ r_{21} & r_{22} & \cdots & r_{2p} \\ \vdots & \vdots & & \vdots \\ r_{p1} & r_{p2} & \cdots & r_{pp} \end{bmatrix}$$

其中，r_{ij}（i，j=1，2，…，p）为原变量 x_i与 x_j的相关系数。

（2）计算特征值与特征向量

求解特征方程 $|\lambda I-R|=0$，得出特征值λ_i及相应的归一化特征向量 e_i，将特征值按从大到小排列：$\lambda_1\geqslant\lambda_2\geqslant\cdots\geqslant\lambda_p\geqslant 0$。

（3）计算主成分贡献率及累计贡献率

每一个主成分F_i的贡献率为 $\dfrac{\lambda_i}{\sum_{k=1}^{p}\lambda_k}$　（i=1，2，…，p）。

i 个主成分的累计贡献率为 $\dfrac{\sum_{k=1}^{i}\lambda_k}{\sum_{k=1}^{p}\lambda_k}$　（i=1，2，…，p）。

选定阈值，如85%，如果 $i=m$ 时主成分的累计贡献率大于85%，就取 F_1，F_2，…，F_m 作为其主成分。

（4）计算主成分载荷

主成分载荷反映的是主成分F_i与原变量X_j之间的相关系数，其计算公式为：

$$\iota_{ij}=\sqrt{\lambda_i}\,e_{ij}\quad(i,\ j=1,\ 2,\ \cdots,\ p)$$

（5）按照下面的公式计算各主成分

$$F_i=e_{1i}X_1+e_{2i}X_2+\cdots+e_{pi}X_p\qquad(i=1,\ 2,\ \cdots,\ m)$$

3.1.2.2　主成分分析法的优缺点

主成分分析法在保证信息丢失最少的同时通过压缩变量个数，筛选出最佳变量集合，消除原始变量间存在的多重共线性，剔除冗余信息，降低了所要研究的数据空间的维数，减少计算量。其确定的权数是基于数据分析得出的，较为客观，而且相互独立的主成分对分析、评价极为有利。

主成分分析法的缺欠在于，将原始变量正态标准化过程中会存在信息丢失问题，同时主成分的含义解释一般都较为模糊，没有原始变量那么清晰确切，变量间线性相关程度不高时，其累计贡献率会比较小，无法得出主成分，而且一旦得到的特征值存在负号，综合评价函数意义将不明确。

3.1.3 因子分析法与主成分分析法的关系

（1）因子分析法与主成分分析法的联系

- 因子分析法与主成分分析法都消除了原始变量相关性对综合评价所造成的信息重复的影响。

- 因子分析法与主成分分析法构造综合评价时所涉及的权数都具有客观性。

- 在信息损失不大的前提下，因子分析法与主成分分析法都减少了评价的工作量。

（2）因子分析法与主成分分析法的区别

- 主成分分析法是对原始变量进行线性变换得到原始变量的线性组合，因子分析法是对原始变量进行分解，得到公共因子和特殊因子，从而构造出因子模型。

- 因子分析法只能解释部分信息（公共因子），主成分分析法能解释的信息量根据需要至少可以达到 80% 及以上。

- 公共因子比主成分更容易被解释。

- 因子分析的评价结果没有主成分分析准确。

- 因子分析比主成分分析的计算工作量要大。

3.1.4 聚类分析法

聚类分析法（Cluster Analysis）起源于分类学，是根据“物以类聚”原理研究分类的一种多元统计分析方法。它首先在没有先验知识的情况下找出能够度量样本或指标之间相似程度的统计量，然后以这些统计量作为划分类型的依据，将相似程度大的样本或指标聚为一类，直到把所有的样本或指标聚合完毕，最终使同一类中的对象具有相似性，不同类之间的对象具有相异性。经典聚类方法包括基于密度的聚类（Density -based Methods）、基于网络的聚类（Grid - based Methods）、基于模型的聚类（Model - based Methods）、基于划分的聚类（Partition - based Methods）以及层次聚类（Hierarchical Methods）等。

聚类分析法应用非常广泛，尤其在内部控制研究领域，比如内部控制制度综合评价模型研究（郭晓梅，2002）、中央银行内部控制评价研究（中国人民银行成都分行办公室课题组，2008）、内部控制效率分析（李连华，2012）、内部控制框架雏形的验证与校正（刘国城，2014）、上市公司内部控制经营目标评价指标体系（周鑫，2014）等。

3.1.4.1 聚类分析法的步骤

不同聚类方法的分析步骤不同，下面以最基本的基于划分的聚类算法 K - Means 简单说一下聚类分析的步骤。

基于划分的聚类算法通过随机选取中心点并以迭代的方式完成聚类。主要算法有 KMeans，k-means ++、k-modes、k-medoids、k-medians、kernel _ k-means 等。其中 K-Means 是由 Steinhaus（1955）、Lloyd①

---

① Lloyd S. Least squares quantization in PCM [J]. IEEE Transactions on Information Theory, 1982, 28 (2): 129 - 137.

(1957)、Ball 与 Hall① (1965)、Macqueen② (1967) 分别在各自的科学研究领域中独立提出，是典型基于划分的聚类算法，具体步骤如下：

①从 n 个数据对象中随机选出 k 个初始聚类的中心。

②计算剩余数据点与聚类中心点的距离，按照距离最小的原则将其分配到最相近的簇中形成聚类结果。

③重新计算每个簇的平均值，确定新的中心点，重复迭代步骤②，直到每个簇不再发生变化。

K-Means 聚类算法只需计算数据点与簇中心的距离，运算速度非常快。K-Means 聚类算法也存在很多不足，比如随机选择初始聚类中心会导致结果缺乏一致性，只能处理数值型数据，对噪声和离群值非常敏感，不能处理非凸（Non-convex）形状数据分布的聚类问题。于是 k-means++、k-modes、k-medoids、k-medians、kernel_k-means 等相继出现，对 K-Means 进行了不同改进。

3.1.4.2 聚类分析法的优缺点

聚类分析法在分类时直观易理解，结论形式简单明了，与依靠经验进行分类的方法相比更加客观。聚类分析法的不足之处是其未考虑变量方差的差异，如在使用欧式距离时，方差大的变量对聚类的影响大。此外，样本数据的量纲以及指标之间的相关性也会导致聚类结果可能与现实不符。

---

① Ball G H, Hall D J I. A novel method of data analysis and pattern classification: ISODATA [J]. A Novel method of Data Analysis and Pattern Classification, 1965.

② Macqueen J. Some methods for classification and analysis of multivariate observations [C]. Proceedings of the Fifth Berkeley Symposium on Mathematical Statistics and Probability, Berkeley, 1967, 1 (14): 281-297.

3.2 层次分析法

层次分析法（Analytic Hierarchy Process，AHP）是 20 世纪 70 年代初美国运筹学家 T. L. Saaty 为解决现实中难以量化的复杂决策问题而提出的一种定性与定量相结合的系统分析方法。它首先将决策问题按照目标层、准则或指标层、方案层的顺序分解为多层结构，用成对比较法和 1—9 比较尺度构造判断矩阵，然后通过求解判断矩阵的特征向量求得权向量，并用随机一致性比率 CR 检验矩阵一致性，从而判断其一致性程度，最后用加权和的方法得出每个备选方案对于总目标的权重，比较得出权重最大者即为最优方案。针对具体问题，层次分析法还有动态排序法、边际排序法、群体层次分析法等扩展形式。

层次分析法适合于评价指标分层交错、目标难以定量描述、需要人的定性判断的复杂问题的决策，尤其是对于分析和处理社会经济系统这样的复杂、需要定性分析的问题具有重要意义。层次分析法已在绩效评估（刘惠萍，2006）、风险评估（王阳，2008）、政策分析（林德荣，2008）、方案排序（陈丽珍，2011）、选择最优方案（桂黄宝，2007）等社会经济决策中得到广泛应用。

3.2.1 层次分析法的应用步骤

层次分析法的应用步骤如下：

（1）建立层级结构模型

将研究的问题按照目标层、准则或指标层、方案层的顺序分解为多层结构。分解时，同一层的所有因素都要属于上一层因素或者对上一层因素有影响（见图3－1）。

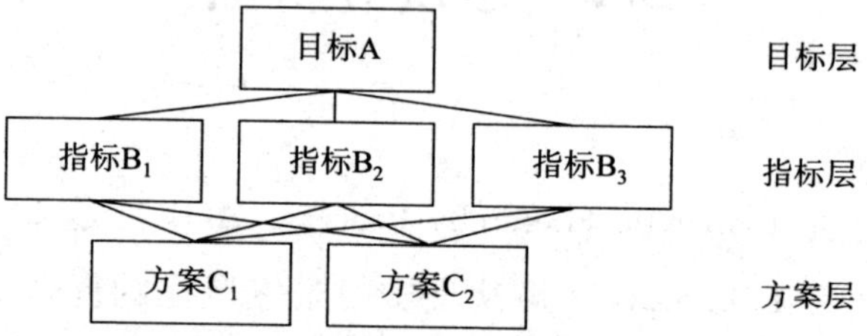

图3－1　层级结构模型

（2）构造判断矩阵

从第二层开始对同一层的每个因素用成对比较法和1—9比较尺度构造判断矩阵$A_{m\times n}$。其中，a_{ij}为第i个元素与第j个元素相对上一层某个因素重要性的数量化权重，用1—9比较尺度进行赋值（见表3－1）。

表3－1　判断矩阵

重要性等级	A_{ij}赋值	重要性等级	A_{ij}赋值
i，j两元素同等重要	1		
i元素比j元素稍重要	3	i元素比j元素稍不重要	1/3
i元素比j元素明显重要	5	i元素比j元素明显不重要	1/5
i元素比j元素强烈重要	7	i元素比j元素强烈不重要	1/7
i元素比j元素极端重要	9	i元素比j元素极端不重要	1/9

注：A_{ij}＝{2，4，6，8，1/2，1/4，1/8}，表示重要性等级介于A_{ij}＝{1，3，5，7，9，1/3，1/5，1/7，1/9}之间。

若该层有n个因素，则$A=(a_{ij})n\times n$为上一层某因素的判断矩阵。

（3）层次单排序

我们用成对比较矩阵的最大特征根λ_{max}对应的归一化特征向量

$\{w_1, w_2, \cdots, w_n\}$ 作为权向量，且 $\sum_{i=1}^{n} w_i = 1$，w_i表示下层第 i 个因素对上层某因素影响程度的权值。

（4）一致性检验

一致性检验是为防止由于专家思维方式不同在对各指标的重要性进行判断时出现矛盾的结果。一致性检验的方法是：首先，对每一个判断矩阵计算一致性指标 $CI = \frac{\lambda_{max} - n}{n - 1}$，$CI$ 越大，表示其不一致的程度越深。其次，由于人们对于阶数不同的判断矩阵不一致程度的容忍度也可能不同，因此，可以引入平均随机一致性指标 RI，并从表 3－2 中取值。第三，将判断矩阵一致性指标 CI 与同阶平均随机一致性指标 RI 相除，得到随机一致性比率 $CR = CI/RI$。当 $CR < 0.1$ 时，其判断矩阵的不一致程度可接受，通过一致性检验；否则就要调整判断矩阵直到检验通过为止。

表 3－2　　调整后的判断矩阵

1	2	3	4	5	6	7	8	9
0.00	0.00	0.58	0.90	1.12	1.24	1.32	1.41	1.45

（5）层次总排序

由上而下各层权值加权汇总，即可得到某方案对于总目标的权值，选择权值最大者作为最优方案。

3.2.2　层次分析法的优缺点

层次分析法按照分解、比较、判断进行综合分析的思维方式进行决策，具有系统性特点，易于被决策者理解掌握，并且能够将经验判断与严谨的数学方法结合起来解决现实中难以量化的复杂决策问题。层次分析法应用广泛，是一种简洁实用的系统性分析方法。

层次分析法的不足是，由于定性成分过多有时难以令人信服、指标过多时权重不易确定、要素选择不当或关系判断错误会降低其决策的正确性。应该说，层次分析法只是对已有方案进行比较而无法得出更优的新方案，因此运用上有一定局限性。

3.3 人工智能方法

3.3.1 神经网络模型

神经网络模型（Neural Networks Model，NNM）是模拟人类实际神经网络的数学方法。BP 神经网络是一种多层前馈型神经网络，它采用的误差反向传播算法是目前应用最广泛的神经网络算法。

BP 神经网络的学习过程由信号的正向传播与误差的反向传播两个过程组成。输入层接收样本并传入各隐含层，各隐含层根据相关算法进行逐层处理后将结果传入输出层，此为信号的正向传播过程。若实际输出与期望输出不符，权值将沿着误差函数的负梯度方向不断进行修正，向隐含层、输入层逐层反传，直到实际输出与期望输出的均方差最小或达到预先设定的学习次数为止，此为误差的反向传播过程。误差的反向传播过程就是神经网络不断学习的过程，当误差减少到可接受的程度时，模型就训练完成。

3.3.1.1　神经网络的基本步骤

人工神经元是人工神经网络的基本信息处理单位，神经元之间通过权连接，权值的大小代表了连接强度，若干个神经元可构成输入层、隐含层以及输出层，层次之间采用全互连的方式，同一层之间的神经元不相互连接，从而形成了 BP 神经网络的结构（见图 3 -2）：

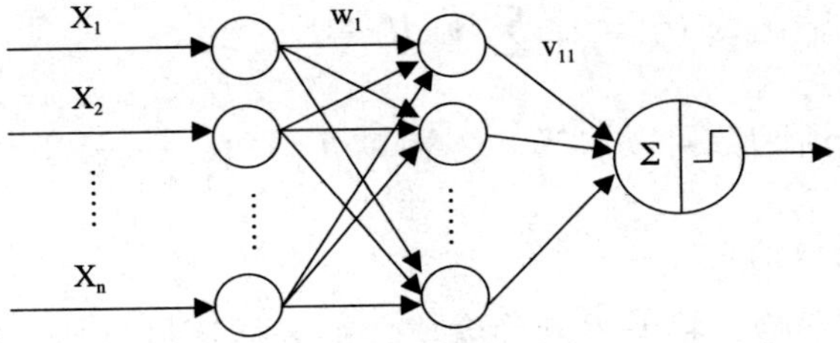

图 3 – 2　BP 神经网络的结构

符号说明：

X_i——输入层第 i 个自变量（样本中自变量），$i=1$，2，…，n；

w_{ij}——输入层与隐含层之间的连接权值，$j=1$，2，…，p；

θ_j——隐含层第 j 个神经元的阈值；

H_j——隐含层第 j 个神经元的输出值；

v_{jk}——隐含层与输出层之间的连接权值，$k=1$，2，…，q；

r_k——隐含层第 j 个神经元的阈值；

O_k——输出层第 k 个神经元的输出值；

Y_k——输出层第 k 个神经元的期望输出值（样本中因变量）。

BP 神经网络的建立步骤为：

（1）网络初始化

首先，我们需要确定 BP 神经网络隐含层的神经元个数，由于目前没有明确的确定方法，通常依赖经验确定大概范围，然后通过试错法找到最佳隐含层神经元个数。之后我们需要给每个权值（w_{ij}、v_{jk}）和阈值（θ_j、r_k）随机赋值，同时设定学习系数 α、β 以及误差精度 ε，其取值范围都在（-1，1）之间。

（2）计算输出值

隐含层的输出为 $H_j = f[\sum w_{ij} X_i - \theta_j]$

输出层的输出为 $O_k = f[\sum v_{jk} H_j - r_k]$

其中，激活函数可以选择 S 型函数 $f(x) = \frac{1}{1+e^{-x}}$，$0 \leqslant f(x) \leqslant 1$。

（3）修正权值

从输出层开始，将误差向隐含层、输入层逐层反传，使权值沿着误差函数的负梯度方向不断进行修正，直到误差达到误差精度 ε 要求为止。误差修正函数为：$v_{jk}(n+1) = v_{jk}(n) + \alpha\, d_k H_j$，$w_{ij}(n+1) = w_{ij}(n) + \beta\, e_j X_i$，其中输出层误差 $d_k = (Y_k - O_k) O_k (1 - O_k)$，隐含层误差 $e_j = (\sum_{k}^{q} d_k v_{jk}) H_j (1 - H_j)$。误差要求 $\Delta E(k) = E(k+1) - E(k) < \varepsilon$，其中，$E(k) = \frac{1}{2} \sum_{k=1}^{q} \sum_{i=1}^{n} (Y_k - O_k)^2$。

经过上述过程，可以获得一组最佳权值，进而可以采用建立起来的神经网络模型对实际问题进行预测。

3.3.1.2 神经网络模型的应用

BP 神经网络以其具有的自学习和自适应特点，以及优良的非线性逼近能力，受到众多领域学者的关注，目前主要应用于函数逼近、模式识别、分类和数据压缩或数据挖掘。在经济、管理以及金融领域，BP

神经网络的应用也很广泛。从我国的应用看，已有学者将其应用于财务预警（杨淑娥，2007）、人口预测（丁刚，2008）、工业经济预警（王占祥，2008）、区域经济发展水平预测（刘丽娟，2014）、产业集群创新能力评价（王鹏飞，2005）、信用风险评估（刘弘，2008）、库存需求预测（张迎新，2013）等方面。

BP 神经网络有着非凡的非线性逼近能力，能学习输入与输出之间的内在关系而无须了解问题的机理。对于故障诊断、特征提取和预测等无法用数学模型表示的问题是最适合的解决方法。相比 Logistic 回归等传统统计方法，BP 神经网络具有良好的容错能力、自学习和自适应能力，可随时根据数据资料进行自我学习、训练，其实用性得到很大提升。

与其他自动控制方法一样，由于神经网络需要利用样本数据对参数进行训练，需要进行多次迭代计算才能得到稳定的结果，所以当神经元的数量比较大，设置的学习速率比较低时会出现收敛速度慢的问题，也存在过学习和高维灾难问题、参数选取依赖经验、容易陷入局部极小、需要大量样本等局限制。已有研究者对其进行了方法改进，像附加动量法、自适应学习速率、弹性 BP 算法、Levenberg - Marquardt 优化方法等都是改进方法。

3.3.2　支持向量机

支持向量机（Support Vector Machines，SVM）是 Vapnik 等人于 1995 年在统计学习理论和结构风险最小化准则基础上提出的一种适合小样本、非线性、高维度模式识别的机器学习方法。

3.3.2.1 支持向量机法的基本思想

统计学习理论是一种新的机器学习理论体系，其研究的是有限样本情况下机器学习的规律与方法。在该体系下的统计推理规则不仅考虑了对渐近性能的要求，而且追求在现有有限信息条件下得到最优结果①。

评判机器学习方法好坏的主要标准是看其是否具有良好的学习能力和推广能力。学习能力指的是根据给定的历史数据及知识进行学习并获得规律的能力；推广能力指的是利用学习中获得的规律预测、判断未来的能力。

统计学习理论的重要内容是确定经验风险和实际风险之间的关系。该理论认为学习机器的实际风险［期望风险，$R(w)$］是由经验风险［训练误差，$Remp(w)$］和置信范围［$H(h/n)$］两部分组成，置信范围与 VC 维 h 和训练样本数 n 有关，反映了训练结果的可靠性。上述关系可简单表示为：

$$R(w) \leqslant Remp(w) + H(h/n)$$

有限样本情况下，函数的 VC 维 h 越大，反映问题的复杂度越高，置信范围也就越大，从而实际风险与经验风险的差别越大，这就是训练误差过小反而导致推广能力下降的原因，也称为过学习问题。

传统学习方法采用了经验风险最小化准则，而忽略了置信范围的影响。统计学习理论提出了结构风险最小化准则，即在每一个函数子集中寻找最小经验风险，继而得到最小实际风险。

支持向量机法基于统计学习理论和结构风险最小化准则，算法的基本思想是寻找一个满足分类要求的最优超平面决策边界，使得决策边界

---

① 张学工译：《统计学习理论的本质》，清华大学出版社 2000 年版，第 1—226 页。

两侧的样本空白面积最大，也就是决策边界的边缘最大。

下面按照数据是否可线性分类来分别介绍具体的支持向量机算法。

（1）线性分类

当训练样本（xi,yi）($i=1,2,\cdots,N$）线性可分时，其中，$xi=(xi1,xi2,\cdots,xid)$ T 为第 i 个样本的属性集，$yi\in\{-1,1\}$ 为样本的类标号。因此，其线性分类器的决策边界为：$w\cdot x+b=0$（w 和 b 为模型的参数。

若 $w\cdot x+b>0$，则 $y=1$；若 $w\cdot x+b<0$，则 $y=-1$。离决策边界最近的样本 x_1 和 x_2 为支持向量，通过支持向量且平行于决策边界的超平面可通过调整参数 w 和 b 表示为 $w\cdot x+b=1$ 和 $w\cdot x+b=-1$，它们之间的距离为决策边界的边缘 $d=\frac{2}{\|w\|}$。算法的目的是调整参数 w 和 b 使之能区分样本（控制训练误差），并且保证决策边界的边缘 d 最大（控制推广能力）。因此，支持向量机的学习任务可表示为被约束的凸优化问题：

$$\min \frac{1}{2}\|w\|^2 \quad \text{s.t.}\ y_i(w\cdot x_i+b)\geqslant 1, i=1,2,\cdots,N$$

我们可用拉格朗日乘数法来求解：

$$L_p=\frac{1}{2}\|w\|^2-\sum_{i=1}^{N}\lambda_i[y_i(w\cdot x_i+b)-1]$$

因约束为不等式，需将其转化为等式且限制拉格朗日乘数非负，得到 Karush－Kuhn－Tucker（KKT）条件：

$$\lambda_j\geqslant 0,\ \lambda_j[y_j(w\cdot x_j+b)-1]=0$$

可看出多数样本对应的λ_j为 0，而支持向量对应的$\lambda_j>0$。对 w 和 b 求偏导，并令其等于零，得到 $w=\sum_{i=1}^{N}\lambda_i y_i x_i, \sum_{j=1}^{N}\lambda_j y_j=0$。根据以上

推导可知，决策边界的参数 w 和 b 仅与支持向量有关，其他样本不需要参与计算，由此可降低计算的复杂程度。将上式代入公式中转化为相应的对偶问题：

$$L_d = \sum_{i=1}^{N} \lambda_i - \frac{1}{2}\sum_{i=1}^{N} \lambda_i \lambda_j y_i y_j x_i x_j$$

$$\text{s.t.} \sum_{j=1}^{N} \lambda_j y_j = 0; \lambda_j \geqslant 0; j = 1,2,\cdots,N$$

解出上述二次规划问题后，分类函数可表示为：

$$f(x) = \text{sgn}\left[\sum_{i=1}^{N} \lambda_i^* y_i (x_i \cdot x) + b^*\right]$$

当训练样本线性不可分时，我们可以引入正值的松弛变量ξ_i来放松不等式约束，寻找允许一定的错分样本的决策边界，其目标函数需修改为：

$$\min \frac{1}{2}\|w\|^2 + C\left(\sum_{i=1}^{N} \xi_i\right)^k$$

$$\text{s.t. } y_i(w \cdot x_i + b) \geqslant 1 - \xi_i; i = 1,2,\cdots,N$$

其中 C 和 k 为分类者自定的参数，以控制对错分样本的惩罚程度。同样的，我们可以用拉格朗日乘数法求解，利用 KKT 条件转换约束，转换为相应的对偶问题求解，得出的分类函数仍可表示为上述分类函数的形式。

（2）非线性分类

当训练样本不能线性分类，决策边界表现为椭圆形等非线性形状时，我们可以通过映射函数 $\Phi(x)$ 将数据从原坐标空间 x 映射到新坐标空间 $\Phi(x)$ 中去，从而在新坐标空间 $\Phi(x)$ 中找到线性决策边界 $w \cdot \Phi(x) + b = 0$ 来划分样本，这种非线性变换可表示为：

$$x \rightarrow \Phi(x) = [\Phi_1(x), \Phi_2(x), \cdots, \Phi_N(x)]^T$$

其目标函数需要改变为：

$$min\frac{1}{2}\|w\|^2 \quad s.t.\ y_i[w\cdot\Phi(x_i)+b]\geq 1, i=1,2,\cdots,N$$

运用上述同样的计算方法，可得出线性分类函数：

$$f(x)=\mathrm{sgn}[\sum_{i=1}^{N}\lambda_i^* y_i\Phi(x_i)\Phi(x)+b^*]$$

选择一个合适的映射函数 $\Phi(x)$ 是不容易的，而且公式中新坐标空间的向量对之间的点积 $\Phi(x_i)\Phi(x)$（即相似度）的计算是非常复杂的，可能导致维灾难问题，我们需要利用核技术来解决这两个问题。核技术是一种使用原坐标空间的属性集 u、v，计算新坐标空间的相似度 $\Phi(u)\cdot\Phi(v)$ 的方法，例如，$K(u,v)=\Phi(u)\cdot\Phi(v)=(u\cdot v+1)^2$，$K(u,v)$ 就为核函数。运用在非线性支持向量机中的核函数需满足 Mercer 定理，例如，多项式核函数 $K(x,y)=(x\cdot y+1)^p$、RBF 核函数 $K(x,y)=\exp(-\|x-y\|^2/2\sigma^2)$、Sigmoid 核函数 $K(x,y)=tanh[b(x\cdot y)-c]$ 等。核函数的使用既可以使我们不需要知道映射函数 $\Phi(x)$ 具体形式即可进行非线性分类，还可以避免维灾难，简化运算。在具体运用中，若数据复杂度较低，可应用多项式核函数计算点积，若数据复杂度较高，则可使用 RBF 核函数和 Sigmoid 核函数。

3.3.2.2　支持向量机的应用

支持向量机率先应用于美国邮政手写数字库识别方面（边肇祺，2000），随后在人脸检测（Osuna E，1997；马勇，2003）、语音识别（忻栋，2002）、手写体识别（柳回春，2002）、图像处理（张磊，2002）等领域取得了大量研究成果。

在经济管理领域，支持向量机已经应用在了信用风险预测与评估

(胡海青，2011)、股票价格预测（张玉川，2007)、客户流失预测（夏国恩，2008）以及物流量预测（庞明宝，2007）方面，在税收预测(侯利强，2013)、财务业绩分类（蒋艳霞，2009)、企业破产预测（鲁海波，2007）等方面也有少量研究。

3.3.2.3 支持向量机的优缺点

支持向量机采用了经验风险最小化准则避免了过学习问题，同时具有良好的推广能力，利用核技术解决了映射函数选取和维灾难问题，算法本质上是一个凸优化问题，可以保证其局部解就是全局最优解，计算过程仅用到了支持向量，从而适合小样本研究。

支持向量机在实际应用中也存在一些局限：首先，支持向量机中核函数的选取没有成熟的理论指导，多是运用实验比较的方法；其次，对于大样本，支持向量机的训练速度会很慢，而且内存占用庞大。

3.4 ARIMA 时间序列模型

差分自回归移动平均模型（ARIMA 模型）是 1970 年 Box 和 Jenkins 提出来的建立在随机理论基础上的线性时间序列预测方法，其预测精度较高，擅长发现时间序列自身的影响规律。

ARIMA 模型就是将非平稳时间序列 Y_t 的增长趋势或下降趋势通过 d 次差分运算 Δ^d 消除，使其转化为平稳时间序列 $X_t = \Delta^d Y_t$，使之符合 ARMA（p，q）模型，之后用此平稳时间序列 X_t 建立估计这一随机过程的模型，最后运用所建模型和历史数据对实际问题进行预测。该模型可以表示为 ARIMA（p，d，q）：

$$X_t = \varphi_1 X_{t-1} + \varphi_{t-2} + \cdots + \varphi_p X_{t-p} + \varepsilon_t - \theta_1 \varepsilon_{t-1} - \theta_2 \varepsilon_{t-2} - \cdots - \theta_q \varepsilon_{t-q}$$

其中，φ_1，φ_2，…，φ_p是自回归系数，p 是自回归阶次，θ_1，θ_2，…，θ_q是移动平均系数，q 是移动平均阶次，$\{\varepsilon_t\}$ 是白噪声序列。

ARIMA 模型广泛应用于气象学、医学、农业科技等领域。在我国经济和管理领域中，ARIMA 模型主要应用于汇率预测（戴晓枫，2005）、入境游客量预测（雷可为，2007）、能源消费预测（刘勇，2007）、GDP 预测（熊志斌，2011）、居民消费价格指数预测（陈娟，2005）、通货膨胀预测（肖曼君，2008）、社会固定资产投资预测（蒋燕，2006）、期货价格预测（陈林，2010）等方面。

3.4.1　ARIMA 时间序列模型的基本步骤

（1）检验时间序列的平稳性

使用 ARIMA 时间序列模型首先需要选用 Box－Jenkins 法、ADF 单位根检验、自相关函数和偏相关函数等方法识别时间序列的平稳性，若不平稳，则需要通过差分将其平稳化（确定 d 值）。然后还需要检验平稳化后的时间序列是否为白噪声，若为白噪声，构建 ARIMA 模型就没有意义。

（2）模型的确认

根据序列自相关系数（ACF）和偏自相关系数（PACF）用逐次探索的方法识别模型的类型和阶数，即确定 p 值、q 值，并用非线性最小二乘估计法对参数进行估计，确定φ_p和θ_q的取值。

（3）模型检验

利用包括参数的 t 检验、残差的白噪声过程检验等方法对模型进行检验，分析其是否具有统计意义。

（4）模型预测

最后用构建出的 ARIMA 模型对未来进行预测，并评价预测效果。

3.4.2 ARIMA 时间序列模型优缺点

ARIMA 模型由于具有简单性、可行性、灵活性和可靠性的特点，一直广泛应用于线性非平稳时间序列的预测中，而对于非线性时间序列的预测却力不从心，并且 ARIMA 模型是从时间序列自身出发进行预测，无法敏锐感知外部变量对自身变量的影响，难以准确预测转折点，只适合做短期预测。

3.5 系统动力学模型

系统动力学（System Dynamics）是美国麻省理工学院福瑞斯特（Jay W. Forrester）教授于 1956 年创立的，综合了控制论、信息论与系统论等多种理论，借助计算机仿真技术研究复杂系统动态行为的交叉学科。经过 60 年的发展，系统动力学已成为一种重要的系统工程方法论，并用来解决了大量社会经济系统问题。其核心思想是系统结构决定系统功能，即利用系统内部各构成要素之间的因果关系，从系统的内部结构寻找问题发生的根源，建立模型解决问题。

创立初期，系统动力学主要应用于工业企业管理领域。1972 年美国国家研究小组建立的世界模型和 1985 年 Sterman（1985）建立的经济长波模型在世界范围内引起巨大轰动，系统动力学由此发展成熟，作为研究复杂系统的有效方法成功应用于全球发展战略领域、城市与区域发展战略领域、生态领域以及卫生医疗领域等。20 世纪 90 年代后系统动力学开始在世界范围内广泛应用与传播，其应用几乎涉及人类社会与自然科学的所有领域。我国的经济与管理领域，系统动力学模型主要应用于资源承载力（景跃军，2006）、产业网络复杂性（李守伟，2006）、区域社会经济（贺彩霞，2009）、企业创新支持体系（苏屹，2010）、证券市场价格行为（曹志广，2005）、知识传播（齐丽云，2008）等研究中。

3.5.1　系统动力学基本步骤

系统动力学模型将定性方法与定量方法相结合，运用系统理论界定系统的组织边界、确定系统变量和信息反馈机制，以因果反馈结构图定性描述动态系统，从而构建系统动力学流图，并通过计算机仿真技术定量模拟现实系统的行为模式，最后改变模型结构或变量参数进行模型实验和调试来优化模型，从而达到了解系统动态行为的结构性原因，设计出经过优化了的系统结构，提出实际动态复杂问题解决方案的目的。

3.5.2　系统动力学方法优缺点

系统动力学模型擅长处理长期、高阶、非线性、时变的复杂问题。作为研究复杂系统的有效方法，系统动力学可进行预测研究、政策管理研究和优化与控制研究。运用系统动力学进行预测研究优于回归预测、线性规划等方法，它既可以进行时间上的动态分析，又可以进行系统内各要素之间的协调。

第4章

公司治理、内部控制与内部控制缺陷

当今是巨变的时代，市场环境瞬息万变，企业外部竞争日益激烈，企业创建和发展的速度也越来越快。伴随企业规模的增大，相关利益主体之间的关系变得错综复杂。我们看到，违规操作、弄虚造假、管理人侵吞公司利益、监管缺失等内部控制失效现象层出不穷。如何在平衡好各方关系和利益的同时实现快速、持续、健康发展，企业内部管理正面临前所未有的挑战。

4.1　公司治理

公司中各种利益相关主体之间的利益冲突从公司制组织产生开始就已经相伴出现。随着公司的发展，尤其是公司所有权与控制权的分离，内部股东与外部股东、股东与债权人、董事会与所有者、CEO 与所有者、CEO 与董事会、审计师与外部投资者、大股东与小股东等利益主体之间的各种利益冲突问题不断显现。“大股东侵占”“内部人控制”“外部人控制”“搭便车”“隧道效应”等各种利益冲突问题的新形式层出不穷。解决利益相关者之间的利益冲突，尤其是两权分离下所有者和管理者之间的委托代理问题一直是公司管理中基本、最重要的内容。1976 年 Jensen 和 Meckling 就已经清晰地分析了代理理论和代理问题的关键要素及其关系。但直到 20 世纪 90 年代，公司治理的概念才被正式提出来，并逐渐有了相对明确的界定。人们发现公司治理是解决组织内部各利益相关者之间利益冲突的重要组织安排和制度框架，但是直到今天，无论理论界还是实务界，他们对公司治理到底是什么的认识并不统一。

吴敬琏（1994）认为，公司治理结构就是要明确划分股东、董事会、经理人员各自权力、责任和利益，从而形成三者之间的关系。Blair（1995）认为，治理系统制定公司的基本规则，这些规则决定了谁在什么情况下拥有什么样的控制权，谁获得所创造的财富的多少份额，谁就承担相关的风险。Shleifer 和 Vishny（1997）认为，公司治理是公司资金的出资方保证自身获得投资回报的方式。Zingales（1998）认为，公司治理是对公司产生的准租金讨价还价行为进行规范的一系列复杂约束条件。Gillan 和 Starks（1998）认为，公司治理是控制公司运作的法律、规则和因素的体系。随着公司治理实践的发展，人们对公司治理作用认识也不断深入。Denis 和 Mcconnell（2003）将公司治理定义为一套以制度和市场为基础的机制，这些机制促使公司决策者做出使公司所有者（出资人）价值最大化的决策。他们认为，治理机制包括内部治理机制和外部治理机制两部分，内部机制主要是董事会和公司的所有权结构，外部机制主要是可以起控制作用的外部市场和法律监管体系。美国亚利桑那州立大学的 Jeff Coles 教授（2012）认为，公司治理是最高管理层或董事会为利益诉求者管理公司价值创造和价值在不同利益诉求者（包括整个社会）之间转移的过程。Robert（2011）认为，公司治理本质上可以看成是一种制衡机制。它能保证公司可以发现存在的问题，并通过权力制衡确保公司采取最有利于公司长期、可持续、可再生地创造价值的措施。良好的公司治理需要一套复杂的制衡系统，它可以使公司充满生机，更聚焦并能灵活地应对变化，从而变得更强大；而管理层、董事和股东是公司治理制衡机制的三个关键角色。所有权和控制权的分离是公司治理问题的根源①。Kevin 等（2013）认为，有效的公司治理制度有微观和宏观两个层面的要求。微观上，公司治理需要确保公司作为一个生产性组织在运行中追求自己的目标，良好的公司治理就是公司在追求股东价值最大化的目标中确保决策的制定和实施；宏观上，公司治理就是要有效地促进国民储蓄的合理分配，以便最大限度地发挥产出

① Robert A. G. Monks, Nell Minow 著，李维安、牛建波等译：《公司治理（第五版）》，中国人民大学出版社 2017 年版，6、96 页。

效用。[1] 经合组织（OECD）（2015）在 G20/OECD 公司治理原则的前言中指出，“公司治理的目的是帮助建立一个信任、透明和问责制的环境，以促进长期投资、金融稳定和商业诚信，从而支持更强大的增长和更包容的社会”[2]。

Fama 和 Jensen（1983）研究认为，当决策管理和决策控制能够有效结合在一起时，通过限制决策者的剩余要求，可以有效控制剩余索取权人和决策者之间的代理问题。Blair（1995）认为，公司治理安排会影响社会资源利用效率和公司创造财富的能力；Metrick 等（2003）通过构建治理指数检验发现，治理水平高的企业的价值、利润和销售额增长都更高。Acharya 等（2010）认为，内部治理可以缓解代理问题，增加企业价值，外部治理能够起到补充内部治理不足的作用，可以提高企业效率。2002 年麦肯锡公司对全球投资者的调查显示，大多数机构投资者对公司进行投资评估时都认为“公司治理实践与财务绩效同等重要”。

公司治理和内部控制是公司长久生存和发展的重要保障。

公司治理应该包括内部治理和外部治理两方面。内部治理旨在解决企业各个利益相关主体的利益、权力和责任问题，通过对各主体权力的制约和平衡达到不同利益相关者利益的均衡；外部治理从社会整体利益出发，监督、协调、规范和约束企业与其他外部主体之间的利益关系，进一步促进和保障相关主体利益均衡的实现。内部治理包括权力结构、权责分配、激励机制和内部控制等内容，外部治理由市场机制、法律规

---

① Kevin Keasey，Steve Thompson，Mike Wright 编，刘霄仑、朱晓辉译：《公司治理：受托责任、企业与国际比较》，人民邮电出版社 2013 年版，2 页。

② OECD 公司治理原则（2015）。

范体系，包括审计师、分析师、信用评估机构、投资银行、律师、媒体等在内的其他外部监督等构成。公司治理的研究和实践中，我们不仅要强调内部治理的效能，也要重视外部治理的作用，二者不可偏废。但是“任何一种现有的公司内部治理模式都不能无条件地应用于所有的公司经营环境中，也没有一种包治百病的监督机制可以单独起作用”（林毅夫等，1997）。因此，公司治理的实践中并不存在放之四海皆准的完全有效的治理模式。

内部控制立足于企业，旨在解决一个企业一定治理机制下如何保证管理目标实现的问题。对现代企业来说，内部控制是企业管理的重要内容。虽然有了内部控制，依然不能保证企业管理目标一定会百分百实现，但是从长远来看，缺少内部控制或内部控制失效，企业的管理目标一定难以实现。

4.2 内部控制

4.2.1 内部控制概念的演进

内部控制是从内部牵制发展而来。1936 年，美国会计师协会发布的《注册会计师对财务报表的审查》文告中就出现了内部控制的概念：注册会计师在制定审计程序时应该考虑的一个重要因素是审查企业的内部牵制和控制，企业的会计制度和内部控制越好，财务报表需要测试的范围则越小。但它并没有给出明确的内部控制界定。1949 年，美国会计师协会的审计程序委员会在《内部控制、协调系统诸要素及其对管理部门和注册会计师的必要性》报告中对内部控制作了如下定义："内部控制是企业制定的旨在保护资产、保证会计资料可靠性和准确性，提高经营效率、推动管理部门制定的各项政策得以贯彻执行的组织计划和相互配套的各种方法和措施。"1958 年，该委员会发布的《审计程序公告第 29 号》中又将内部控制分为管理控制和会计控制，指出会计控制由组织所有保护资产、保证会计资料可靠性和准确性的有关方法和程序构成，而提高经营效率、推动管理部门制定的政策贯彻执行的方法和措施属于管理控制。

20 世纪 70 年代后期开始，美国一些职业团体，如美国注册会计师协会（AICPA）、内部审计人员协会（IIA）先后发布了多个涉及内部控制的相关审计准则公告和文告，从不同层面阐述了内部控制的要求。1988 年，AICPA 在《审计准则公告第 55 号》中以"内部控制结构"代替"内部控制"，提出了控制环境、会计制度和控制程序的内部控制构成三要素。

1992 年，COSO（Committee of Sponsoring Organizations of The Treadway Commission）委员会发布《内部控制——整合框架》，对内部控制概念进行了全方位阐述。2004 年该委员会又发布了《企业风险管理框架》（以下简称 ERM 框架）。这两个框架在全球范围内的内部控制理论研究和应用实践中被广泛传播，是目前国际上内部控制领域影响力最大、最权威的文献之一。2013 年、2017 年 COSO 委员会对《内部控制——整合框架》和 ERM 框架分别进行了修订。

COSO《内部控制——整合框架》（1992 版）提出"内部控制是由企业董事会、经理阶层和其他职员实施的，为实现营运的效率效果、财务报告的可靠性、相关法令的遵循性等目标而提供合理保证的过程。"同时，COSO 委员会给出了有效内部控制系统构成的五要素：控制环境、风险评估、控制活动、信息和沟通、监督。COSO（2013 版）在1992 版基础上对如下方面进行了修改①：

- 增加了内部控制应该遵循的原则 17 项，强调内部控制要以原则为导向。
- 将内部控制目标中的财务报告，扩大到财务报告和非财务报告。
- 明确了有效内部控制的要求。
- 明确了目标设定在内部控制中的角色，强调各项目标的适应性。
- 考虑了市场和经营全球化的影响问题。
- 强化了公司治理概念。
- 考虑了不同商业模式和组织结构下的内部控制问题。
- 考虑了法律、法规、标准等的需求和复杂性。
- 对组织的能力和责任提出了更高要求。
- 反映了信息技术对组织的影响。
- 强化了对反舞弊的考虑。

ERM 框架虽然是企业风险管理框架，但它涵盖内部控制。它没有重新定义内部控制，而是肯定了《内部控制——整合框架》中内部控制定义和框架的有效性，提出了由内部环境、目标设定、事件识别、风险评估、风险对策、控制活动、信息和交流、监控构成的企业全面风险管理八要素。从控制角度看，ERM 框架可以使企业站在更高层次——全面风险管理的高度拓展、细化自身的内部控制体系。

新中国成立后建立了以账户核对和职务分工为主要内容的牵制制度。但总的看，当时的制度规范是零散的、不系统的，在制度基础以及

---

① COSO 发布，财政部会计司组织翻译：《内部控制——整合框架（2013）》，中国财政经济出版社 2014 年版。

企业的法制意识、风险理念等方面与欧美企业存在较大差距。为了引导企业加强内部控制，1999 年修订的《会计法》第一次以法律形式对建立健全内部控制提出了原则性要求。2001 年开始财政部陆续制定发布了由基本规范和六项具体会计业务规范构成的《内部会计控制规范》；审计署、国资委、中国证监会、原中国银监会、原中国保监会以及上交所、深交所等也分别从不同角度对加强内部控制提出了各自的明确要求。2008 年 5 月财政部会同中国证监会、审计署、原中国银监会、原中国保监会联合印发了《企业内部控制基本规范》，2010 年 4 月又联合发布了《企业内部控制评价指引》《企业内部控制审计指引》和 18 项应用指引，之后又补充印发了《商业银行内部控制指引》（银监发〔2014〕40 号）、《保险资金运用内部控制指引》（保监发〔2015〕114 号）、《证券公司投资银行类业务内部控制指引》（证监发〔2018〕6 号）。至此，由基本规范及应用、评价、审计配套指引共同构成的我国企业内部控制规范体系构建完成。

《企业内部控制基本规范及配套指引》借鉴了 COSO 框架中关于内部控制五要素的做法，给出了我国企业构建内部控制时应该遵循的基本要求。根据企业内部控制基本规范，内部控制是“由企业董事会、监事会、经理层和全体员工实施的、旨在实现控制目标的过程。而内部控制的目标是合理保证企业经营管理合法合规、资产安全、财务报告及相关信息真实完整，提高经营效率和效果，促进企业实现发展战略”。

正如 COSO 在《内部控制——整合框架》开篇所指出的那样，任何内部控制的框架和规范都只是“为各个主体的内部控制评价、规则制定机构的未来行动以及教育提供一个起点”①。企业进行内部控制建设时应该从企业全局考虑，在满足需要遵循的法律法规要求基础上，借鉴国内外内部控制框架及最佳实践经验，构建一套适合企业自身的，全面的，满足系统化、标准化、可审计、可持续改进要求的内部控制体系。

4.2.2 控制理论的基本原理

控制是现代管理的基本职能之一，管理学上一般把控制定义为“监视各项活动以保证它们按计划进行并纠正各种偏差的过程”②。但是，正如美国哈佛商学院教授 Robert Simons 1995 年在《Levers of Control：How Managers Use Innovation Control System to Drive Strategic Renewal》一书中所说的，“从直接监督到反馈系统到社会和文化控制，控制一词的含义达 57 种之多”③。人们对控制的理解并不统一。

4.2.2.1 控制理论的形成与发展

控制论（Cybernetics）是研究系统调节和控制规律的科学。“Cybernetics”来自希腊语，原意为掌舵术，包含了调节、操纵、管理、指挥、监督等多方面的含义。控制论是通过研究各种不同系统的状态、功能、行为方式及变动趋势，探讨这些系统共同具有的信息交换、反馈调

---

① 企业内部控制标准委员会秘书处组织翻译，方红星主译：《内部控制——整合框架》，东北财经大学出版社 2008 年版，21 页。

② ［美］Stephen. P. Robbins 著，黄卫伟等译：《管理学（第 4 版）》，中国人民大学出版社 1997 年版。

③ （美）西蒙斯（Robert Simons）著，鲜红霞、郭旭力译：《控制》，机械工业出版社 2004 年版，3 页。

节、自组织、自适应的规律和改善系统行为，使系统稳定运行的机制而形成的一套概念、模型、原理和方法体系。

控制论的奠基人是美国数学家诺伯待·维纳（Norbert Wiener）。1943 年他与罗森布鲁斯在论文《行为、目的和目的论》[①] 中将主动行为划分为随机活动和有目的的活动两类，提出了随机活动性质的假说。1948 年维纳出版了专著《控制论》，标志着控制论这门新兴学科的正式诞生。在《控制论》一书中作者说明了将“既是机器中又是动物中的控制和通讯的整个领域称作 Cybernetics”[②] 的缘由。至今，控制论已经有了广泛应用。其本身也经历了从经典控制理论、现代控制理论到大系统理论和智能控制的不同发展阶段。

经典控制理论的内容主要以传递函数为基础，研究单输入、单输出的线性定常控制系统的分析和设计问题。这一阶段建立了系统、信息、黑箱、反馈、调节、控制和稳定等控制论的基本概念和分析方法，为现代控制理论的发展打下了基础。

现代控制理论主要以状态空间法为基础，研究多输入、多输出、变参数、非线性、高精度、高效能等控制系统的分析和设计问题。最优控制、最佳滤波、系统识别、自适应控制等理论是这一阶段研究的主要课题。虽然现代控制理论是在经典控制理论基础上发展起来的，但无论在数学工具、理论基础，还是在研究方法上，它都不是经典控制理论的简单延伸和推广，而是认识上的飞跃。

随着计算机技术、现代应用数学的快速发展，现代控制理论又在研

---

① Rosenblueth A, Wiener N, Bigelow J. Behavior, Purpose and Teleology [J]. Philosophy of Science, 1943, 10 (1): 18 - 24.

② ［美］N. 维纳著，郝季仁译：《控制论》，科学出版社 2009 年版，10 页。

究庞大系统工程的大系统理论和模仿人类智能活动的智能控制等方面有了重大突破。在工程控制论、生物控制论分支基础上，经济控制论、社会控制论也已经成为控制理论的重要分支。

4.2.2.2 控制系统的构成要素

按照控制理论，一个控制系统中作用和产生于被控对象的变量主要有四类（如图 4－1 所示）。其中，控制量是作用于被控对象，使被控对象达到预定目的或要求的量，也称控制信号。所有作用于被控对象上，妨碍控制量对被控制量按要求进行正常控制的因素称为扰动量。扰动量是对所有引起被控制量和控制量决定的预期值之间偏差的因素的总称。被控制量是控制对象对外界作用（控制量或扰动量）做出特定反应从而影响到外部环境的量，也称输出信号。状态量出现在过程内部，表示过程的动态特性，常被用来确定必须施加的控制作用。

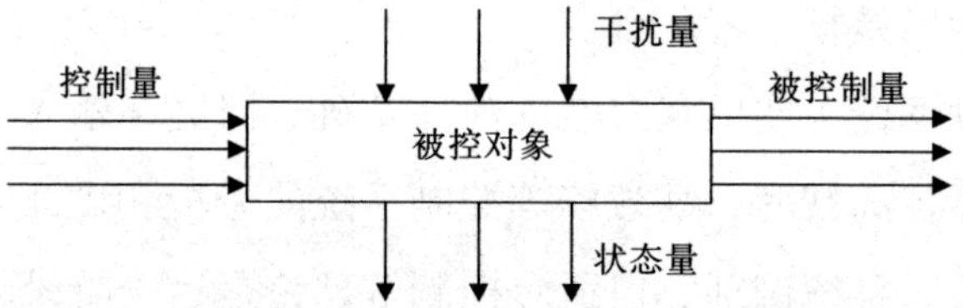

图 4－1 作用和产生于被控对象中的变量

站在被控对象角度，控制量与扰动量都是外部的作用。控制量的作用是使被控对象达到预定目的或要求，扰动量的作用是干扰或破坏被控对象达到预定目的或要求。因此，这种来自外部的作用，我们可以统称为被控对象的输入。消除扰动因素影响，保持被控制量按控制量的预期要求变化的过程就是控制过程。

根据控制理论，无论自动机器，还是神经系统、生命系统、经济系统、社会系统，它们作为控制系统，至少包括施控主体、受控客体和将控制作用传递给受控客体的传递者三部分。从控制系统设计的角度可以进一步将上述三部分进行细分，形成控制量、被控制量、扰动量、被控对象、检测器、比较器、执行器、校正器和反馈通道构成的控制系统要素。其中，检测器用于测量被控制量和控制量；比较器完成对被控制量和控制量的比较，是产生偏差信号的装置；执行器是根据偏差信号产生控制作用，使被控对象按照控制量的变化规律动作的装置；校正器是在系统中加入的能消除或减弱系统振荡，提高系统控制性能的装置；反馈通道是由偏差信号到反馈信号间的通道。此外，如果偏差信号很微弱，为了控制的需要，还可以通过放大器对偏差信号进行变换放大。这些要素有机地组合在一起，共同构成了控制系统。

4.2.2.3　控制系统的工作原理

控制系统中各要素基于不同原理发挥作用构成了前馈和反馈两类控制结构。前馈控制以不变性原理为理论基础，反馈控制以消除偏差的反馈控制原理为理论基础。二者控制原理不同，所以控制过程也不同。前馈控制系统的控制器与被控对象之间只有顺向作用而没有反向联系；反馈控制系统的控制器与被控对象之间既有顺向作用，又有反向联系。

（1）反馈控制系统

反馈控制中，控制器发出的指令作为控制信号传递到系统的控制对象中，控制对象按指令执行；由于扰动量的作用，被控制量可能偏离预定的目标，检测器测量控制信号执行情况，并将其作为反馈信号输送回来，比较器将反馈信号与控制信号进行比较计算出偏差信号，并将偏差信号作为调整控制的依据传递给执行器，执行器进行偏差调节，最终达到控制目标。在此过程中，为了提高系统控制性能，可以在系统中加入校正器（串联校正、反馈校正）来减少或消除系统本身不利因素对控制效果的影响。控制要素按照上述过程组成的控制系统即为反馈控制系统，如图 4 -2 所示。

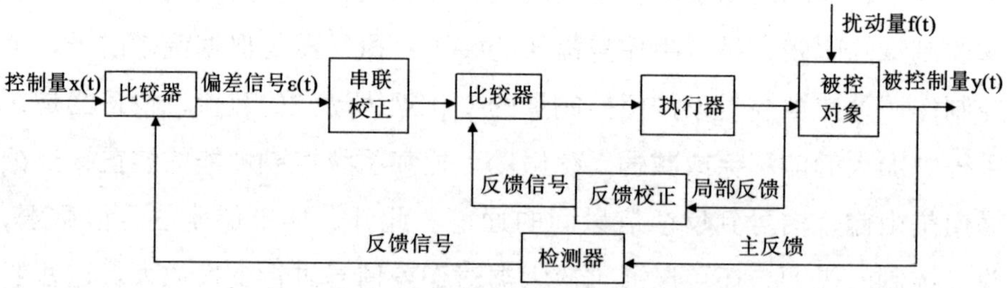

图 4 -2　反馈控制系统构成

从图 4 -2 可以看到，反馈控制过程也是一个信息流通的过程。控制是通过信息的传输、变换、加工、处理实现的。反馈对系统的控制和稳定起着决定性作用。因此，反馈控制系统是实现利用控制器，通过信息变换和反馈作用，使控制对象自动按照人们预定的程序运行，最终达到预定目标的系统。

（2）前馈控制系统

被控制量只能受控于控制量，对控制量不能反向施加任何影响的控制系统被称为开环控制系统。由于控制系统中扰动量 $f(t)$ 是导致被控对象达不到目标的原因，扰动是控制的依据。而开环控制系统直接根据扰动量大小进行工作，没有被控制量的反馈，因此也被称为前馈控制系统，如图 4 -3 所示。前馈控制系统控制过程是：控制主体根据检测器测量到的扰动量设置控制量 $x(t)$，并通过前馈控制器对被控对象施加控制，及时克服扰动对被控制量 $y(t)$ 的影响。

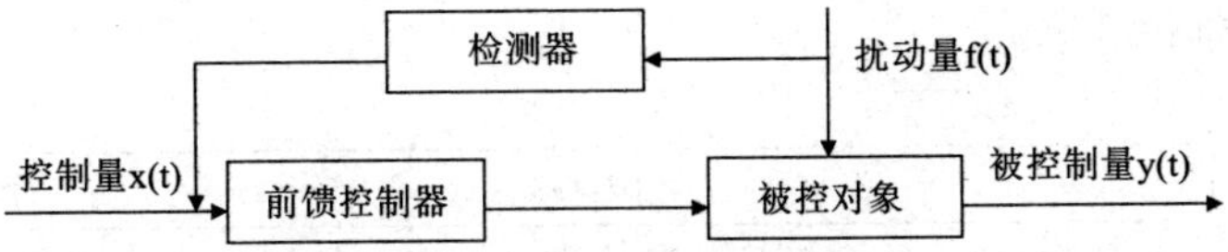

图 4－3　前馈控制系统构成

因为前馈控制在实际问题出现之前就采取了控制行动，避免了预期出现的问题，即前馈控制能够用来防止问题的发生而不是出现问题时再补救，所以前馈控制是我们最希望采取的控制形式。但是由于实际中扰动因素及扰动量的大小常常事先难以准确测量，而且前馈控制系统是开环的，不能修正由于干扰而引起的系统偏差，在实际中一般不单独应用。

反馈控制系统是控制系统中最基本的控制结构形式。在这种形式的控制系统中，控制量经由控制器控制被控制量，而被控制量又被反馈到输入端和控制量进行相减运算生成偏差，偏差再经过控制器的适当变换去控制被控制量，系统的输出和输入之间就形成了负反馈，因此它被称为反馈控制系统。由于整个控制系统形成了一个闭合的环路，反馈控制系统也被称为闭环控制系统。

与前馈控制相比，反馈控制具有抑制内部和外部各种干扰对系统输出影响的能力，在系统的控制量、扰动量无法事先预计的情况下，具有明显优越性。

4.2.3　基于控制理论的企业内部控制体系

如果将企业作为一个控制系统进行分析，我们会发现，控制理论为我们认识企业内部控制提供了一个新的视角和基础，可以帮助我们更透彻地理解内部控制的本质。基于控制理论可以如图 4－4 所示构建企业的内部控制体系。

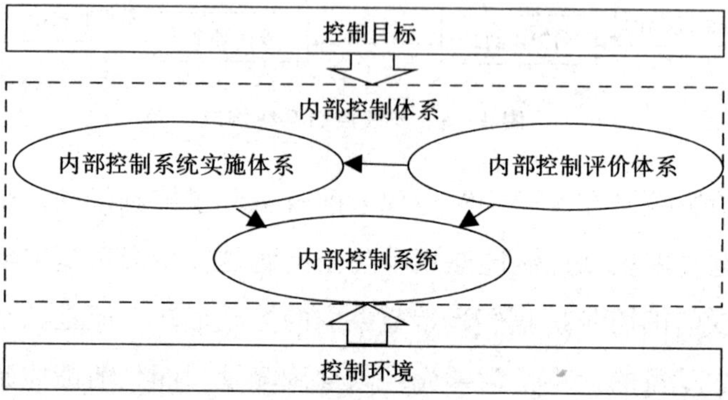

图 4-4　内部控制体系的构成

4.2.3.1　内部控制目标

企业的内部控制目标是企业经营管理活动的基本要求，是企业管理目标的具体化。它既是实施企业内部控制的最终目的，又是评价企业内部控制的最佳标准。企业内部控制的目标是分层次的，基本目标是企业内部控制应该达到的根本目的；具体目标是不同被控对象、不同受控变量具体应该达到的标准。

从管理需求出发，企业内部控制的基本目标可以概括为：

- 维护企业财产物资的安全、完整，并确保有效使用。
- 保证各项经济管理信息的真实、正确、可靠、及时、完整和安全。
- 确保企业战略的实现、经营管理决策的贯彻执行和生产经营活动的协调、有序和高效。
- 保证国家法律法规的贯彻执行，在合法合规的前提下保证企业自身实现经营目标。

4.2.3.2　内部控制系统

内部控制系统是为了实现一定内部控制目标，由所有相互作用、相互依赖的控制要素按照一定规则和结构结合在一起形成的具有特定功能的有机整体。内部控制的框架和规范都属于内部控制系统范畴。基于控制理论建立的企业内部控制系统应该是一个以反馈控制为主的前馈－反馈结合的动态控制系统。该系统由标准系统、风险分析系统、诊断系统、交互控制系统四个基本要素构成。

（1）标准系统是对企业采用的所有控制标准的总称。控制标准是以企业控制目标为导向的，是企业行为或行为结果所应该达到的目标体系，是企业基本控制观、控制目标，需要遵守的法律规范的具体化、量化。标准是对重复性活动或其结果所做的规定，用于反馈控制，是反馈控制的依据。标准系统是企业管理的操作依据和业务指导性文件，也是实施控制、分析和评价控制效果的重要依据。

（2）风险分析系统是对影响企业的各种内外部事项进行识别、评估、管理的系统。因为除了极小的组织外，所有企业的管理人员是不可能预知可能面临的所有问题、掌握所有可能的解决方案和了解企业成员面临的所有机会的，所以，管理人员无法明确规定下属成员应该寻找什么样的机会，只能通过规定哪些事情是不可以做的，使员工在规定的范围内发挥创造力，寻找创造价值的新途径，做到“从心所欲而不逾矩”。因此，风险分析系统的第一步是根据企业风险容忍度水平，确立企业各种行为的边界，即构建防范企业进入高风险区的风险控制标准。风险控制标准是对企业行为的限制标准，其明确了什么可以做，什么不可以做，被称为风险准则。风险准则用于对偶发事物和状况的控制，是企业前馈控制的主要依据，也是各级各类人员需要遵守、不能逾越的

“矩”。企业通过前馈控制可以对各种超越这一边界的行为直接进行实时控制，防止组织卷入该类事件。

（3）诊断系统是对控制对象在行为边界之内的企业活动的实际运作过程及结果进行检测、比较和评价，明确哪些是可接受风险，哪些是需要积极控制的风险，然后按照反馈控制过程实施控制的系统。因此，诊断系统是对控制活动、风险分析活动进行监控的系统。

（4）交互控制系统由前馈控制和反馈控制构成。前馈控制是利用风险分析系统的风险准则对超越边界、需要避免的风险直接实施的控制；反馈控制是根据诊断系统的分析结果和产生原因的结论实施的控制。利用交互控制系统可以达到回避、消除、降低风险及其影响，实现控制目标的目的。图 4 －5 概要地描述了一个企业内部控制系统四要素的关系和作用机理。

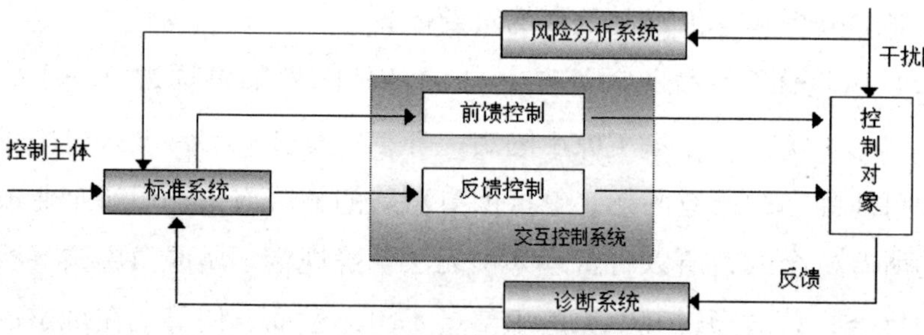

图 4 －5　内部控制系统各要素的关系

内部控制系统是一个动态系统，由于内外环境的变化，经营目标的调整，企业内部控制系统必须进行动态实时改变，而且内部控制过程是一个连续不断的过程，无论是事前、事中的前馈控制，还是事后的反馈控制都需要连续不断地进行。

4.2.3.3　内部控制系统实施体系

内部控制系统实施体系，是指内部控制系统落实和执行的系统。如果说内部控制系统主要解决了做什么的问题，那么内部控制系统的实施就是解决如何做的问题。许多内部控制框架和规范都同时给出了操作指南或应用指引，但这些只能作为企业内部控制系统实施中的一部分参考，而且其中很大部分应该归属于内部控制系统要素。为了提高内部控制系统实施的质量，企业应该考虑将工程学引入内部控制系统的实施中，用工程学的技术和方法落实内部控制系统。

内部控制系统实施的成与败，直接关系到内部控制的效果，关系到内部控制目标能否实现。应该说，目前企业内部控制建设中的许多问题不是源于内部控制系统，而是源于系统实施。因此，对企业来说，内部控制系统实施与内部控制系统本身在内部控制建设中的地位是同等重要的，二者不可偏废。

4.2.3.4　内部控制评价体系

内部控制评价体系，是指由企业董事会和管理层实施的，对企业内部控制系统及其实施的有效性和效果进行评价，形成评价结论的过程。其中，内部控制系统有效性是指企业所设计的内部控制系统能够为实现控制目标提供合理保证的程度；内部控制系统实施的有效性和效果是指内部控制系统是否得到了正确执行，达到了预期目标。无论是对内部控制系统的评价还是对部控制系统实施过程的评价，其评价体系都应该由图 4 -6 所示的要素构成。

首先，企业应将需要达到的控制评价目标明细化、量化，具体化为评价可以执行的具体标准；然后，由设定和组建的评价组织，按照事先

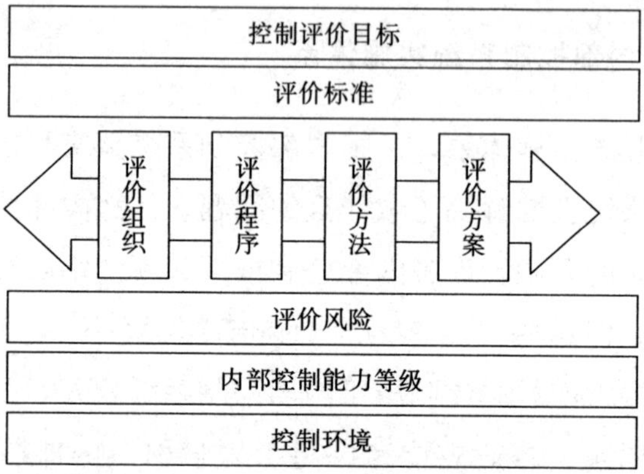

图 4-6 内部控制评价体系

确定的评价程序、采用相应的评价方法、制定具体的评价方案对内部控制系统及其实施分别进行评价，并给出评价结论。在评价过程中也要对评价本身的风险水平进行分析。

需要注意的是，不是所有企业的内部控制都有必要并且都能够达到同一水平，因此企业内部控制评价应该建立在企业内部控制能力等级分类之上。根据企业内部控制能力界定，制定企业内部控制能力等级分类，以及各类等级标准，通过评价企业内部控制能力等级符合程度，了解和掌握各企业内部控制的总体水平。

4.2.3.5 内部控制环境

控制环境，是指企业所处的对内部控制实施、运行有影响的所有外部和内部因素。"橘生淮南则为橘，生于淮北则为枳，叶徒相似，其实味不同"①。这生动地描述了环境对事物的作用。控制环境之于企业内

① 见《晏子春秋》。

部控制建设就像水土之于橘，看似相同的内部控制措施对于不同企业的作用和效果却可能大相径庭。企业内外部环境对内部控制实施和运行存在着重要影响，内部控制建设与环境之间存在十分复杂的交互作用。

第一，环境的需求是内部控制建设的动因之一。一方面内部控制目标必须符合环境的要求，基于一定环境确定，同时控制环境发生改变或上层组织有新的战略，原有控制体系不能满足新的环境要求时，才会产生新的内部控制建设需求。

第二，环境影响内部控制建设的成本和效益。环境决定着内部控制技术方案、实施方案和管理方案的选择和优化。内部控制系统实施过程又是内部控制系统与环境之间相互作用的过程。系统实施需要外部环境提供各种资源和条件，也受外部环境因素的制约。如果没有充分利用环境条件，或者忽视环境的影响，必然会造成实施中的障碍和困难，增加实施成本。

第三，控制环境会影响内部控制实施效果。环境是产生风险的根源。企业经营环境的变化造成了控制环境的改变，也形成了对内部控制实施的外部干扰。这些干扰会造成内部控制实施不能按计划完成，增加实施成本，或者实施结果偏离预期目标，并进一步可能造成内部控制实施目标的修改，甚至整个实施失败。因此，及时分析环境不确定性及可能的影响是企业内部控制建设中风险管理的重要内容。

第四，控制环境有内部和外部之分，控制也存在内部控制和外部控制之别。外部控制是企业所在地区和国家的法规、制度与历史文化和社会意识形态等诸因素相结合形成的，影响企业经营目标的确定，约束企业经营行为的过程。内部控制则是一个企业自我组织、自我调节的过程。

总的来看，我国多数企业在建设内部控制时，关注的重点主要集中在内部控制系统，即内部控制做什么、达到什么目标、遵守什么规范、建立什么样的制度等。常常忽略内部控制系统的实施和评价。随着企业环境的日益复杂多变，企业内部控制系统也愈发复杂，企业如果仍然只注重内部控制系统本身的完善，那么内部控制系统在具体实施中就会难以达到预想的目标和效果，无法发挥应有的功效。

4.3 内部控制缺陷

根据我国企业内部控制基本规范，所谓内部控制缺陷，是指内部控制设计存在漏洞，不能有效防范错误与舞弊，或者内部控制运行存在弱点和偏差，不能及时发现并纠正错误与舞弊的情况。[①] 根据缺陷影响程度，内部控制缺陷可以分为重大缺陷、重要缺陷和一般缺陷。[②] 重大缺陷是指一个或多个控制缺陷的组合，它可能导致企业严重偏离控制目标；重要缺陷是指一个或多个控制缺陷的组合，其严重程度或经济后果低于重大缺陷，但仍有可能导致企业偏离控制目标；一般缺陷是指除重大缺陷、重要缺陷之外的其他缺陷。企业内部控制存在重大缺陷，意味着企业内部控制系统存在实质性漏洞，而存在实质性漏洞意味着内部控制不能有效防范错误与舞弊。

内部控制缺陷是判别企业内部控制是否有效的必要而非充分条件。也就是一个有效的内部控制体系必须不存在内部控制重大缺陷，而企业

① 财政部会计司：《企业内部控制规范讲解》，经济科学出版社 2010 年版，72 页。
② 财政部：《企业内部控制评价指引》，2010 年版。

不存在重大缺陷也不能表明其内部控制一定有效。因此，对企业来说，内部控制缺陷认定是判断企业内部控制是否有效的重要依据，是内部控制评价的重要部分。

内部控制缺陷认定必须依据一定的标准进行，缺陷严重程度区分标准主要依据一个缺陷对企业来说现在或潜在的重要程度，以及缺陷一旦发生对企业产生的现有或潜在影响程度确定。不同企业由于内部控制缺陷程度的认定标准不同，缺陷归属的严重程度会存在差异。比如，一个企业的重大缺陷在另外一个企业可能只归属于重要缺陷或者一般缺陷。因此。企业制定缺陷严重程度认定标准时要坚持普遍性和特殊性的统一。既要学习借鉴同性质、同类型、同行业、相似规模的其他企业的经验，更要结合自身情况、从自身管理和业务特点出发，具体分析确定缺陷对企业的重要性和影响程度，制定出适合企业自己的标准。这种普遍性和特殊性统一表现在缺陷严重程度区分标准的评价指标选取和指标程度标准的确定两方面。比如，管理层存在舞弊、财务报告存在错报漏报、决策程序缺乏规范等是普遍性指标，而技术人员流失、某子公司或业务活动发生风险事件等属于个性化指标；财务报告错报漏报造成的利润损失的重大缺陷标准定在 3% 以上（含）是一种普遍性选择，而利润损失的重大缺陷标准是 1 亿元、2 亿元还是 5000 万元具有特殊性。

内部控制缺陷认定标准包含定性标准和定量标准两种形式。定性标准给出了不同缺陷程度判别标准指标包含的具体构成因素及各因素所属性质，反映了一个缺陷评价指标对企业的重要程度和影响程度的方向和根本属性；定量标准给出了不同缺陷程度判别标准指标的具体判别的数量范围，反映了一个缺陷评价指标对企业的重要程度和影响程度的数量化水平。

内部控制缺陷严重程度的认定以日常监督和专项监督为基础，以缺陷认定标准为依据，经过评价机构全面综合评价、董事会审定等程序最后确定。由于日常监督和专项监督观察到的都是企业运营过程中每个细节活动的完成情况，而评价机构的综合评价是建立在大量观察分析基础上，结合定性和定量标准给出的判断。这个过程中，无论是对观察到的实际细节的判断，还是对环境因素的分析、对缺陷因素的评判和把握等都具有很强的主观性，企业内部控制缺陷严重程度的认定不可避免地要受企业各级各类日常和专项监督人员、缺陷评价机构相关人员的能力和水平制约，具有一定局限性。于是，降低人为因素影响程度，提高缺陷严重程度认定的客观性水平是完善企业内部控制缺陷识别和认定的重要内容。

将神经网络技术应用于内部控制缺陷严重程度的监测、识别、预警的根本目的就是要解决上述内部控制缺陷严重程度认定中的问题。基于神经网络的内部控制缺陷识别过程如图 4 −7 所示。

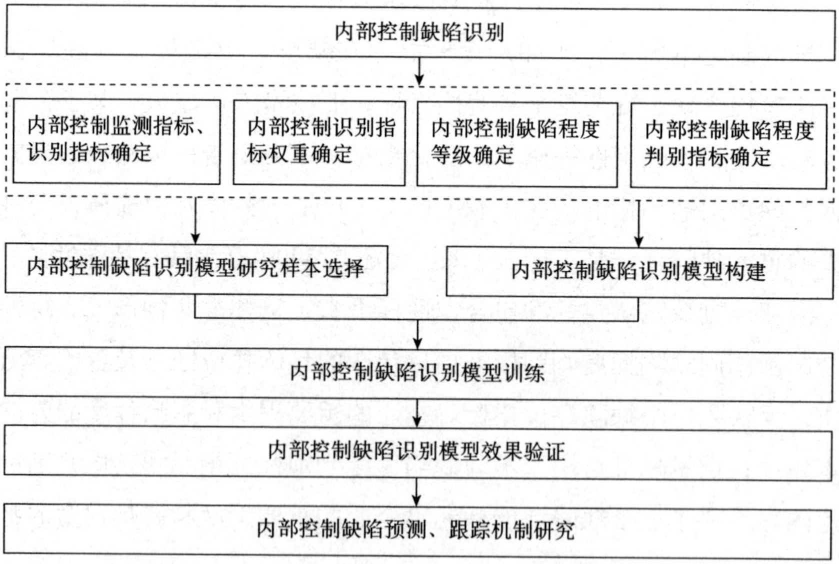

图 4 −7 内部控制缺陷认定识别过程

4.4　内部控制与企业可持续增长

企业经营的根本目标是营利，能够实现可持续增长是企业达成经营目标的体现，也是实现长远发展的条件和动力。如何实现可持续增长是每个企业管理者面临的课题。已有研究显示，良好的公司治理是企业可持续增长和长期价值创造的关键驱动力（Madhani，2014），技术创新、社会责任履行也可以促进企业可持续增长（陈险峰等，2017；Moon，2007），而公司的政策取向、道德原则和价值观、风险防范系统、内部控制等因素都会制约自身的可持续增长（Salvioni & Astori，2013），所有者控制程度、两权分离程度对企业财务可持续增长起正反不同的作用（苏卫东和王娜，2016）。不同行业和性质企业的可持续增长还会受不同因素影响。比如，于永阔（2015）分析认为市场因素、制度因素和公司本身特点会制约证券公司的可持续增长，债务融资能力和水平是我国老字号企业实现可持续增长必须考虑的因素（刘建华和周林，2017），我国房地产企业可持续增长能力放缓主要由企业内生管理因素引起（高娟，2012），要素市场的完善程度、法律法规政策和文化传统会制约我国家族企业可持续发展（李生校等，2004）。

内部控制的目标是合理保证企业管理目标的实现。从本质上看，设计完善和运行有效的内部控制体系应该是企业实现可持续增长的保障。也就是说，在外部经营环境有利时，它有助于企业充分利用发展机会实现预期增长；在经营环境不利时可以使企业具备更强的抗风险能力，依然能够达成经营目标。

实现可持续增长是企业所有者的希望，也是企业能够长久生存的途径。20 世纪 70 年代美国财务学者罗伯特·希金斯（Higgins）首先提出了可持续增长率的概念，并提出了企业可持续增长的衡量模型。所谓可持续增长率是“不需要耗尽财务资源情况下销售所能增长的最大比率”，是企业盈利能力、营运能力、偿债能力和积累能力的综合体现。

内部控制作为企业管理手段，其首要目的就是要通过制定合理的机制和措施保证企业按照预先制定的战略发展路径运转，实现经营管理的战略目标。这有助于企业关注和聚焦于自身的核心竞争力，避免发生发展不足和发展过度两种情况，实现健康、持续的平衡发展，达到可持续增长。已有研究也发现，企业内部控制质量对财务绩效具有明显促进作用，企业提高内部控制质量也可以促进投资效率改善，而且内部控制质量的改善还能够有效抑制企业内部对自由现金流的过度投资，企业因此会持有较多现金预防未来经营中的不确定性。内部控制是构建在企业各个层面的管理体系，它能够监督和约束各层次管理人员和业务人员按照规范运作，及时发现经营管理中的漏洞，防止各类舞弊行为发生，这也会有助于抑制企业盈余管理水平。因此，高质量的内部控制可以通过规范企业经营行为促进提高企业资源利用效率，降低经营成本，提高经营效率和绩效，综合作用的结果是可以提高企业可持续增长。

全球化条件下企业经营管理面临的来自市场、人文、政治、法规制度等外部要素的变化非常多，再加上企业内部的资金、人事、供应链、产品与服务、文化等多种因素的影响，企业应对内外变化的能力需求不断提高。在此情况下，企业必须建立完善和有效的内部控制体系，尽可能事前识别业务过程中可能面临的各种风险因素，监测、分析和评价风险因素变化情况和影响，及时（或实时）有针对性地采取控制措施。只有如此，才能达成对企业风险管控的高要求。已有研究表明，高质量的内部控制可以提高企业识别和应对风险的能力，降低特有风险和系统风险水平（方红星和陈作华，2015），也能够有效降低公司内部代理成本、财务风险和市场风险（张国清等，2015）。因此，企业全面风险管理能力的增强必然提高企业的营运能力，促进企业的持续增长。

按照《企业内部控制规范》的要求，企业必须通过建立相应的控制体系保证“安全生产、产品质量、环境保护、资源节约、促进就业、员工权益保护”① 等方面社会责任的履行。因此，企业内部控制体系建设越完善，产品质量、安全生产、资源节约等社会责任履行越有保障，企业成本越能够得到有效控制，可持续增长就越可能实现。另外，随着内部控制体系建设的不断完善，内部控制发生严重缺陷的可能性变小，企业出现损害盈利的偶发事件的概率减少，就有利于实现可持续增长。

严重的内部控制缺陷一方面会造成企业发生现实和潜在的损失，直接降低企业可持续增长能力，同时也会向市场传递出坏消息，发出企业风险增加的信号（张国清等，2015），这不仅会表明公司内部控制存在实质性漏洞，内部控制质量较差，影响投资者投资信心，导致投资者要求更高报酬补偿，从而增加企业筹资难度，提高资本成本（Skaife et al, 2010），还可能引起上市企业股价暴跌，制约企业选择适合的发展方向，严重的甚至可能导致企业破产。于是，企业内部控制存在重大、重要缺陷无论是导致筹资成本增加还是降低，财务绩效和经营绩效都会引发严重经济后果，都可能影响企业可持续增长。因此，企业必须不断完善内部控制体系，避免发生严重的内部控制缺陷。

企业委托代理问题和信息不对称可能导致出现管理层为获得自身利益而牺牲企业利益的情况，内部控制信息披露机制的安排有助于缓解该

---

① 见《企业内部控制应用指引第 4 号——社会责任》。

类问题。通过强制要求企业披露规范化的内部控制自我评价报告，对企业内部控制的有效性做出自我评价达到督促企业管理者重视内部控制建设、及时发现并纠正企业存在的管理问题，以及使投资者及时了解企业内部控制情况，缓解信息不对称，进而达成规范和改善企业管理水平的目的。企业内部控制自我评价报告中披露的内容代表了企业对自身内部控制质量的衡量和确认，基本反映了企业整体内部控制质量。但是企业管理层出于自身利益追求可能会做出披露虚假信息和隐瞒不利信息的行为，为此，会计师事务所作为外部独立机构出具的企业内部控制审计报告或鉴证报告可以在一定程度上缓解管理者的道德风险和逆向选择，审计披露的信息具有更高信服力、客观性和可靠性，能够进一步反映企业内部控制质量。因此，高质量的内部控制自我评价和内部控制外部审计都会对企业可持续增长产生正向促进效应。从外部者角度看，企业建设完善的内部控制的基本目标之一就是促使企业运营遵规守法，因此，如果企业能够按照国家法律法规及有关监管要求开展业务活动，未发生违规行为和法律诉讼等情况，会向外界传达出正面信息。根据信号传递理论这有助于提高投资者信心，对企业可持续增长有利。

综上所述，完善并有效的内部控制体系不仅能帮助企业抵御经营风险，更是企业实现可持续增长的条件和保障。

4.5 企业国际化与内部控制

经济全球化和“一带一路”为我国企业开拓国际市场提供了可能和机遇，越来越多的企业走出国门开展国际化经营。来自 Wind 数据库的数据显示，在 2000 年至 2015 年披露销售数据的 27075 家 A 股上市公司中有 14525 家有海外销售业务，占比 53.65%。[①] 企业内部控制是建立在一定内外环境下的，外部环境对企业构建内部控制体系具有影响（张继德，2013），企业对内部控制的要求也会随经营环境的变化而改变（Doyle 等，2007）。因此，研究企业国际化对内部控制质量的影响不仅具有现实意义，而且可以警示企业在追求和实施国际化战略的同时要重视内部控制建设，及时提高内部控制能力，实时调整完善能够适应国际化需求的有效内部控制体系。为此，本书对国际化对企业内部控制的影响问题进行了实证研究。

4.5.1　文献综述与研究假设

文献显示，国际化对企业具有积极作用。对于现阶段的中国制造业企业来说，国际化广度的提高有利于企业的成长（杨忠和张骁，2009）；国际化程度越高，企业拥有的竞争优势也就越大（肖鹏等，2019）；国际化程度高的企业的环境治理绩效会更好，表现为企业环境资本投资更多（程博，2018）。许晖等（2008）以华为公司为例分析认为，如果企业在国际化经营的不同阶段能够树立风险意识，识别各阶段风险，并选择正确的目标和市场进入模式，国际化可以成功。

企业国际化对内部控制建设也具有积极作用。企业国际化经营会面临海外目的地的不同法律规范体系要求。为在海外生存和占领海外市场，企业必然会尽最大可能提高自身的内部控制能力以达到不同地区的合规要求，而且通过与海外各类企业和组织的合作，还可以促进国际化经营企业不断学习、借鉴并吸收国际上内部控制实践中的先进做法和经

---

① 创业板上市公司除外。

验，完善已有内部控制体系。程安林（2015）认为，为了适应国际资本市场对内部控制信息披露的要求，也为了给我国企业进入国际资本市场建立符合国际规范的内部控制制度奠定基础，企业应该对内部控制制度进行世界性选择。而选择的结果是促使企业内部控制质量得到提高，内部控制缺陷程度降低。

国际化中企业会面临海外市场对企业信息披露的深度、广度以及披露内容、信息披露形式、披露信息时效性等不同的要求，企业不断满足这些要求的结果之一就是提高了自身信息透明度。这有助于降低信息不对称水平，缓解委托代理问题，对降低内部控制缺陷程度、提高内部控制质量有利。

企业走向海外，必然面临更复杂的经营环境，决策和经营中的不确定性因素会大幅增加。为了立足海外市场，提高市场占有率，企业一定会更多关注潜在的风险因素，通过各种方法手段加强风险控制，提高自身抗风险能力，这会进一步促使企业完善内部控制体系，达到提高其内部控制质量的目的。

大量文献也显示出企业国际化的消极作用。Hennart（2007）认为国际化会增加企业面临的系统化风险；Lavie 和 Miller（2008）也认为由于不熟悉国外商业环境，需要跨地区协调，应对与本土国不同的文化、制度和经济发展差异等因素，企业进入外国市场时都会遭受损失；Xu 等（2008）研究了华为公司国际化进程后发现，高新技术企业在国际化中面临来自自然环境、政府政策、市场竞争、文化差异等多方面的风险，这些因素使企业在国际化战略实施、国际化经营中面临更大的风险和不确定性。

从市场角度看，基于创造就业、促进增长或平衡贸易账户需要，海外目的国政府会想办法替代商品进口（Vernon，1966），再加上关税壁垒、规模经济、产品和要素等因素，海外市场对一个国际化企业来说并不是完全竞争市场（Hymer，1976）。因此，在企业还不具备充分技术优势、管理优势和制度优势情况下采用高投入资源的国际化扩张模式容易招致失败（杨忠和张骁，2009）。跨国经营的企业要实现盈利必须改变内部结构、系统和流程来适应新的市场环境（Ruigrok 和 Wagner，2003）。不同国家由于经济发展水平、文化、消费方式等方面不同，客户对产品质量、性能、包装和服务的要求也会存在差异，企业在跨国增值扩张中也需要动态调整自身战略、资源、结构和组织来适应新环境（Shi 等，2012；Doyle 等，2007）。国际化改变了企业内部控制所处的经营环境，面对内外环境的快速变化，企业的组织结构、人员配置、产品、服务、理念等可能由于不能及时调整而产生新问题，导致企业在走出本土开展国际化经营时原有内部控制体系出现一定程度的低效或无效期，整体内部控制质量出现下降可能。

从文化角度看，文化作为控制环境的要素之一会影响企业内部控制体系及其实施效果（王竹泉和隋敏，2010；李志斌，2012；程博等，2016），不同国家文化会使内部控制制度产生差异（李志斌，2012），国家文化作为历史长期积淀的产物也会影响企业内部控制信息的披露（Hooghiemstra 等，2015）。国际化使企业面临的不同文化冲击增大，内部控制建设不可避免地受到内部文化冲突的影响，使构建有效的内部控制体系产生困难。由于各个企业不同文化接纳融合的能力存在差异，那些文化融合能力差的企业就容易产生控制缺陷，使原有内部控制质量下降。

从法制环境看，外部制度性因素对企业内部控制有效性具有影响，杨道广和陈汉文（2015）研究发现，法治环境对企业内部控制质量与守法水平之间的关系具有交互作用。企业内部控制建设时需要将法制环境内化到控制环境、风险评估、控制活动、监督评价等各个方面，以避免国际化经营中由于触碰法律规范带来风险。但是，企业国际化过程中熟悉和消化不同国家和地区复杂的法规制度有一个过程，这不仅会增加内部控制建设成本，也极易在一段时间内使原有内部控制质量下降。

企业走向海外使自身处于国内与国外两种不同的环境中。一方面，来自市场、文化、法律规范等方面的差异，以及目的地政治的不稳定增大了企业经营环境的复杂程度。同时，国际化也使企业内部经营在规模、地理分散程度、业务边界、管理边界、信息支撑平台、员工素质、内部文化冲突等多方面发生变化，导致内部控制建设成本提高，控制目标实现难度增大。为了在复杂环境中确保实现既定战略和经营目标，企业内部对内控发挥保驾护航作用的需求更强烈，对内控体系和内控机制能够实时动态地适应复杂环境的能力需求更高，对全体员工的内控意识及各级各类管理者的内控能力要求更高，对内控建设的投入需求增大。而企业寻求海外市场的过程中内部控制改善的速度常常跟不上国际化的步伐，建立在新环境下的内部控制质量一段时间内往往落后于其国际化程度的要求。Doyle 等（2007）将是否有国外交易作为衡量经营复杂性的指标的研究发现，公司内外经营环境越复杂，内部控制越容易存在重大缺陷。

基于上述分析，本章认为企业国际化对企业管理具有积极和消极两方面影响。因此提出竞争性假设：

H1a：基于积极因素作用，企业国际化会对内部控制产生有利影响。伴随企业国际化程度提高的一段时间内，内部控制出现重大或重要缺陷的可能性下降；企业内部控制质量会提高。

H1b：基于消极因素作用，伴随国际化程度的提高，企业内部控制应对复杂环境的能力可能存在跟不上国际化步伐的情况，会使一段时间内企业内部控制弱化，导致内部控制质量下降，内部控制缺陷严重程度升高，即伴随企业国际化程度提高的一段时间内，内部控制出现重大或重要缺陷的可能性加大，企业内部控制质量表现为降低的可能性增大。

4.5.2　研究设计

4.5.2.1　模型设计

本章采用模型 1 和模型 2 分别对上述竞争假设中企业国际化对内部控制质量和内部控制缺陷的影响效应进行检验。

$$ICP_{i,t} = \alpha_0 + \sum_{n=0}^{s} \delta_n FRTR_{i,t-n} + \alpha_2 Size_{i,t} + \alpha_3 Top10_{i,t} + \alpha_4 Owner_{i,t} + \alpha_5 MAGSR_{i,t} + \alpha_6 IDB_{i,t} + \alpha_7 Age_{i,t} + \alpha_8 Year_{i,t} + \alpha_9 Industry_{i,t} + \varepsilon \quad (4-1)$$

$$Prob(ICDF_{i,t} = 1) = f(\alpha_0 + \sum_{n=0}^{s} \delta_n FRTR_{i,t-n} + \alpha_2 Size_{i,t} + \alpha_3 Top10_{i,t} + \alpha_4 Owner_{i,t} + \alpha_5 MAGSR_{i,t} + \alpha_6 IDB_{i,t} + \alpha_7 Age_{i,t} + \alpha_8 Year_{i,t} + \alpha_9 Industry_{i,t}) + \varepsilon \quad (4-2)$$

研究中发现，企业当年内部控制质量会受当期和以前期国际化程度的影响，因此，上述模型中分别建立分布滞后模型计量国际化程度的影响，上述公式中 S 表示国际化程度影响的滞后期。为了解决滞后期长度、损失自由度和滞后解释变量的多重共线性问题，研究中首先将国际化程度对内部控制质量产生影响的最长滞后期设为 3 年，并采用 LR、FPE、AIC、SC 和 HQ 五种方法①对相关模型最优滞后期进行了分析，确定出最优滞后期为 2 年；然后采用经验加权估计法对滞后解释变量加权

① LR、FPE、AIC、SC 和 HQ 五种方法分别指顺序修正 LR 检验、最终预报误差、赤池信息准则、许瓦兹信息准则和 Hannan - Quinn 信息准则。

生成新变量Z_{FRTR}，各期变量权重选择两头小中间大的A型滞后结构，分别以1/4、1/2、1/4作为国际化程度当期、滞后一期及滞后二期权重①，令$Z_{FRTR}=\frac{1}{4}FRTR_{i,t}+\frac{1}{2}FRTR_{i,t-1}+\frac{1}{4}FRTR_{i,t-2}$，于是$\sum_{n=0}^{s}\delta_n FRTR_{i,t-n}=\alpha Z_{FRTR}$。

由于内部控制缺陷严重程度是定性变量，模型2采用Logit模型，函数$f(x)=\frac{e^x}{1+e^x}$。

4.5.2.2 变量定义

目前，学术界对企业国际化并没有统一认识，管理学上一般将其看成实现企业地域和市场多元化的行为。由于不同国家和地区能够获取的研究数据存在差异，已有研究中国际化程度衡量指标包括海外销售收入占总销售收入比重、海外经营收入占总收入比重、海外资产占总资产比重、海外雇员占总雇员比重、海外子公司占全部子公司比重、企业海外子公司数量、海外子公司分布国家和地区数量、对外直接投资等，并以前两个指标应用最为普遍（Hitt等，1997；Contractor等，2003；吴晓波等，2014）。受我国上市公司相关数据获得性局限，本章也采用企业海外主营业务收入占主营业务总收入比衡量企业国际化程度。

内部控制质量可以看成是一个组织内部控制适用性、符合性和抗干扰能力满足要求的程度。我国企业的内部控制目标是“合理保证企业

---

① 为了更合理地确定滞后模型，研究中我们还采用了递减滞后结构（分别赋予当期、滞后一期和滞后二期的国际化程度权重1/2、1/4和1/6）和不变滞后结构（当期、滞后一期和滞后二期国际化程度权重均设为1/3）两种方法进行分析，综合考虑调整R^2、F检验值、t检验值以及回归结果，证实采用A型滞后结果更加合理。限于篇幅，另两种方法回归结果不再列示。

经营管理合法合规、资产安全、财务报告及相关信息真实完整，提高经营效率和效果，促进企业实现发展战略”①。迪博公司发布的上市公司内部控制指数是基于内部控制目标的实现程度来设计（中国上市公司内部控制指数研究课题组，2011；林斌等，2014）且已在相关研究中广泛使用。本章也采用内部控制指数衡量内部控制质量。

模型中其他变量含义见表 4 -1。

表 4 -1　变量定义

变量名称	含义及计算方法
ICP_{it}	内部控制质量，取 i 公司第 t 年的迪博公司内部控制指数
$ICDF_{it}$	内部控制缺陷，虚拟变量，以公司当年最高缺陷程度作为该年缺陷等级。i 公司第 t 年存在重要或重大缺陷取 1，存在一般缺陷取 0
$FRTR_{i,t-n}$	国际化程度，i 企业第 $t-n$ 年在海外实现的主营业务收入占主营业务总收入的比重，n 取 0、1、2
$Size_{it}$	公司规模，i 公司第 t 年末总资产自然对数
$Top10_{it}$	股权集中度，i 公司第 t 年前十大股东持股比例
$Owner_{it}$	所有权性质，哑变量，如 i 公司第 t 年实际控制人为国有取值为 1，否则为 0
$MAGSR_{it}$	高管持股比例，i 公司第 t 年管理层持股数量与总股数比
IDB_{it}	独立董事比例，i 公司第 t 年独立董事占董事会人数的比重
Age_{it}	公司年龄，i 公司第 t 年年龄 =（第 t 年年末日期 -公司成立日期）/365
$Year_{it}$	年份控制变量
$Industry_{it}$	行业控制变量，按照中国证监会 2012 年行业分类标准中制造业细分行业

4.5.2.3　样本选择和数据来源

本章以制造业为研究对象，选取 2000—2015 年沪深两市全部制造

① 见财政部《企业内部控制基本规范》。

业上市公司为基本样本，删除存在变量数据缺失的公司后获得数据5067个。

由于2008年我国发布了企业内部控制规范，企业开始执行统一的内部控制标准。因此，内部控制缺陷数据最早是2008年，内部控制缺陷相关假设的检验样本选取时间为2008—2015年，删除缺失值后获得有效样本904个。其中，317个样本所属的12个细分行业内控缺陷只有单一值0，没有参与回归，因此，参与检验的有效样本为587个。

内部控制质量和内部控制缺陷数据来源于迪博（DIB）数据库，国际化程度数据来源于Wind数据库，其他控制变量数据来自于国泰安数据库（CSMAR）和锐思数据库（RESSET），实证分析中连续变量进行了Winsorize1%处理。

4.5.3 实证检验与结果分析

4.5.3.1 描述性统计

表4-2的2000—2015年样本数据描述性统计显示，内部控制质量均值666.0、中位数685.6、标准差124.0，说明总体上企业内部控制质量不高，企业之间差别较大；国际化程度均值为23.27，中位数为14.51，标准差为23.56，表明我国制造业企业国际化程度整体较低，企业之间差距很大；公司前十大股东持股比例均值为57.59，说明平均57.59%的股票集中在前十大股东手中。国有企业变量均值0.395，说明样本中国有企业占近四成。此外，企业规模、高管持股比例不同企业相差很大，独立董事占比差异很小，国际化企业平均年龄为13.25岁。

表4-2缺陷样本的内部控制缺陷分析中缺陷均值为0.083，说明披露缺陷的公司中披露重要和重大缺陷的公司仅为很少部分；国际化程度

均值为 21.59、最大值为 93.95、最小为 0.09、标准差为 23.29，说明存在缺陷的公司 2008—2015 年国际化程度相比全部样本更低，公司之间差异巨大；所有权性质变量均值为 0.408，说明披露存在缺陷的公司中国有企业占比仅为四成，比全部样本比例低，但是高管持股比例均值为 6.755，远高于全部样本的 2.666，而且公司间差异也更大；其他指标变化不大。

表 4-2　　描述性统计

2000—2015 年样本：模型 1					缺陷样本：Logit 模型					
变量名	样本量	均值	中位数	标准差	变量名	样本量				
ICP	5067	666.0	685.6	124.0	ICP	904				
ICDF					ICDF	904	1	0	0.083	0.276
FRTR	5067	23.27	14.51	23.56	FRTR	904	93.95	0.090	21.59	23.29
Size	5067	21.81	21.61	1.139	Size	904	24.89	19.72	21.60	1.120
Top10	5067	57.59	58.64	15.05	Top10	904	90.51	21.97	58.80	15.86
Owner	5067	0.395	0	0.489	Owner	904	1	0	0.408	0.492
MAGSR	5067	6.089	0.007	13.15	MAGSR	904	61.66	0	6.755	13.82
IDB	5067	0.369	0.333	0.0510	IDB	904	0.571	0.300	0.369	0.0520
Age	5067	13.25	13	4.928						

按照内部控制五要素对 2008—2015 年我国制造业上市公司存在的内部控制缺陷进行分类统计后发现，我国制造业企业在内部环境和控制活动两类的缺陷发生最多，占总缺陷数量的 42.07% 和 40.94%，即 83.01% 的缺陷属于这两类；披露缺陷的公司中有 67.98% 的公司披露存在这两类缺陷（见表 4-3）。信息与沟通、内部监督和风险评估类缺陷均在 10% 以内，其中以风险评估类缺陷最少，仅占 2.88%。进一步分析各项缺陷类别会发现，内部环境类的缺陷以人力资源和组织机构两

方面居多，控制活动类缺陷主要集中在销售、采购、财务报告、资产管理、资金活动、工程项目和合同管理的业务领域。因此，企业国际化过程中应当加强对这些事项和业务活动的关注。

表 4－3　　内部控制缺陷分类统计

项目	内部环境	风险评估	控制活动	信息与沟通	内部监督	合计
内控缺陷数量占比（%）	42.07	2.88	40.94	7.80	6.30	100.00
存在内控缺陷公司比例（%）	37.36	6.01	30.62	14.20	11.80	100.00

注：本表数据计算时进行了四舍五入处理。

4.5.3.2 企业国际化程度细分行业详细分析

根据中国证监会 2014 年上市企业行业分类，制造业可以进一步细分为 29 个小行业，本章对制造业上市企业的海外销售占比按照 29 个细分行业计算平均值，反映各细分行业的国际化程度及其变化。可以发现，自 2000 年以来，29 个制造业细分行业国际化程度表现出拱桥型、倾斜 L 型、波动下降型和平稳增长型四种不同的变化趋势。

拱桥型的特点是国际化程度在中间年份最高，在到达峰值之后有一个比较剧烈的下降，之后趋于平缓，国际化程度呈现拱桥型特点的细分行业有 C21（家具制造业）、C33（金属制品业）和 C40（仪器仪表制造业）。国际化高峰期出现在 2005—2007 年（见图 4－8）。

倾斜 L 型的特点是在 2000 年、2001 年、2002 年开展国际化经营的第一年国际化程度最高，之后迅速下降并趋于平缓，国际化程度呈现这一特点的细分行业有 C15（酒、饮料和精制茶制造业）、C17（纺织业）、C25（石油加工、炼焦和核燃料加工业）、C31（黑色金属冶炼和

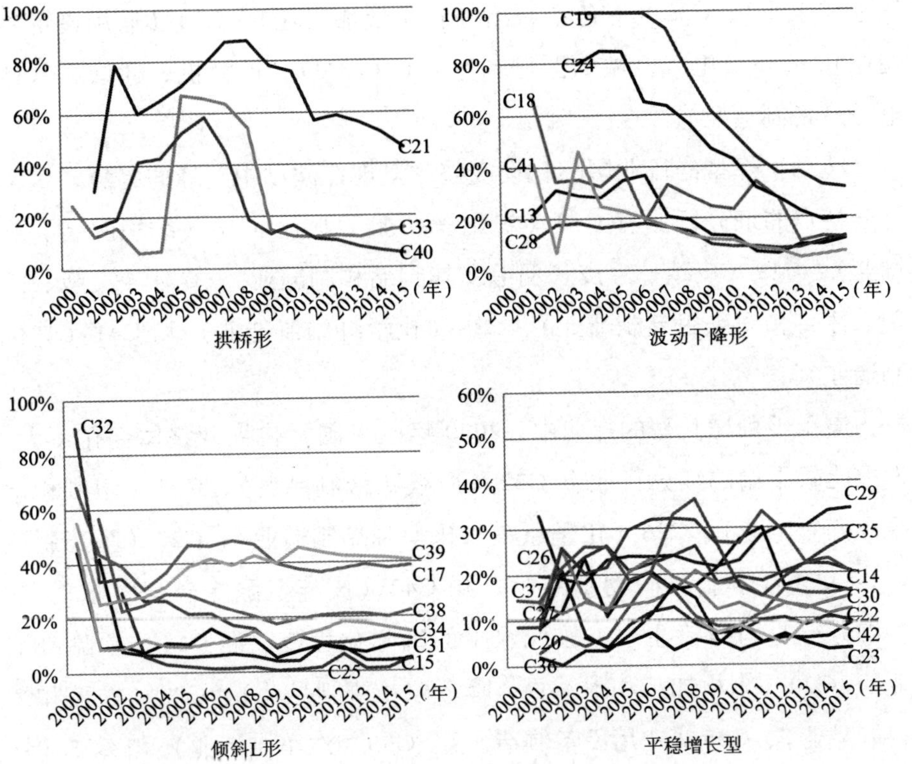

C13——农副食品加工业
C14——食品制造业
C15——酒、饮料和精制茶制造业
C17——纺织业
C18——纺织服装、服饰业
C19——皮革、毛皮、羽毛及其制品和制鞋业
C20——木材加工和木、竹、藤、棕、草制品业
C21——家具制造业
C22——造纸和纸制品业
C23——印刷和记录媒介复制业
C24——文教、工美、体育和娱乐用品制造业
C25——石油加工、炼焦和核燃料加工业
C26——化学原料和化学制品制造业
C27——医药制造业
C28——化学纤维制造业
C29——橡胶和塑料制品业
C30——非金属矿物制品业
C31——黑色金属冶炼和压延加工业
C32——有色金属冶炼和压延加工业
C33——金属制品业
C34——通用设备制造业
C35——专用设备制造业
C36——汽车制造业
C37——铁路、船舶、航空航天和其他运输设备制造业
C38——电气机械和器材制造业
C39——计算机、通信和其他电子设备制造业
C40——仪器仪表制造业
C41——其他制造业
C42——废弃资源综合利用业

图 4－8　国际化程度细分行业统计

压延加工业)、C32（有色金属冶炼和压延加工业)、C34（通用设备制造业)、C38（电气机械和器材制造业）和 C39（计算机、通信和其他电子设备制造业)。

波动下降型的行业国际化程度整体呈现在波动中下降的趋势，属于这一特点的细分行业有 C13（农副食品加工业)、C18（纺织服装、服饰业)、C19（皮革、毛皮、羽毛及其制品和制鞋业)、C24（文教、工美、体育和娱乐用品制造业)、C28（化学纤维制造业）和 C41（其他制造业)。

属于平稳增长型的行业中，2000 年以来国际化程度整体变化不大，发展比较平稳的细分行业有 C22（造纸和纸制品业)、C23（印刷和记录媒介复制业)、C26（化学原料和化学制品制造业)、C27（医药制造业)、C30（非金属矿物制品业）和 C42（废弃资源综合利用业)。这些细分行业均维持在一个较低水平的国际化程度。而 C14（食品制造业)、C20（木材加工和木、竹、藤、棕、草制品业)、C29（橡胶和塑料制品业)、C35（专用设备制造业)、C36（汽车制造业）和 C37（铁路、船舶、航空航天和其他运输设备制造业）虽然行业整体国际化程度较低，但展现出缓慢增长的趋势。

4.5.3.3　回归分析

表 4 -4 模型 1 企业国际化程度与内部控制质量的回归结果显示，二者在 1% 水平上显著负相关，即考虑滞后影响的企业近三年平均国际化程度越高，企业内部控制质量越低。假设 H1b 的企业国际化与内部控制质量关系得到验证。模型 1 结果也显示，企业规模、前十大股东持股比例与内部控制质量在 1% 水平上显著正相关。

模型 2 结果显示，企业国际化程度与内部控制缺陷 10% 水平上显著正相关，相关系数为 0.012，表明海外经营收入占比增加时，企业存在重大或重要缺陷的概率增大，国际化程度增加 1%，企业披露存在重大或重要缺陷的概率为 $e^{0.012}/(1+e^{0.012})=50.30\%$，国际化程度比数 Odds 为 1.012，意味着披露存在重大或重要缺陷的概率是存在一般缺陷概率的 1.012 倍，假设 H1b 中企业国际化与内部控制缺陷关系得到验证。

表 4-4　　回归结果

变量	2000—2015 年样本	2008—2015 年缺陷样本	
	模型 1	模型 2	
	$ICP_{i,t}$	$ICDF_{i,t}$	
Z_{FRTR}	-0.257***	(Coef)	(Odds)
	(-3.20)		
$FRTR_{it}$		0.012*	1.012
		(1.89)	(1.89)
$Size_{it}$	37.538***	0.180	1.197
	(19.42)	(1.20)	(1.20)
$Top10_{it}$	1.176***	-0.006	0.994
	(9.21)	(-0.61)	(-0.61)
$Owner_{it}$	-18.687***	-0.515	0.597
	(-4.43)	(-1.37)	(-1.37)
$MAGSR_{it}$	0.522***	-0.025*	0.975
	(4.91)	(-1.87)	(-1.87)
IDB_{it}	25.206	3.491	32.829
	(0.78)	(1.51)	(1.51)
Age_{it}	-0.981**	0.005	1.005
	(-2.49)	(0.16)	(0.16)
Year	控制		
Industry	控制		

续表

变量	2000—2015 年样本	2008—2015 年缺陷样本	
	模型 1	模型 2	
	$ICP_{i,t}$	$ICDF_{i,t}$	
cons	−198.242***	−7.907**	0.000
	(−4.31)	(−2.28)	(−2.28)
N	5067	587	
F	17.841	(Wald chi2)	77.992
r2_ a	0.151	(r2_ p)	0.244

注：*、**、*** 分别表示在 10%、5%、1% 水平上显著；下同。

4.5.4 进一步研究：信息透明度的作用

企业在提高国际化程度时，一方面由于国外市场文化、法律、消费方式等的差异，甚至政治因素的影响，企业经营复杂性提高，内部控制在应对这些变化时很有可能表现出“力不从心”，容易出现内部控制缺陷、内部控制质量下降的情况。但是，由于国际市场对获取企业更多信息的要求，企业的信息透明度会提高，导致企业存在的遗漏或隐瞒的内部控制缺陷可能被披露出来，从而进一步降低内部控制质量。换句话说，国际化程度的提升增加了企业经营复杂性，提高了信息透明度，从而可能会影响内部控制质量。而这种影响可能沿图 4－9 所示路径展开，即信息透明度可能是企业国际化对内部控制质量产生作用的一条中介路径。

已有研究也发现，企业提高信息透明度会提高产品的竞争优势，在产权保护做得好的国家和地区，企业增加信息透明度还可以通过缓解信息不对称提高投资效率和企业增长（Durnev 等，2009），因此，国际化企业具有提高自身信息透明度的动机。也有文献得出了不同的结论，

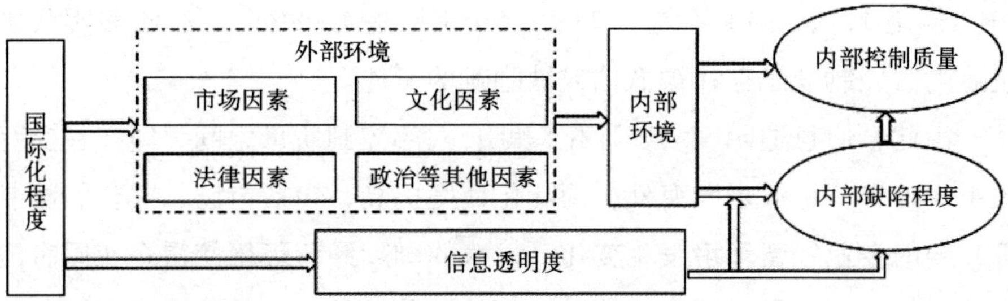

图 4－9　国际化程度作用于内部控制路径研究

Forte 等（2015）以 100 家巴西最大银行为样本，研究发现国际化与公司信息透明度没有关系，Chiang 和 Huang（2012）用 2000—2008 年中国台湾上市公司数据检验发现 2005 年中国台湾地区会计准则变化导致了跨国公司信息透明度下降、股权代理成本增加。本章认为，国际市场竞争激烈，企业要立足海外市场就必须让当地投资者、消费者、政府监管部门等现有或潜在利益相关者更深入地了解企业，而不同于本土的法规制度环境客观上也要求企业披露更多信息，这些因素会促使企业提高信息透明度。

我国企业内部控制信息披露方面的研究表明，管理层基于趋利避害和成本效益权衡会“裁量”内部控制缺陷的认定，不愿意披露内部控制缺陷（谭燕等，2016；崔志娟，2011），而且管理层拥有的权利越大，越倾向于隐瞒已经存在的缺陷（赵息和许宁宁，2013）；田娟和余玉苗（2012）认为企业为了得出内控有效的结论会将重大缺陷归入重要或一般缺陷；林斌等（2016）研究发现美国上市公司内部控制评价无效的比例远远高于中国上市公司，比如美国 2008—2014 年平均 20.10% 的上市企业披露内控评价结果为无效，同期中国平均比例只有 0.52%。来自财政部的数据也显示，近几年我国披露内部控制评价报告的上市公司中评价结论为非整体有效的比例是：2012 年是 0.13%；

2013 年是 1% ；2014 年是 1.28% ；2015 年是 1.08% [1]，这些表明我国企业内部控制缺陷存在被低估或被隐瞒的可能。

由此，信息透明度与国际化程度、内部控制质量之间可能存在交互关系。首先，企业走向海外，国际化程度提高，包括市场、文化、法制等在内的企业经营环境发生变化，复杂的国际经营环境使得企业原有内部控制体系在一段时间内不能满足新的控制需要，导致整体内部控制质量下降，内部控制缺陷严重程度提高。其次，激烈的市场竞争中，管理者为了彰显在内部控制评价甚至企业经营上的决心会提高内部控制信息披露，比如更多披露内部控制缺陷认定标准信息等会降低缺陷认定的不准确程度和操作空间，缓解内部控制缺陷披露避重就轻的现象，导致一段时间内企业内部控制缺陷严重程度升高的可能性增大，并进一步影响内部控制质量。最后，为了在复杂的国际经营环境中立足，企业提高了信息透明度，于是更多内部控制缺陷被暴露出来，一段时间内企业内部控制质量会出现下降。据此，利用模型 3 和模型 4 对如下假设进行检验：

H2：国际化程度越高，企业信息透明度越高。

H3：国际化程度越高，越会促使企业提高信息透明度，从而使更多或更严重的内部控制缺陷暴露出来，导致内部控制质量降低。

$$Comtran_{i,t} = \beta_0 + \sum_{n=0}^{s} \delta_n FRTR_{i,t-n} + \beta_2 Size_{i,t} + \beta_3 Top10_{i,t} + \beta_4 Owner_{i,t} + \beta_5 MAGSR_{i,t} + \beta_6 IDB_{i,t} + \beta_7 Age_{i,t} + \beta_8 Year_{i,t} + \beta_9 Industry_{i,t} + \varepsilon \quad (4-3)$$

$$ICP_{i,t} = \gamma_0 + \sum_{n=0}^{s} \delta_n FRTR_{i,t-n} + \gamma_2 Comtran_{i,t} + \gamma_3 Size_{i,t} + \gamma_4 Top10_{i,t} +$$

① 详见 2012 年至 2015 年我国上市公司执行企业内部控制规范体系情况分析报告。

$\gamma_5 Owner_{i,t} + \gamma_6 MAGSR_{i,t} + \gamma_7 IDB_{i,t} + \gamma_8 Age_{i,t} + \gamma_9 Year_{i,t} + \gamma_{10} Industry_{i,t} + \varepsilon$

(4 -4)

模型中信息透明度的衡量：已有文献衡量企业信息透明度主要采用单一指标和综合指标两类方法。单一指标包括盈余质量指标、交易所披露的考核结果和分析师预测；综合指标由会计信息透明度、股价信息透明度、内部信息透明度等定义而成（杜浩阳，2016）。

由于企业国际化带来的信息透明应该既包括财务信息透明，也要考虑企业在所有者权益、债权人权益、员工权益、客户和消费者权益保护，安全生产、产品质量保证、资源环境和可持续发展、社会公共责任履行等其他内部信息的透明程度。因此，本章定义由会计信息透明度和其他内部信息透明度构成的信息透明度指标 $Comtran_{i,t} = (Atran_{i,t} + + ITtran_{i,t})/2$ 。式中，Atran 表示会计信息透明度，借鉴学者（游家兴和李斌，2007；王克敏等，2009；杜浩阳，2016；Bhattacharya 等，2003）做法采用盈余激进度和收益平滑度的十分位数赋值法的均值衡量，计算公式是：

$$EA_{i,t} = ACC_{i,t}/TA_{i,t} = (\Delta CA_{i,t} - \Delta CL_{i,t} - \Delta CASH_{i,t} + \Delta STD_{i,t} - DEP_{i,t} + \Delta TP_{i,t})/TA_{i,t} \quad (4-5)$$

$$ES_{i,t} = \left| Corr(\Delta ACC_{i,t}/TA_{i,t}, \Delta CFO_{i,t}/TA_{i,t}) \right| \quad (4-6)$$

$$Atran_{i,t} = [Decile(EA_{i,t}) + Decile(ES_{i,t})]/2 \quad (4-7)$$

公式中，$EA_{i,t}$ 表示盈余激进度，$ACC_{i,t}$ 表示上市公司应计项目，$\Delta CA_{i,t}$ 为流动资产增加额，$\Delta CL_{i,t}$ 为流动负债增加额，$\Delta CASH_{i,t}$ 为货币资金增加额，$\Delta STD_{i,t}$ 为一年内到期的长期负债增加额，$DEP_{i,t}$ 为折旧和摊销费用，$\Delta TP_{I,t}$ 为应交所得税增加额，$TA_{i,t}$ 为期初总资产，$ES_{i,t}$ 表示收益平滑度，$Corr$ 是 ΔACC 和 ΔCFO 分别与期初总资产比值在（$t-2$，t）期间内的相关系数，$\Delta ACC_{i,t}/TA_{i,t}$ 是 i 公司第 t 年应计项目增加额与

期初总资产之比，$\Delta CFO_{i,t}/TA_{i,t}$是 i 公司第 t 年经营性现金流量增加额与期初总资产之比。计算时将 EA、ES 分别乘 −1，因此，$Atran_{i,t}$越大，表明会计信息透明度越高。

ITtran 表示其他内部信息透明度，取以下 11 项指标之和：是否参照 GRI《可持续发展报告指南》、是否披露股东权益保护、是否披露债权人权益保护、是否披露职工权益保护、是否披露供应商权益保护、是否披露客户及消费者权益保护、是否披露环境和可持续发展、是否披露公共关系和社会公益事业、是否披露安全生产内容、是否披露公司存在的不足、社会责任报告是否经第三方机构审验。某一指标披露的取值为 1，否则为 0。公司相关信息披露越全面，$ITtran_{i,t}$越大，表明公司其他内部信息透明度越高。

由于信息透明度数据可以获取的年份最早是 2008 年，相关研究样本时间选取为 2008—2015 年，剔除缺失数据后获得样本 1162 个。信息透明度数据根据 CSMAR 和 RESSET 数据库的数据整理计算得到。

从表 4 −5 样本的统计数据看，2008—2015 年中企业内部控制质量均值为 694. 9、最大值为 959、最小值为 0、标准差为 131. 5，与 2000—2015 年样本比有所增加，表明企业 2008 年后内部控制质量整体有所提升，但依然普遍偏低。国际化程度均值为 20. 44、最大值为 99. 31、最小值为 0. 01、标准差为 22. 64，说明 2008 年至 2015 年，与之前的 2000—2015 年相比，企业国际化程度整体略有下降，且程度依然整体很低，企业之间差距依然很大。全部 1162 个样本中信息透明度均值为 6. 601、最大值为 9. 25、最小值为 4、标准差为 1. 155，企业信息透明度的值普遍偏低，表明我国制造业企业整体信息透明度不高①；其他指标

① 按照公式计算的信息透明度应得分超过了 21。

方面，2008 年及以后国际化的制造业上市企业中，国有企业均值为 0.577，说明样本中国有企业超过一半；高管持股比例均值为 2.666、最大值为 38.84、最小值为 0、标准差为 7.379，高管持股比例比总体更低，不同公司高管持股情况差异依然巨大，而且与 2000—2015 年比下降较多。企业规模整体有所提升，前十大股东持股比例、独立董事比例变化不大。国际化企业平均年龄 14.33 岁、最大为 25 岁、最小为 4 岁，说明随着时间加长，国际化企业的年龄有所增大。

表 4－5　　　　描述性统计

2008—2015 样本数据：OLS 模型					
变量名	样本量	最大值	最小值	均值	标准差
ICP	1162	959.0	0	694.9	131.5
FRTR	1162	99.31	0.0100	20.46	22.64
Size	1162	26.02	20.21	22.69	1.313
Top10	1162	90.44	21.93	57.78	15.48
Owner	1162	1	0	0.577	0.494
MAGSR	1162	38.84	0	2.666	7.379
IDB	1162	0.571	0.300	0.369	0.0540
Age	1162	25	4	14.33	4.455

表 4－6 模型 3 的检验结果显示，国际化程度与信息透明度在 1% 水平上显著正相关，相关系数为 0.006，假设 3 得到验证，表明企业国际化程度越高，信息透明度越好；表 4－6 模型 4 结果显示，企业国际化程度与内部控制质量在 5% 水平上显著负相关，信息透明度与内部控制质量在 1% 水平上显著负相关。

表 4-6 **回归结果**

变量	模型 1	模型 3	模型 4
	$ICP_{i,t}$	$Comtran_{i,t}$	$ICP_{i,t}$
Z_{FRTR}	-0.506***	0.006***	-0.444**
	(-2.58)	(3.70)	(-2.26)
$FRTR_{it}$			
$Comtran_{i,t}$			-9.941***
			(-2.98)
$Size_{it}$	45.039***	0.124***	46.272***
	(11.88)	(3.95)	(12.00)
$Top10_{it}$	0.589**	-0.014***	0.453*
	(2.44)	(-5.79)	(1.88)
$Owner_{it}$	-9.953	-0.011	-10.059
	(-1.14)	(-0.13)	(-1.16)
$MAGSR_{it}$	0.801	-0.010*	0.703
	(1.44)	(-1.81)	(1.26)
IDB_{it}	-131.900	-0.464	-136.515*
	(-1.60)	(-0.70)	(-1.65)
Age_{it}	-0.517	-0.011	-0.622
	(-0.56)	(-1.20)	(-0.68)
Year	控制		
Industry			
cons	-220.762***	5.044***	-170.615**
	(-2.64)	(6.55)	(-2.07)
N	1162	1162	1162
F	13.043	5.267	12.848
r2_a	0.263	0.113	0.269

综合模型 1、模型 3 和模型 4 的检验结果表明，企业国际化在一段时间内会降低整体内部控制质量，而信息透明度会使国际化对内部控制质量的这种负向影响减弱。也就是，信息透明度作为中介变量，减弱了企业国际化过程中新的文化、市场、法规、政治等经营环境因素对企业内部控制产生的部分不利影响，起到了中介效应，效应大小为 $\beta_1 \times \gamma_2 = 0.006 \times (-9.941) = -0.06$，根据 Sobel（1982）关于中介作用路径强度 z 检验的计算公式 $z = \frac{\beta_1 \gamma_2}{\sqrt{\gamma_2^2 s_{\beta_1}^2 + \beta_1^2 s_{\gamma_2}^2}}$，可以计算出 z 值为 -2.127①，说明 z 检验显著（当 $P < 0.05$，$N >= 200$ 时，临界值为 $|Z_{\alpha/2}| > 0.97$），中介效应占总效应比为 $\beta_1 \times \gamma_2 / \alpha_1 = -0.06/(-0.506) = 11.86\%$。假设 4 得到验证。

为了保证研究结论的“健壮性”，做了两部分稳健性检验，结果见表 4 -7。

首先，因为公司股价信息透明度从企业外部视角反映了企业信息的透明程度，所以将股价信息透明度加入到信息透明度衡量中，定义由会计信息透明度 *Atran*、股价信息透明度 *STran* 和其他内部信息透明度 *ITtran* 三部分构成的指标 $ASItran_{i,t} = (Atran_{i,t} + STran_{i,t} + ITtran_{i,t})/3$，计量企业信息透明度进行第一次稳健性检验。其中，*Atran*、*ITtran* 的含义同前文，$STran_{i,t}$ 的衡量借鉴学者（Durnev 等，2009；杜浩阳，2016）的研究采用股票价格同步性。

$$STran_{i,t} = \ln[(1 - R_i^2)/R_i^2]$$

$$r_{i,t} = \alpha_i + \beta_{1,i} r_{ind,t} + \beta_{2,i} r_{m,t} + \varepsilon_{i,t}$$

---

① 依据回归结果 β1 为 0.006，γ2 为 -9.941，β1 标准差 sβ1 为 0.002，γ2 标准差 sγ2 为 3.336 计算。

$r_{i,t}$是公司 i 的周收益，$r_{ind,t}$是行业价值加权收益，$r_{m,t}$是市值加权市场收益，R_i^2为拟合优度。$STran_{i,t}$越小，表明股价信息透明度越低。

其次，用会计信息透明度 Atran 代替信息透明度 Comtran，第一大股东持股比例 Top1 代替前十大股东持股比例，高管是否持股、MO 代替高管持股比例 MAGSR 进行第二次稳健性检验。

检验结果表明，企业国际化程度与内部控制质量显著负相关，国际化程度越高，公司信息越透明，信息透明度降低了国际化程度对内部控制质量的直接影响，起到了部分中介作用，且中介效应显著。中介效应占总效应比重：第一次检验为 12.3%①，第二次检验为 15.72%②。前述研究结论全部保持稳定。

表 4-7　　稳健性检验结果

第 1 次稳健性检验				第 2 次稳健性检验			
	模型 1	模型 3	模型 4		模型 1	模型 3	模型 4
	$ICP_{i,t}$	$ASItran_{i,t}$	$ICP_{i,t}$		$ICP_{i,t}$	$Atran_{i,t}$	$ICP_{i,t}$
Z_{FRTR}	-0.506***	0.005***	-0.446**	Z_{FRTR}	-0.229***	0.004***	-0.190**
	(-2.58)	(4.20)	(-2.26)		(-2.70)	(3.10)	(-2.29)
$ASItran_{i,t}$			-12.398**	$Atran_{it}$			-9.001***
			(-2.52)				(-9.85)
$Size_{it}$	45.039***	0.051**	45.674***	$Size_{it}$	36.486***	0.257***	38.798***
	(11.88)	(2.32)	(11.96)		(18.67)	(8.86)	(19.35)
$Top10_{it}$	0.589**	-0.007***	0.504**	$Top1_{it}$	0.927***	-0.015***	0.789***
	(2.44)	(-4.25)	(2.10)		(7.45)	(-6.93)	(6.39)

① β_1为 0.005，γ_2为 -12.398，β_1标准差 $s_{\beta 1}$为 0.001，γ_2标准差 $s_{\gamma 2}$为 4.921，因此 z 值为 -2.250，z 检验显著。

② β_1为 0.004，γ_2为 -9.001，β_1标准差 $s_{\beta 1}$为 0.001，γ_2标准差 $s_{\gamma 2}$为 0.914。因此 z 值为 -3.706，z 检验显著。

续表

第 1 次稳健性检验				第 2 次稳健性检验			
$Owner_{it}$	-9.953	-0.008	-10.056	$Owner_{it}$	-23.651***	0.411***	-19.949***
	(-1.14)	(-0.15)	(-1.15)		(-5.50)	(6.00)	(-4.68)
$MAGSR_{it}$	0.801	-0.008**	0.706	MO_{it}	22.631***	-0.272***	20.180***
	(1.44)	(-2.09)	(1.26)		(6.06)	(-4.36)	(5.49)
IDB_{it}	-131.900	-0.221	-134.643	IDB_{it}	33.130	-0.370	29.796
	(-1.60)	(-0.48)	(-1.63)		(1.02)	(-0.65)	(0.92)
Age_{it}	-0.517	-0.002	-0.536	Age_{it}	-1.871***	0.044***	-1.479***
	(-0.56)	(-0.26)	(-0.58)		(-4.68)	(6.59)	(-3.80)
Year *Industry*	控制	控制	控制	*Year* *Industry*	控制	控制	控制
cons	-220.762***	3.593***	-176.221**	_ *cons*	-144.336***	0.572	-139.191***
	(-2.64)	(6.67)	(-2.14)		(-3.19)	(0.82)	(-3.12)
N	1162	1162	1162	*N*	4867	4867	4867
F	13.043	6.089	12.836	*F*	17.871	18.661	18.161
r2_ *a*	0.263	0.125	0.267	r2_ *a*	0.143	0.124	0.163

4.5.5　研究结论

本部分利用制造业上市公司数据分析了企业国际化对内部控制质量的影响。基础研究发现，一个企业国际化程度越高，内部控制质量反而越低，内部控制披露存在重大或重要缺陷的可能性反而越大。进一步研究发现，信息透明度是企业国际化对内部控制质量产生作用的中介变量之一。研究还发现国际化程度的影响作用存在滞后效应，内部环境和控制活动是企业内部控制缺陷的高发地，人力资源、组织机构、销售、采购、财务报告、资产管理、资金活动、工程项目和合同管理等是企业内部控制缺陷最集中的领域。

研究启示：企业在追求和实施国际化战略的同时要重视自身内部控制建设，一方面要根据国际化需要及时提高自身内部控制能力，实时调整和建设能够适应国际化程度变化的内部控制体系，使内部控制对企业发展真正起到保驾护航作用。企业实施国际化之前可能由于信息透明度不够导致一些存在的缺陷未被披露或者缺陷严重程度被低估，国际化程度的提高会改善企业信息透明度，使过去被隐藏的缺陷得以暴露或披露，对此，企业应该积极改善内部控制，及时消除和解决暴露的问题。同时，企业要更多关注国际化过程中容易产生缺陷的环节和领域，防范内部控制缺陷的发生。

第5章

内部控制与信息技术

半个世纪以来，新技术的不断出现和广泛应用使企业内外部经营环境的不确定性因素大幅度增加，企业需要进行持续变革的内部要求和外部压力增大，企业面临的各种风险也更趋复杂和多样化。为了在复杂多变的内外环境下有效应对和管控风险，达成管理目标，企业内部控制理论和实践必须不断发展完善。

5.1　信息技术下的内部控制

从内部牵制发展到内部控制制度、内部控制结构，再到内部控制整合框架及企业风险管理整合框架，内部控制理论研究与实践应用经历了从单一零散到全面综合的发展过程。毫无疑问，内部控制的发展历程与企业所处的社会经济环境的变化，系统论、控制论与信息论等认识论的产生与运用，企业管理理论与方法的发展及科学技术的进步密不可分。其中，现代信息技术的作用不可忽视。

5.1.1　信息技术对内部控制的影响

进入 21 世纪以来，信息技术迅猛发展。大数据、云计算、移动互联、人工智能、区块链等新技术层出不穷。据全球著名的 IT 调研与咨询服务公司 Gartner 2018 年的分析，新兴技术有五大发展趋势①：

①大众化人工智能（Democratized AI），包括了 AI 平台，即服务（PaaS）、通用人工智能、深度神经网络、自动驾驶、自主移动机器人、会话人工智能平台、深度神经网络、飞行自动驾驶汽车、智能机器人、虚拟助手等技术。

②数字化生态系统（Digitalized Ecosystems），包括区块链、数据安全区块链、数字孪生、物联网、知识图谱等技术。

③DIY 式的生物破解（Do－It－Yourself Biohacking），包括生物芯

---

①　https：//www. gartner. com/en/information－technology/insights/trending－topics.

片、生物技术-培养（人工组织）、脑-计算机接口、增强现实、混合现实和智能织物等技术。

④透明的沉浸式体验（Transparently Immersive Experiences），包括4D打印、智能连接家庭、边缘AI、自我修复系统技术，硅阳极电池、智能灰尘、智能工作空间和三维立体显示等技术。

⑤无处不在的基础设施（Ubiquitous Infrastructure），包括5G、碳纳米管、神经形态硬件、量子计算等技术。

从目前全球5G网络被各国争先恐后落地实施的情况看，当新技术的理论基本成熟，一旦进入应用实施阶段，短时间内就可能全面铺开，仿佛一夜之间技术应用就可以实现改朝换代。因此，我们对新技术应用可能带给企业管理和内部控制的冲击和影响应尽早展开分析研究。具体到内部控制，我们可以从对象、目标、环境和内容几方面分析其受到的影响。

5.1.1.1 控制环境

控制环境是对内部控制产生影响和作用的企业各种内外因素的总称。环境是推动企业发展的引擎，也是企业构建控制体系的基础。网络技术的应用不仅改变着企业的组织结构、权利责任的分配，而且使企业从封闭走向开放，企业的决策、管理和运作模式发生很大改变，速度、灵活性、响应能力成为企业评价的重点；大数据技术可以挖掘以往企业内外的各类深层信息，人工智能可以帮助人类以更低的成本和更快的速度执行计算量大、耗时多、重复性强的手工作业，企业各类操作性工作将会被替代，人工智能的深入应用甚至还可能部分取代人的管理决策。云技术直接改变了信息存储模式，并极大提升了企业各类业务处理的速度，但同时，信息资源从本地到云的迁移对企业管控提出了极大挑战。

移动互联拓展了业务边界、管理边界，它对企业成本核算、价值创造、全面管控等产生了重要影响。这些新技术应用必然会对企业管理者的管理理念和经营风格、员工的诚实和道德评价、企业文化等产生重要影响。因此，信息技术的发展与应用对企业控制环境的影响将是全面和深刻的，这种影响在不同企业会存在不同表现，影响程度会存在很大差异。

5.1.1.2　控制对象

控制对象是指内部控制的受控者。我们可以按照受控者所处层次、类别等将控制对象进行不同分类。信息技术的应用，使由信息技术基础设施、应用系统、数据和人员组成的信息技术资源成为企业管理不可缺少的基础部分，企业内部控制对象也因此增加了新的内容。需要注意的是，信息化环境下，由于信息和数据资产作为企业的重要资源会实时自动产生，企业内部控制对象会面临实时变化。也就是说，我们并不能完全事前掌握被控对象，识别和确认受控对象可能是实施控制的第一步。

5.1.1.3　控制目标

控制目标是内部控制所要达到的目的。信息技术资源作为控制对象，一方面要求企业在设定内部控制目标时就要考虑信息技术部分，从信息化战略的确定、经营中信息技术资源的管理、业务处理中信息资源的利用、信息资源使用的合法合规等不同层次设定它的控制目标；同时还要考虑利用信息技术提高和改善企业其他资源利用的效率和效益、报告的可靠性等，使控制目标对企业战略、管理目标的实现起到更好地促进和保证作用。

5.1.1.4 风险评估

风险评估是识别、分析和评估影响控制目标实现风险因素的过程，是有效建立内部控制体系的关键构成要素。从控制理论的原理可知，作为控制系统的扰动因素，风险因素才是实施控制的“因”。正是因为存在风险因素，系统才需要进行控制。

信息技术的应用，不仅增加了信息技术资源利用和管理方面的风险，而且由于信息技术应用管理中可能产生一些新的问题，比如信息资源使用中断对企业经营产生的负面影响，技术的发展引起的采购、营销、服务、业务处理、管理和决策模式的改变，自然灾害或其他因素引发信息资源问题，导致企业业务计划的变化等。同时，信息技术还会导致管理层控制方式、风险评估机制，以及风险评估实时处理的变化。信息技术的应用对风险评估的影响是显著的。

5.1.1.5 控制活动

控制活动是处理风险因素和实现控制目标所采取的行动。它包括了政策、程序、方法、手段、规范等。无论是 COSO 框架还是我国企业内部控制规范本身，都考虑了信息技术对控制活动的影响。在 COSO 框架提出的控制活动中包括了计算机控制，并从一般控制、应用控制的角度专门分析了具体的信息系统控制活动。信息技术的应用除了增加了信息系统控制活动外，对原有业务控制活动也有不同程度的影响。比如：组织结构的改变会导致职责分离和组织程序的变化；技术带来的业务风险要求管理层采取相应的控制活动，并且可以利用信息技术手段解决原有业务和管理中的问题。信息技术应用的影响在控制活动上的体现是最直接的。

5.1.1.6　信息和沟通

信息和沟通是以一定的形式、在一定时间内辨识和获取与管理企业有关的内外部信息，并在组织内部进行沟通，以便组织成员能够履行控制及其他职责的过程。信息技术的应用改变了信息获取、加工、传递、存储、检索的方式，因此，它对企业信息和沟通的影响是极其显著的。它不仅能够直接获取加工决策所需要的信息，将决策信息直接用于实时控制，极大地提高信息质量和数量，改变沟通渠道和方式，拓展管理与控制的范围，而且为组织战略与经营的整合、管理与业务的整合提供了条件和可能，进而可以促进企业控制目标的实现。同时，大数据应用和AI技术又带给企业新的风险，成为企业不断完善内部控制体系的动因。

5.1.1.7　监督

监督是对内部控制体系及其运行情况的跟踪、监测和调节。信息技术增加了监督的渠道、改变了监督的方式，使实时跟踪、监测和调节成为可能。这为及时发现内部控制体系及其运行中的问题，及时加以修正和改进提供了条件。而云技术、移动互联技术的应用也对如何有效监督提出了新的挑战。

5.1.2　信息技术环境下的内部控制模式选择

模式是“标准的形式或样式”①。通过分析国内学者提出的经济模式、商业模式、会计模式等概念会发现，人们对“模式”的理解并不统一。内部控制是一项复杂的系统工程，在分析信息技术环境下的内部

---

①　见《辞海》。

控制概念基础上给出内部控制模式，可以通过构建内部控制标准形态，给出内部控制的全景模型，为企业建设内部控制提供一个参考标准。

从控制环境、控制目标、控制对象、控制活动、监督，到面临的风险，信息技术对内部控制的影响表现在各个方面，但是这种影响并没有改变内部控制的控制本质。信息技术环境下的内部控制是企业在应用信息技术条件下，由董事会、经理层和其他职员实施的，为实现控制目标提供合理保证的过程。按照控制对象可以将其划分成信息技术控制和基于信息技术的控制两部分。其中，信息技术控制是在应用信息技术条件下，控制主体为实现控制目标，用手工的或信息技术的方法、技术和程序对信息技术系统（平台）[①] 所实施的控制。内部控制中除了信息技术控制之外的部分统称为基于信息技术的控制。根据此定义，内部活动中下列活动属于信息技术控制。

①控制主体用手工的方法、技术和程序对信息技术系统所实施的控制。

②控制主体用信息技术的方法、技术和程序对信息技术系统所进行的控制。

随着企业信息技术应用的深化，企业业务流程越来越多地依赖信息系统，信息技术控制在内部控制中的地位日显重要。需要注意的是企业信息化发展是有层次的，在不同信息化发展阶段，信息技术控制具有不同的特点：

（1）面向事务处理阶段

该阶段信息技术控制范围局限于一个事务处理或部门；控制手段以

① 文中信息技术系统是对由信息技术资源构成的系统的统称，以下简称信息系统。

人工控制为主，主要是事后控制；信息系统主要以完成业务处理为主，信息系统面临的风险因素相对简单，风险评估功能缺乏；信息技术控制的重要性较低。

（2）面向企业整体决策和管理阶段

该阶段信息技术控制范围拓展到整个企业；控制手段强调自动控制与人工控制结合，实现了事中控制和事前控制；控制流程与业务流程相互融合，信息系统面临的风险因素复杂，风险损失程度严重，信息系统风险评估很重要；信息技术控制的重要性高。

（3）面向企业之间价值链管理阶段

在具有面向企业整体管理阶段控制特点的基础上，该阶段信息技术控制范围从企业内扩展到企业间；强调支持决策的随机控制；控制环境突破企业界限，信息技术控制成为企业价值链管理的基础；不同企业间的协调、企业自身的自律成为控制目标实现的重要方面。

企业进行内部控制建设时应该充分考虑自身信息化发展程度，从自身出发，构建适当的控制系统，既要避免由于一味追求控制全面造成的控制过度，也要避免追求控制简单造成的控制不足，因为这两种情况都无法达到控制目标。

信息技术环境下内部控制模式应该是由内部控制系统、内部控制系统实施体系、内部控制评价体系三个相互关联部分构成的全面体系①。

5.1.3　与信息技术相关的内部控制框架与规范

目前已经发布的框架或规范中，有的是关于企业信息系统、信息技术服务与管理的具体标准与规范，有的是企业内部控制框架中涉及信息

① 具体内容详见第 4 章。

技术的部分。这些框架或规范为信息技术环境下企业内部控制建设提供了借鉴和参考标准。

5.1.3.1 COSO《内部控制——整合框架》

《内部控制——整合框架》与 ERM 框架均将信息技术的影响纳入其中。在《内部控制——整合框架》（2013 版）的各个要素中都涉及了信息技术对内部控制的影响和作用。

控制环境中指出董事会要具备相关信息系统和技术专业性要求，将信息技术作为业务流程环节中协助界定、限制角色和职责的手段。

风险评估中要求关注“由于信息技术发展可能会影响数据实用性、使用基础设施成本和信息技术服务需求带来的外部风险因素，以及信息系统处理中断可能产生的内部风险因素”，风险应对方案也要考虑分担技术风险的手段。舞弊风险识别要关注技术属性和管理层操纵信息的能力，并认为“信息技术方面员工流失率高、无效的信息系统都是影响舞弊风险的因素”，而识别和评估企业重大变化时不要忽略“新技术依赖”的影响。

控制活动中专门提出了第 11 条原则“针对信息技术，组织应该选择并执行一般控制活动以支持其目标的实现”的内部控制要求；深入分析了技术与控制活动的关系，提出了采用人工控制与自动化控制结合的方式降低风险，并详细分析了信息技术的一般控制活动。

信息与沟通中阐述了信息系统对信息与沟通的作用，并提出了“组织应该获取、生成和使用高质量的、相关的信息来支持内部控制持续运行”的控制原则，通过信息系统处理数据的要求，以及内外部沟通中信息技术使用相关方面的问题。

监督要素中阐述了 IT 安全专家在单独客观评估中的作用，以及利用信息技术支持持续评估的问题。

此外，COSO《内部控制——整合框架》（2013 版）在额外考虑事项部分还专门对信息技术及其对内部控制的影响进行了说明，指出“在技术支撑下，组织具备了完成巨量交易的能力，且能将数据转化为信息以支持更准确的决策制定，提升组织内部以及组织与合作伙伴之间信息传递的效率，更有效地保护机密信息，防止信息被不当使用”①。同时，《内部控制——整合框架》（2013 版）也认为技术创新既创造了机会也创造了风险。技术的应用可能改变组织的内部控制形态，信息的可用性以及自动化程序的应用会对组织进行内部控制设计、实施与执行造成影响。

5.1.3.2　SOX 法案

2002 年 7 月美国国会参众两院获得通过并颁布实施《萨班尼斯—奥克斯莱法案》（Sarbanes - Oxley Act of 2002，简称《SOX 法案》）将涉及上市公司和公司审计师相关的一系列问题写入美国法律。《SOX 法案》对在美国公开上市公司的公司治理、内部控制及外部审计做出了严格的要求，赋予了上市公司设计、实施、保持有效内部控制的职责。《SOX 法案》在实施中也采纳了 COSO 框架。《SOX 法案》对内部控制的要求主要体现在 302 条款和 404 条款。如证券交易委员会在 2003 年 6 月颁布的 404 条款的细化条例、上市公司会计监督委员会 2004 年 3 月发布的第 2 号审计准则都认为 COSO 内部控制框架为管理层评估提供了一个可用的合适框架，审计准则 2 号中的绩效和报告要求是以该框

① COSO 发布，财政部会计司组织翻译：《内部控制——整合框架（2013 版）》，中国财政经济出版社 2014 年版，37—38 页。

架为基础的。

《SOX 法案》条款中虽然没有具体写到信息技术的问题，但是条款中许多要求，比如 302 条款中规定："签字官员：①有责任建立并维持内部控制；②设计了内部控制，以确保自己能获得与公司及其并表子公司有关的所有实质性信息；③在财务报告编制前 90 天之前，评估了公司内部控制的有效性；④在报告中披露了上述评估的结果。"404 条款中要求："管理层提供的内部控制报告应：①表明公司管理层有建立和维持财务报告内部控制系统及相关控制程序充分有效的职责；②包含管理层在最近一个财政年度年底对财务报告内部控制系统及相关控制程序有效性进行评估的结果"等关于上市公司必须有足够的证据证明内部控制有效性。事实上这是对应用了信息技术的企业提出了建立完善的内部控制流程、对包括信息系统在内的内部控制设计及运行有效性进行评估、对信息系统的性质和复杂程度以及企业信息技术的使用状况做出详细评价的更高要求，同时，这一要求的满足不借助信息技术是难以达到的。

5.1.3.3 COBIT

国际信息系统审计与控制基金会（ISACF）提出的《信息和相关技术的控制目标》（Control Objectives for Information and related Technology，COBIT），是于 1996 年制定的 IT 治理框架，目前已经更新到 5.1 版。图 5 -1 是其三维结构体系。COBIT 跨越业务控制和 IT 控制之间的鸿沟，建立了一个面向业务目标的 IT 控制框架，从 IT 治理的角度出发，指导管理层进行 IT 控制和信息系统管理。COBIT4.1 版由执行概要、框架、执行工具集、管理指南、控制目标和审计指南六部分组成，按照系统生命周期划分为规划与组织（PO）、获取与实施（AI）、交付与支持（DS）、监控（M）四个域，包含 34 个基本信息处理过程，每个处理过程根据企业及其治理需求确定了详细的控制目标和与控制目标相联系的审计指南。

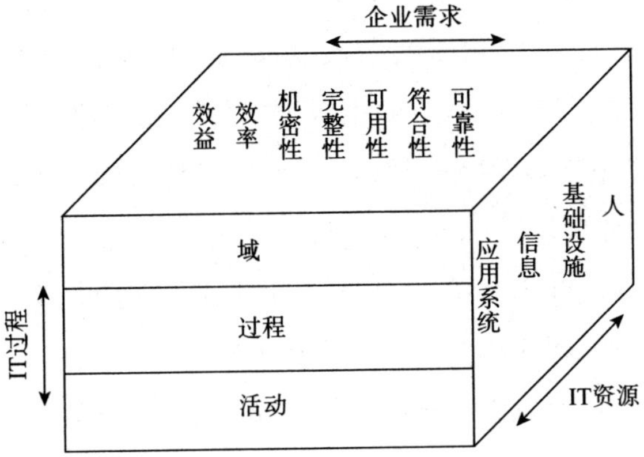

图 5－1　COBIT 三维结构体系

如果说 COSO 框架是普遍采用的企业内部控制框架，那么 COBIT 可以被看成是信息技术的内部控制框架。《SOX 法案》颁布后，COBIT 又加入了基于《SOX 法案》的 IT 控制目标。目前有很多企业和会计师事务所用它来评估 IT 控制的《SOX 法案》符合程度。

COBIT 有过五个主要版本：第一版 1996 年推出；第二版 1998 年推出，该版包括了“管理指南”；第三版 2000 年推出；第四版 2005 年 12 月推出，2007 年 5 月发行其修订版 COBIT 4.1；2012 年 6 月 COBIT5 发行，该版集合了 ISACA 发布的 COBIT 4.1、Val IT 2.0（企业价值：IT 投资治理，Enterprise Value：Governance of IT Investments）和 IT 风险框架（The Risk IT Framework），同时从信息安全业务模型（Business Model for Information Security，BMIS）和信息技术保证框架（IT Assurance Framework，ITAF）中吸收了部分内容。

5.1.3.4 ITIL

信息技术基础设施库（Information Technology Infrastructure Library, ITIL）20 世纪 80 年代后期由英国计算机和电信中心 CCTA 提出，开始只在英国应用，90 年代初期被引入欧洲其他国家，成为事实上的欧洲 IT 服务管理标准。ITIL 是对 IT 服务进行整理和规范的框架，旨在帮助 IT 服务提供方改进 IT 效果和效率，在费用制约因素下改进 IT 服务的整体质量。

从诞生至今，ITIL 已经经历了 3 个主要的版本：ITIL v1（1989—1999）主要是基于职能型的实践；ITIL v2（1999—2006）主要是基于流程型的实践；ITIL v3（2004—2007）主要是基于服务生命周期的实践。ITIL v2 在全球 IT 服务管理领域被认可度最高，其框架如图 5 -2 所示。

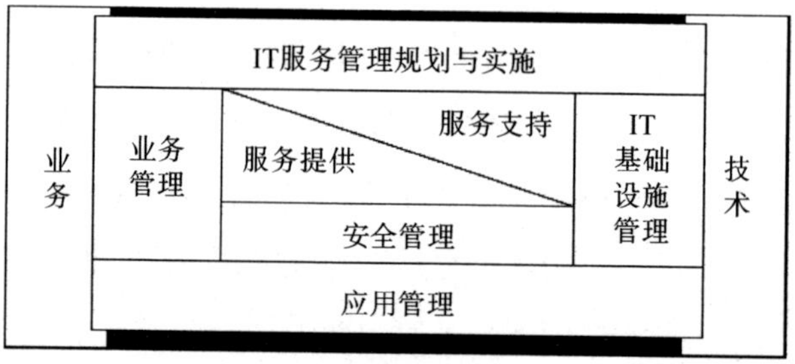

图 5 -2 ITIL v2 框架结构

按照此框架，ITIL 以业务为出发点，面向客户和用户，建立了业务和技术之间的联系。ITIL 将 IT 服务分为服务管理规划与实施、服务提供、服务支持、业务管理、安全管理、应用管理、IT 基础架构管理 7 个部分，阐述如何进行服务的整理与规范。其中，服务管理规划与实施主要是检查一个组织 IT 规划、实施和改进服务管理过程中所涉及的问题和任务；服务提供描绘了高质量 IT 服务所需的服务过程，主要包括服务级别管理、IT 服务财务管理、容量管理、IT 服务持续性和可用性管理等；服务支持给出了 IT 服务的日常活动和维护活动的相关过程需要遵循的内容，包括事故管理、问题管理、变更管理、配置管理、发布管理以及服务台的日常活动和维护等事项的处理；业务管理主要以建议和指南的形式，从关注组织及其运行的关键原则和需求出发，帮助 IT 人员理解如何为实现业务目标做出贡献、如何更好地挖掘其角色和服务使贡献最大化；安全管理详细描述了各个给定安全级别下信息和 IT 服务规划和管理的措施，同时包括及时响应安全事故的所有方面，如安全策略的制定、风险和脆弱性的评估和管理、成本效益下有效控制的实施对策等；应用管理描述了如何管理包括最初的业务需求分析、业务设计、建设、部署、运行、优化到废弃的整个 IT 应用生命周期的所有阶段，以便确保 IT 项目和战略同业务建立紧密的联系，确保业务从 IT 投资中获得最佳价值；IT 基础设施管理的目标是确保 IT 基础设施是稳定可靠的，能够满足业务需求和支撑业务运作的需要。它侧重于从技术角度实现对基础设施的管理，比如如何进行业务需求识别、实施和部署，如何对基础设施进行支持和维护等。

ITIL v3 纳入了当时 IT 服务管理领域的最佳实践，强调 ITIL 最佳实践的执行支持，以及在改善过程中需要注意的细节。这些最佳实践按照 ITIL 服务策略、服务设计、服务过渡、服务运营、持续服务改进的生命周期五阶段进行了详细分析，形成了 ITIL v3 的核心。

ITIL v4 基础版计划 2019 年推出。ITIL v4 将提供一个组织应对新的服务管理挑战以及利用现代技术潜力所需的指导。它旨在确保一个灵活、协调和集成的系统，以有效地治理和管理支持 IT 的服务。强调 IT 服务的重点是通过服务关系共同创造价值。ITILv4 指南将涵盖服务管理的关键概念、服务管理的四个维度、ITIL 服务价值体系、ITIL 管理实践。其中，服务价值体系（Service Value System，SVS）表示不同组件和活动如何在各种类型的组织中协同工作，以通过支持 IT 服务促进价值创造。

5.1.3.5 ISO27002/27001 信息安全标准

国际标准化组织（ISO）于 2000 年 12 月在英国标准基础上制定发布了 ISO 17799 信息技术——信息安全管理规则（Information Technology—Code of Practice for Information Security Management）国际标准。该标准 2007 年 7 月又重新编号为 ISO27002。

ISO27002 是一个信息安全实践守则，详细阐述了数百种用于保护信息和相关资产安全的具体控制措施。ISO 27002 的正式名称是“信息技术 - 安全技术 - 信息安全管理实践守则”，包括 15 个主要部分共 115 页。在信息界被喻为“滴水不漏的信息安全管理标准”。

ISO27001 是信息安全管理系统（Information Security Management System，ISMS）规范，正式名称是“信息技术 - 安全技术 - 信息安全管理系统 - 要求”。ISO27001 由 ISO/IEC JTC1 和 IT 分委员会 SC27 组成的联合技术委员会编制，包括 8 个主要章节共 23 页。它取代了 BS7799 -2：2002，是第三方审核和认证的基础。

ISO27002 和 ISO27001 均适用于包括商业组织和其他组织在内的所有类型组织。其中，ISO 27002 标准主要涵盖的要求和方面包括：

- 商务连续性计划。防止因重大失效或灾难导致的商务活动和重要商务过程发生中断。

- 系统访问控制，包括对信息访问的控制、防止非授权的计算机访问、防止对信息系统的非授权访问、侦测非授权的活动、确保对网络服务的保护、确保使用移动式计算机和远程工作时的信息安全等方面。

- 系统开发和维护，包括建立安全机制，防止应用系统用户数据的丢失、修改或误用，保护信息的保密性、真实性和完整性，确保 IT 项目及其支持活动能够安全地进行，保持应用系统软件和数据安全的相关措施等方面。

- 物理和环境安全，包括防止对商务场所和信息的非授权访问、损坏和干扰，防止资产的损失和损坏，防止商务活动的中断，防止威胁或盗窃信息和信息处理设施等方面。

- 符合性，包括避免违反有关刑事或民事法律、法规、规章或合同要求及其他安全要求，确保体系符合组织安全方针和标准的要求，通过体系审核过程使效果最大化和影响最小化等内容。

- 人员安全，包括减少人为差错、盗窃、欺诈或设备误用的风险，确保使用者意识到信息安全威胁和关键事项以使其在日常工作中遵守信息安全方针的要求，减少因安全事件和故障而导致的损坏并从中吸取经验教训。

- 组织安全，包括管理组织的信息安全，保持组织信息处理设施和信息资产在被第三方访问时的安全，保持信息处理被外协给其他组织时的信息安全等方面。

- 计算机和网络管理，包括信息处理设施的正确和安全操作，保护软件和信息的完整性，保持信息处理和通信的完整和可用，防止资产的损坏和商务活动的中断，防止组织间信息交换时信息的丢失、修改和误用等。

- 资产分类和控制。保持对所有资产的适当保护以确保信息资产获得适当级别的保护。

- 安全方针，包括组织信息安全方针的制定等。

5.1.3.6 企业内部控制基本规范及信息系统配套指引

《企业内部控制基本规范》中要求："企业应当运用信息技术加强内部控制，建立与经营管理相适应的信息系统，促进内部控制流程与信息系统的有机结合，实现对业务和事项的自动控制，减少或消除人为操纵因素。"

《企业内部控制第 18 号——信息系统指引》首先将信息系统界定为"企业利用计算机和通信技术，对内部控制进行集成、转化和提升所形成的信息化管理平台"。该指引要求企业利用信息系统实施内部控制，至少应当关注下列风险：

- 信息系统缺乏或规划不合理，可能造成信息孤岛或重复建设，导致企业经营管理效率低下。

- 系统开发不符合内部控制要求，授权管理不当，可能导致无法利用信息技术实施有效控制。

- 系统运行维护和安全措施不到位，可能导致信息泄漏或损失，系统无法正常运行。

该指引要求企业应当重视信息系统在内部控制中的作用，根据内部控制要求，结合组织架构、业务范围、地域分布、技术能力等因素，制订信息系统建设整体规划，加大投入力度，有序组织信息系统开发、运行与维护，优化管理流程，防范经营风险，全面提升企业现代化管理水平。同时也要求企业负责人对信息系统建设工作负责，并应指定专门机构对信息系统建设实施归口管理，明确相关岗位的职责权限，建立有效工作机制。企业可委托专业机构从事信息系统的开发、运行和维护工作。

5.1.3.7　企业会计信息化工作规范

2013 年 12 月 6 日财政部印发的《企业会计信息化工作规范》共分五章 49 条。除了第五章附则以外，分别对会计信息化工作规范总则、会计软件和服务、企业会计信息化工作、监督和执行做出了原则性规定。

5.2　企业网络财务报告系统

互联网作为交流和传播工具已经成为人们工作和生活不可缺少的平台，它与各领域的融合发展“已成为不可阻挡的时代潮流”①。2016 年，国家发改委会同科技部、工信部和中央网信办联合发布的《“互联网 +”人工智能三年行动实施方案》中已经将互联网与各领域的融合作为我国未来 3 年要落实的重要任务。② 在互联网应用发展的今天，基于互联网建立的公司网站逐渐成为企业管理和服务的重要平台，企业网络财务报告系统作为公司网站的一部分，其用户涵盖政府部门、监管单位、金融机构、上下游及其他相关企业、海内外投资者等众多利益相关者。因此，它不仅是企业信息化建设的重要内容，实质上也是实现整个社会信息化的核心要素，是实现我国国家信息化发展战略的重要基础。

---

① 国务院：《关于积极推进“互联网 +”行动的指导意见》（国发〔2015〕40 号）。

② 发改委、科技部、工信部、中央网信办：《“互联网 +”人工智能三年行动实施方案》（发改高技〔2016〕1078 号）。

利用互联网平台，公司不仅可以为全球投资者、合作伙伴提供更加系统、全面、及时的网络财务信息服务，而且也可以借助建立完善的网络财务报告系统，提供高质量的网络财务信息和服务来提升公司价值。2016 年 7 月国务院发布的《国家信息化发展战略纲要》指出，“建设网络强国是实现中华民族伟大复兴中国梦的必然选择”①，并将“提升经济社会信息化水平”作为未来十年我国信息化发展的战略任务。学术研究也表明，企业的网络财务报告可以降低信息处理成本（Wagenhofer 和 Alfred，2003；Hela 和 Peter，2013），以更高的效率将信息传递给投资者（Tatjana 等，2014），对新兴市场吸引外国投资者、分析师和债权人有明显促进作用（Shirley 和 Murphy，2009）。因此，企业建立高质量的网络财务报告系统不仅能够提高企业财务处理和管理效率，更有效地满足利益相关者对财务信息的需要，有助于实现企业目标，而且可以促进企业提高透明度，使企业运作和管理更加规范化和标准化（王海林和李斌，2016；Wagenhofer 和 Alfred，2003）。

因此，有必要对互联网环境下我国企业利用公司网站构建网络财务报告系统的质量、影响公司建设高质量网络财务报告系统的因素等给与关注和研究，从而更全面了解我国上市企业利用互联网进行财会服务的状况及动因。这也是构建信息化环境下企业全面内部控制体系的基础。

5.2.1 网络财务报告

国际上关于网络财务报告（Internet Financial Reporting，IFR）及其评价最早的研究出现在 1996—1997 年。早期的研究主要集中在上市公

---

① 国务院：《关于印发“十三五”国家信息化规划的通知》（国发〔2016〕73 号）。

司网站及其应该披露的信息类型方面。2000 年 1 月 31 日，美国财务会计标准委员会（FASB）披露了其研究项目“企业报告研究项目”研究报告的第一部分，标题为“企业报告信息的电子发布”，该报告首次系统地分析了上市公司利用网络披露财务信息的原因、披露信息种类、未来可能面临的管理上和法律上的问题等。David（2001）详细介绍了 FASB 关于网络财务报告的要求。从已有文献看，网络财务报告至今没有统一认识和定义，代表性观点主要有两种：

一是网络财务报告是一种基于网络的披露方式或方法。比如国际信息系统审计协会（ISACA）认为，网络财务报告是指利用公司网站传播公司财务信息的方法。采用该方法后，公司网站不再局限于推广产品和只服务于普通消费者，而是可以更好地服务于股东和投资者。网络财务报告是在信息技术环境下的一种新型财务报告方式（张天西，2006）、网络财务报告是公司利用互联网技术披露财务报告的一种披露方式（何玉，2007）。

二是认为网络财务报告是一种新的信息流结构或报告。Lymer（1999）认为，网络财务报告是企业利用网络和相关通信技术披露业务和财务数据的公众报告。FASB 认为，网络财务报告条件下，网络作为企业报告传递媒介，改变了从企业到投资者和债权人的信息流结构。随着企业将更多新技术用于网络财务报告披露，这种结构会持续改变，用户也可以找到更好的方法获取和分析企业信息。

上述两种观点均认为网络财务报告是传统财务报告的必然趋势。

5.2.2　什么是网络财务报告系统

信息技术改变了企业业务处理方式，互联网应用也改变着人们的阅读习惯。随着网络及相关技术的深入应用，企业财务信息披露必须突破传统财务报告的认识束缚，构建起全面的网络财务报告系统（Internet Financial Reporting System，IFRS）。网络财务报告系统不是财务报表披露形式或方式的改变或拓展，而是一种基于现代信息技术条件下企业提供财务信息服务的全新财务报告体系。图 5 -3 为网络财务报告系统的构成。

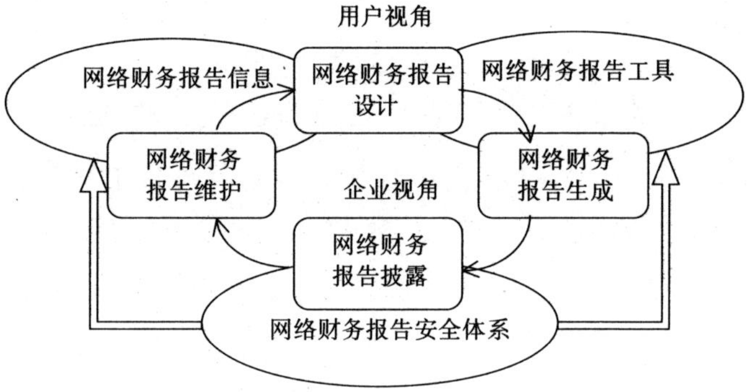

图 5 -3 网络财务报告系统构成

从发布公司的角度看，网络财务报告系统包括网络财务报告的设计、生成、披露和支持维护；从使用者的角度看，它应该包括网络财务报告信息、网络财务报告工具和网络财务报告安全体系三部分。其中，网络财务报告信息包括网络财务报告披露的内容、形式和渠道；网络财务报告工具指用户获取和使用网络财务信息的加工工具；网络财务报告安全体系指保证网络财务报告系统正常运行的安全措施。伴随新技术应用，系统的各组成部分需要不断改进以满足各类主体对上市公司财务信息服务的需要。

公司网站作为公司披露信息的首要渠道，是公司网络财务报告系统的载体。虽然不同公司对是否将公司网站作为财务信息的披露渠道，在认识上仍然存在差异，不同行业的公司利用自身网站披露信息的程度也存在较大差别（Probal 等，2010；John & Atul，2009），但是国外学者的研究表明，公司网站披露信息对公司可持续发展有积极作用（Tatjana 等，2014）。规模越大的企业越倾向于在公司网站披露信息（Niamh 和 Denis，1999）。David 等（2001）通过对财富 100 强公司打分评价发现，91% 以上的公司会利用公司网站披露财务信息，其中 94% 会用到图像图形等新的形式；Fatima 和 Silvia（2012）对布宜诺斯艾利斯股票交易所的上市公司网站评价后发现，与其他行业相比，金融、保险、服务和矿采业的企业在公司网站上披露的财务和非财务信息更多。

5.2.3　我国企业网络财务报告系统质量评价

5.2.3.1　网络财务报告系统质量评价目的

按照企业会计准则的要求，企业财务报告主要有两个方面的目标：一是向财务报告使用者提供决策有用的信息；二是反映企业管理层受托责任的履行情况。企业网络财务报告系统的根本目的就是借助现代信息技术更有效地实现上述目标。由此，企业网络财务报告系统的评价目标可以归结为三点：

①合理、系统地评价企业网络财务报告系统的质量，为各相关主体和部门了解企业财务活动中信息化利用状况制定相关的法律规范提供客观依据。

②促进企业关注网络财务报告系统质量，寻找网络财务报告设计、生成、披露、维护中存在的不足，不断加以改善，进而促进我国企业，乃至整个社会信息化的发展。

③激励企业提高网络财务报告系统质量，更好、更有效地为投资者和其他利益相关者服务。

5.2.3.2 评价指标构建原则

为了全面、综合评价企业网络财务报告系统质量，本章在分析中国证监会2005年制定的《上市公司信息披露电子化规范》基础上，参考上海证券交易所的上市公司信息披露分类和美国FASB关于网络财务报告披露信息的分类，基于企业网络财务报告系统评价目标，并考虑现代信息技术在我国企业应用的实际状况，构建了企业网络财务报告系统的评价指标体系。指标构建中遵循了以下原则：

（1）合理、合规性原则

企业网络财务报告系统评价指标必须与企业遵循的制度规范要求一致，必须符合中国企业的制度背景，必须考虑中国企业信息化发展和应用的实际状况和特点。

（2）系统性原则

企业网络财务报告系统评价指标体系应全面考虑网络财务报告系统质量影响因素，系统地反映网络财务报告系统的目标要求，使评价结果能够体现企业网络财务报告系统的质量和水平。

（3）适度超前原则

信息技术是网络财务报告系统的依托和工具，而信息技术发展和应用日新月异，这决定了网络财务报告系统可以而且应该不断借此向前发展，因此，评价指标体系建立中必须考虑适度超前，引导企业不断提高网络财务报告系统的质量。

（4）层次性原则

企业网络财务报告系统评价指标体系应该分层设置，以便通过不同层面指标的评价，反映企业网络财务报告系统不同层面的状况。

（5）可操作性原则

企业网络财务报告系统评价数据来自企业网站和上市交易所的信息披露。各个企业网站建设有很大独特性，企业之间信息披露差异较大。因此，评价指标选取时不仅考虑各企业的特性，更要考虑共性，使建立的指标直观、简单、易用，具有可操作性。

（6）完整性原则

企业网络财务报告系统评价指标体系要涵盖网络财务报告系统的所有方面，立足于使用者的角度，对企业网络财务报告系统做出全面评价。

5.2.3.3　网络财务报告系统质量评价指标设计

基于上述原则，并结合企业自身网络财务报告系统质量情况的研究目标构建的网络财务报告系统质量评价指标体系共包含三级 76 个指标，如表 5 -1 所示。

5.2.3.4　评价指标的信度和效度分析

采用 Alpha 信度分析法检验所设计的评价量表的一致性和稳定性。计算得到网络财务报告系统质量指标体系的 Alpha 系数是 0.723，总体信度可接受。根据分指标信度检验结果，确定公司一般信息、财务报表信息、公司治理与内部控制信息、辅助及预测信息、网络系统工具 5 个评价变量作为网络财务报告系统质量实证分析指标。其中，网络系统工具包含财务数据披露形式、网络财务报告工具和安全保证体系三个二级指标。

KMO 检验是通过比较观测变量间相关系数和偏相关系数大小检测指标是否适合进行因子分析，从而评价变量的效度。KMO 值大于 0.5，

表 5－1　　网络财务报告系统质量评价指标

结果层	内容层	细类	各类指标数量	具体指标
网络财务报告评价得分	网络财务报告信息	公司一般信息	12	公司概况
				组织结构
				合作伙伴及关联关系
				企业宗旨
				核心价值观
				愿景与使命
				企业发展战略
				公司发展历程
				公司电子信箱
				公司联系电话
				公司联系地址
				联系方式清单
		财务报表数据	10	年报
				年报摘要
				年度主要财务指标
				半年报
				半年报摘要
				半年度主要财务指标
				季报
				季度主要财务指标
				月份财务数据
				财务分析显示或连接
		公司治理与内部控制信息	18	股本结构信息
				股东及股权变动情况
				公司高管人员信息
				内部控制
				独立董事述职报告
				公司章程

续表 1

结果层	内容层	细类	各类指标数量	具体指标
网络财务报告评价得分	网络财务报告信息	公司治理与内部控制信息	18	公司管理制度
				工作实施细则
				工作规程
				其他治理信息 （包括整改计划、公告、实施说明等信息）
				社会责任报告
				公司诚信记录
				股东大会通知
				股东大会决议公告
				股东大会法律意见
				股东大会议程资料
				其他临时公告
				内部控制自我评价报告
				内部控制审核报告和鉴证报告
		辅助及预测信息	16	关联交易信息
				募集资金信息
				非募集资金信息
				投资信息
				利润分配信息
				重大事项信息
				盈利、收入、成本和费用预测信息
				股票历史价格
				股票交易信息
				股票实时行情
				股票行情图表
				财务新闻动态
				媒体报道
				投资者服务
				问题回应及时度
				赞助信息

续表 2

结果层	内容层	细类	各类指标数量	具体指标
网络财务报告评价得分	网络财务报告信息	财务数据披露形式	6	其他语言形式
				XBRL 格式报告
				财务数据的图表格式
				在线交互形式、留言板、公司网站论坛
				公司微博、微信、公告栏
				资料订阅、站点共享
	网络财务报告工具	网络财务报告工具	6	与交易所之间的链接
				与其他网站的链接
				内容选择菜单/网站地图
				内部搜索引擎
				下载工具
				数据加工工具
	网络财务报告安全体系	安全保证体系	8	网站免责声明
				网络安全报备信息
				ICP 备案信息
				保护用户隐私权声明信息
				安全防伪提示及指引
				版权声明信息
				可信网站、诚信网站验证
				其他安全措施和工具

意味着因子分析可以进行；Bartlett 球度检验用于验证变量之间是否独立。本研究中的 KMO = 0.747，Bartlett 球度检验统计量观测值为 1154.92，相应的伴随概率为 0.000，小于显著性水平 0.05，相关系数矩阵与单位矩阵有显著差异（见表 5-2）。检验结果说明设计的 5 个评价变量适合进行因子分析。

表 5－2　　KMO 方法和 Bartlett 球形检验结果

检验方法	指标	检验结果
KMO 方法	KMO 值	0.747
Bartlett 检验		1154.92
	df	10
	sig.	0

5.2.3.5　网络财务报告系统质量评价结果

选取截止到 2014 年 12 月 31 日上海证券交易所上市的全部 986 家 A 股上市公司为样本，剔除了没有公司网站、网站内容不相关、网站打不开，以及网站在建设、维护和出售中的共计 164 家样本，最终获得研究样本 822 个。

样本公司的网络财务报告系统质量评价数据通过人工逐一访问样本公司网站，手动搜集相关指标内容并打分获得。为了最大程度减少主观因素的影响，评价打分时每个指标设为 1 分，所有指标权重相同；公司是否为中央政府控制、地方政府控制和非政府控制，数据来源于 RESSET 数据库，其他公司特征和控制变量数据来源于 CSMAR 数据库。为减少离群值对回归结果的影响，实证分析中对连续性变量按 1% 和 99% 进行了 Winsorize 处理。

（1）描述性统计

表 5－3 中，全样本网络财务报告系统质量均值为 35.566，中位数为 38，反映出上市公司的网络财务报告系统质量总体上较差。表 5－4 分组数据中，中央政府控制企业的网络财务报告系统质量平均值是 36.759，地方政府控制企业的均值是 35.649，非政府控制企业的均值是 34.824，说明中央政府控制企业的网络财务报告系统质量最好，其次是

地方政府控制企业，非政府控制企业最差。

表 5-3　　主要变量全样本描述性统计

变量名	均值	中位数	标准差
IFRS	35.566	38.000	10.463
Size	1.438	0.064	11.579
Lev	1.771	1.049	4.387
ROA	−0.018	0.038	1.687
TAT	0.652	0.543	0.508
Growth	0.264	0.096	1.648
Indratio	0.370	0.333	0.054
Age	49.886	50.000	6.041
Year	9.782	10.167	4.318

公司特征方面，表 5-3 全样本统计显示，资本结构均值是 1.771，中位数 1.049，表明上市公司总体负债率较高；总资产净利率均值是 -0.018，中位数 0.038，说明上市公司 2014 年度总体盈利能力较差；公司成长性指标均值是 0.264，中位数是 0.096，说明上市公司 2014 年发展较快；独立董事比例均值是 0.370，中位数是 0.333，基本上占 1/3 强；总经理年龄均值是 49.886，中位数是 50；公司上市时间平均 9.782，中位数是 10.167。

表 5-4　　主要变量分组描述性统计

	中央政府控制企业			地方政府控制企业			非政府控制企业		
变量名	均值	中位数	标准差	均值	中位数	标准差	均值	中位数	标准差
IFRS	36.759	38.000	9.415	35.649	38.000	10.681	34.824	37.000	10.717
Size	1.423	0.101	5.686	2.069	0.079	16.664	0.724	0.045	4.966
Lev	1.749	1.283	3.464	2.149	1.149	4.846	1.350	0.863	4.255

续表

	中央政府控制企业			地方政府控制企业			非政府控制企业		
变量名	均值	中位数	标准差	均值	中位数	标准差	均值	中位数	标准差
ROA	0.032	0.032	0.056	0.038	0.035	0.041	−0.110	0.044	2.765
TAT	0.687	0.594	0.528	0.638	0.510	0.514	0.650	0.560	0.489
Growth	0.177	0.081	0.568	0.178	0.090	0.694	0.409	0.112	2.560
Indratio	0.376	0.364	0.064	0.367	0.333	0.050	0.369	0.333	0.052
Age	50.976	51.000	4.694	50.355	51.000	5.470	48.758	50.000	7.062
Year	9.335	9.467	3.826	10.830	11.164	3.810	8.827	9.851	4.834

（2）网络财务报告系统质量详细分析

为了全面了解我国上市公司网络财务报告系统质量总体情况，研究中还对不同产权性质下各行业的情况进行了统计，如表 5 −5 和图 5 −4 所示。

表 5 −5　　网络财务报告系统质量统计

行业	中央控制企业	地方政府控制企业	非政府控制企业
农林牧渔	36.00	42.20	39.75
采掘业	47.88	42.60	43.86
制造业	35.26	33.81	34.57
电热燃水生产和供应业	37.23	39.45	31.67
建筑业	42.75	39.45	40.00
批发零售业	32.00	28.61	29.69
交通运输业	36.33	38.15	30.75
住宿和餐饮业		39.00	
信息传输和软件业	39.13	35.33	31.82
金融业	39.86	46.15	43.30
房地产业	42.00	36.00	38.32
租赁和商务业务	41.50	42.50	38.00

续表

行业	中央控制企业	地方政府控制企业	非政府控制企业
科学研究和技术服务业	25.50		31.00
水利环境和公共设施	33.00	23.00	37.50
教育业	31.00		
卫生和社会工作			33.00
文化体育和娱乐业		42.50	
综合	33.00	34.20	27.33

注：表中数据为各行业得分百分比（%），按照“得分百分比 = 行业实际得分 ÷ 行业应得分”计算。其中，行业应得分 = 网络财务报告系统质量评价指标个数 × 行业样本公司数；行业实际得分为该行业全部样本公司网络财务报告系统质量指标得分之和。

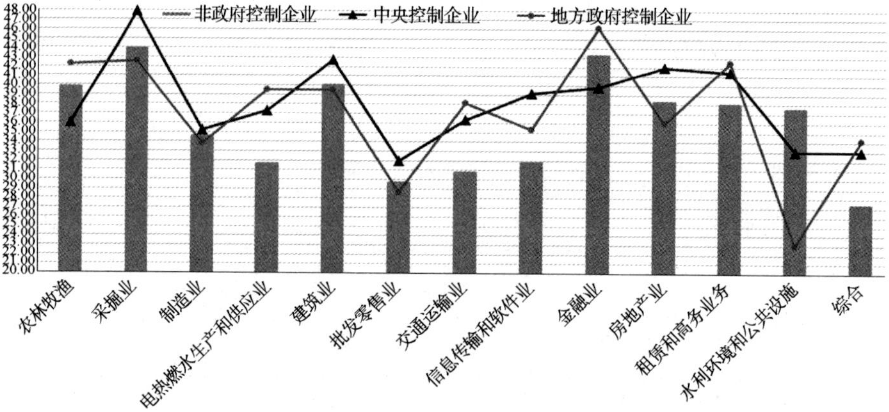

图 5-4 网络财务报告系统质量统计

图 5-4 中政府控制企业数据用折线表示，非政府控制企业数据用柱状表示。为了更加准确、直观，图中剔除了产权性质不全的五个行业。这些不全的行业是不存在中央控制企业和非政府控制企业的住宿和餐饮业、文化体育和娱乐业，不存在地方政府控制企业和非政府控制企业的教育业，不存在中央控制企业和地方政府控制企业的卫生业，不存

在地方政府控制企业的科学研究和技术服务业。

表 5 -5 的统计数据显示，除水利环境和公共设施行业外，总体上政府控制企业的网络财务报告系统质量优于非政府控制企业。其中，采掘业、制造业、建筑业、批发零售业、信息传输和软件业以及房地产业 6 个行业中央控制企业网络财务报告系统质量最好，农林牧渔、电热燃水生产和供应业、交通运输业、金融业、租赁和商务业务、综合 6 个行业地方政府控制企业的网络财务报告系统更优。数据也显示，无论是政府控制企业还是非政府控制企业，网络财务报告系统质量总体不高，得分最高的是中央控制的采掘业，仅为 47.88% 。

表 5 -6 二级指标对比统计表明，公司普遍重视一般信息披露，“公司一般信息”得分分别达到 63.72% 和 61.73% ，信息传输和软件业更是达到了 69.05% 。进一步分析发现，在 822 家公司中有 94.04% 的公司联系信息（包括公司电子信箱、公司联系电话、公司联系地址、联系方式清单）为满分；政府控制企业的“公司治理与内部控制信息”“财务报表信息”“辅助及预测信息”质量普遍高于非政府控制企业，分别达到 49.74% 、45.18% 和 44.64% ，说明政府控制企业在网站自愿披露治理和内部控制情况、公司财务报表及辅助信息的程度更高。数据也显示，非政府控制企业更重视“财务数据披露形式”，得分 51.05% ，高于政府控制企业的 44.28% ，比照具体指标我们发现，非政府控制企业更重视与用户的沟通，服务意识更强；“网络财务报告工具”和“安全保证体系”得分明显较低，其中“安全保证体系”得分仅为 33.58% 和 32.12% ，一方面反映了如何帮助使用者更好地利用和挖掘信息尚未受到公司重视，同时也反映出各公司网站安全风险意识普遍淡漠。

表 5-6 政府控制与非政府控制企业分指标得分情况对比 （单位：%）

行业	公司一般信息		财务报表信息		公司治理与内部控制信息		辅助及预测信息		网络系统工具					
									财务数据披露形式		网络财务报告工具		安全保证体系	
	政府控制	非政府控制	政府控制	非政府控制	政府控制	非政府控制	政府控制	非政府控制	政府控制	非政府控制	政府控制	非政府控制	政府控制	非政府控制
农林牧渔	60.71	64.58	52.86	45.00	56.35	59.72	62.50	46.88	47.62	62.50	35.71	50.00	33.93	31.25
采掘业	65.22	66.67	62.61	50.00	64.73	71.43	55.43	58.04	57.97	47.62	54.35	42.86	38.59	41.07
制造业	63.63	61.28	42.23	40.40	43.05	44.81	44.28	45.52	45.82	54.12	38.06	34.26	33.05	31.50
电热燃水生产和供应业	64.76	52.78	51.43	53.33	58.41	44.44	47.32	31.25	40.95	16.67	38.57	55.56	35.71	33.33
建筑业	60.53	70.83	53.16	58.75	62.57	59.03	52.63	46.09	48.25	45.83	46.49	43.75	36.18	28.13
批发零售业	62.92	56.32	35.25	41.72	38.33	42.15	31.09	29.96	32.92	34.48	29.17	31.61	28.44	30.17
交通运输业	63.15	54.17	47.33	40.00	61.36	45.83	43.19	35.94	41.11	41.67	41.11	33.33	29.72	21.88
信息传输和软件业	69.05	71.21	50.00	40.91	58.73	26.26	39.73	36.93	39.29	51.52	34.52	39.39	35.71	38.64
金融业	60.42	60.00	57.50	55.00	68.89	61.67	50.31	47.50	56.67	70.00	49.17	55.00	51.88	55.00
房地产业	66.67	64.39	44.74	50.00	53.95	55.81	44.24	52.84	40.79	41.67	36.40	36.36	30.26	30.11
租赁和商务业务	62.50	75.00	46.67	50.00	63.89	55.56	57.29	56.25	55.56	33.33	41.67	33.33	43.75	12.50
水利环境和公共设施	60.42	66.67	25.00	65.00	27.78	44.44	31.25	34.38	25.00	91.67	37.50	25.00	25.00	31.25
综合	62.50	66.67	41.67	43.33	46.30	24.07	48.96	31.25	25.00	44.44	38.89	27.78	29.17	16.67
整体情况	63.72	61.73	45.18	42.85	49.74	46.27	44.64	44.18	44.28	51.05	38.96	35.76	33.58	32.12

注：数据按照得分百分比 = 行业实际得分/行业应得分统计。

5.3 网络财务报告系统质量影响因素实证分析

按照代理理论，公司所有权和控制权的分离会导致所有者与管理层之间产生代理冲突。所有者的目标是公司价值最大化，而管理层为了追求自身价值可能使经营决策偏离公司利益。产生上述冲突的原因之一是由于管理层负责企业的日常经营活动，对企业整体情况掌握得更全面准确，导致所有者与管理层之间出现了信息不对称。公司治理被认为是解决信息不对称问题的一种有效安排。现有文献已经提出了一些影响信息披露的公司特征变量，如公司规模、盈利能力、财务杠杆、融资需求、股权结构、独董占董事总人数比、上市地点、公司所属行业、所在国家或地区等（沈洪涛，2007；谢志华和崔学刚，2005；方红星，孙翯和金韵韵，2009）。

也有文献关注了企业网络财务报告的影响因素。Roger 等（2002）研究了公司网络财务报告披露的决定因素，认为公司规模、是否是上市公司、信息技术是网络财务报告披露的重要影响因素；Allam 和 Lymer（2003）选择了美国、英国、加拿大、澳大利亚和中国香港的 250 家公司，对它们网络财务报告状况进行了评价分析；Fisher Richard（2004）分析了网络财务报告带来的审计变化；Xiao 等（2005）对英国会计和互联网领域 17 位专家进行问卷调查，在其基础上从财务报告本质、Internet 的作用、决定因素和改变程度 4 个维度提出了 Internet 对公司财务报告影响的概念框架；Pak - Lok（2003）、Seetharaman 等（2005）分析了网络财务报告的前景和面临的问题。认为企业对网络财务报告重要性的认识不足、对网络财务报告架构的认识较狭窄，也缺乏统一的认识和维护标准；Styles 和 Mack（2007）分析了美国 300 个城市的财务报告的可获取能力；John 和 Atul（2009）利用 2006—2007 年公司网站信息用 18 个指标实证评价了美国上市公司网络财务报告的状况；Goreti 和 Isabel（2011）分析了环境对上市公司披露高水平网络财务报告的影响。

5.3.1 网络财务报告系统质量的影响因素

5.3.1.1 产权性质与公司网络财务报告系统质量

按照产权性质，可以将我国上市公司分为中央政府控制企业、地方政府控制企业和非政府控制企业三类。刘启亮等（2012）研究显示，政府动机和行为会对政府控制企业的决策产生重要影响。一方面，政府控制的企业需要承担一定的政策目标，在政府倡导发展互联网经济的今天会更加重视网络财务报告系统建设。另一方面，中央政府控制的企业能够获得更多优质资源，得到更多国家政策支持，因此，中央政府控制的企业更有能力建设高质量的网络财务报告系统。基于此提出假设 1 和假设 2。

H1a：与中央控制企业相比，地方政府控制企业的网络财务报告系统质量更差；

H1b：与中央控制企业相比，非政府控制企业的网络财务报告系统质量更差。

H2：与政府控制企业相比，非政府控制企业的网络财务报告系统质量更差。

5.3.1.2　公司财务能力特征与公司网络财务报告系统质量

（1）资本结构

代理理论认为负债率高的公司代理成本也高，高负债会导致财富从债权人手中转移到股东手中，这就产生了债权人和股东之间的监督问题（Depoers，2000）。因此，有研究认为负债率高的企业有披露更多信息的动机。网络财务报告系统作为披露信息最方便快捷的方式，更可能被负债程度高的企业采用（Roger 等，2002；Al－Shammari，2007；Xiao 等，2004）；也有研究认为两者并不存在显著关系（Oyelere 等，2003；Bollen 等，2006）。本研究认为，虽然负债率高的企业有披露更多信息的动机，但是负债率高的公司会同时面临更高的偿债负担，这可能影响公司在网络财务报告系统方面的投入。

（2）公司盈利能力

按照信号理论，盈利的公司更愿意显示公司会计信息的高质量，会计信息质量差的公司会试图掩盖和阻止外界获取它们的信息（Tatjana 等，2014），而且会计信息的披露方式受公司盈利能力的影响（Kalu 和 Thabang，2012）。根据代理理论，为了提高市场占有率并保持竞争优势，盈利能力好的企业倾向于更多披露信息（Wallace 等，1994；Haniffa 和 Cooke，2002；Ashbaugh 等，1999；Debreceny 和 Rahman，2005）。也有研究发现，盈利能力与信息披露质量之间的关系并不显著（Marston，2003；Marston 和 Polei，2004；Xiao 等，2004）。除了上述盈利能力对公司披露会计信息质量的影响外，本研究认为，网络财务报告系统建设和维护需要资金，只有盈利能力强的公司才有可能更多投入，盈利能力是提高网络财务报告系统质量的物质基础。

（3）公司发展能力

公司发展越快，投资者与管理层的信息不对称越严重，管理层就越有动机进行盈余管理（石军，2011）。而管理层进行盈余管理可能导致网络财务报告系统质量变差。除了上述原因外，本研究认为，高成长的公司需要安排更多资金支持规模的扩大，这可能导致公司减少在网络财务报告系统方面的投入，进而影响网络财务报告系统质量。

（4）公司资产管理能力

虽然目前并没有看到支持资产管理能力对公司财会信息质量、信息系统、网络化平台具有影响作用的研究文献，但是考虑到本研究的对象是网络财务报告系统。我们认为，一方面，公司资产管理能力强有助于公司提高资金利用效率，从而将更多资金投入网络财务报告系统建设与维护，同时，网络财务报告系统作为企业资产的一部分，其质量的高低也会受公司资产管理能力的影响。

基于上述分析提出假设 H3：负债资本增加不利于公司提高网络财务报告系统质量，公司盈利能力、资产管理能力会促进网络财务报告系统质量提高，公司发展能力越快，越不利于网络财务报告系统质量的提高。

5.3.1.3 公司规模、上市时间与公司网络财务报告系统质量

代理理论认为代理成本会随着公司规模的增大而增加，由于大公司比小公司存在更多信息不对称，为了降低代理成本，大公司往往倾向于披露更多信息。Niamh 和 Denis（1999）、David 等（2001）学者的研究也证明，规模大的企业更倾向于在公司网站披露财务和非财务信息。

伴随电子商务的飞速发展，互联网平台成了企业扩大销售的重要渠道，上市时间越短的公司拓展市场和利用新技术的动机越强，会越重视网络平台建设，这有助于提高网络财务报告系统质量。

由此提出假设 H4：公司规模越大，公司上市时间越短，公司网络财务报告系统质量越高。

5.3.1.4　管理层持股、管理层年龄与公司网络财务报告系统质量

管理层持有公司股票，具有了股东属性，会降低谋求私利的动机，因而管理层持股会降低代理成本。同时，管理层持股后兼有管理者和股东两种身份，Eng 和 Mak（2003）研究发现，此时公司更倾向于减少信息披露。但是，也有研究表明，两者并不存在直接关系（Xiao 和 Yuan，2007）。本研究认为管理层持股可能更倾向于减少信息披露。研究发现，年龄越小的管理者就越重视将电子商务作为国际营销手段（张丽娟，2015），对使用互联网工具的偏好会影响管理层在企业网络财务报告系统建设上做出不同选择。因此提出假设 H5：管理层持股会降低网络财务报告系统质量，而管理层越年轻越有助于建设高质量的网络财务报告系统。

5.3.2　实证检验设计

首先，分中央和地方政府控制企业、中央政府控制和非政府控制企业两组，采用模型 1 和模型 2 对假设 H1a、H1b 进行验证。

$$Ln(IFRS) = \alpha_0 + \alpha_1 GCL + \alpha_2 Size + \alpha_3 Lev + \alpha_4 ROA + \alpha_5 TAT + \alpha_6 Growth + \alpha_7 MO + \alpha_8 Indratio + \alpha_9 Age + \alpha_{10} Lisgtime + \varepsilon \quad (5-1)$$

$$Ln(IFRS) = \alpha_0 + \alpha_1 GCN + \alpha_2 Size + \alpha_3 Lev + \alpha_4 ROA + \alpha_5 TAT + \alpha_6 Growth + \alpha_7 MO + \alpha_8 Indratio + \alpha_9 Age + \alpha_{10} Year + \alpha_{11} Industry + \varepsilon \quad (5-2)$$

其次，利用全样本，采用模型 3 分别对假设 H2—H5 进行检验。

$$Ln(IFRS) = \alpha_0 + \alpha_1 GCL + \alpha_2 GCN + \alpha_3 Size + \alpha_4 Lev + \alpha_5 ROA + \alpha_6 TAT + \alpha_7 Growth + \alpha_8 MO + \alpha_9 Indratio + \alpha_{10} Age + \alpha_{11} Lisgtime + \varepsilon \quad (5-3)$$

$$Ln(IFRS) = \alpha_0 + \alpha_1 GC + \alpha_2 Size + \alpha_3 Lev + \alpha_4 ROA + \alpha_5 TAT + \alpha_6 Growth + \alpha_7 MO + \alpha_8 Indratio + \alpha_9 Age + \alpha_{10} Lisgtime + \varepsilon \quad (5-4)$$

研究中反映公司特征的资本结构、公司盈利能力、公司发展能力、公司资产管理能力和管理层年龄几个变量，分别用产权比率、总资产净利润率、公司成长性、总资产周转率和总经理年龄计量。模型中各变量含义与计算方法见表5－7。

表5－7　变量设计

变量名称	变量含义及计算方法
Ln（IFRS）	网络财务报告系统质量，取五类指标总计得分的对数
GCL	哑变量，如公司实际控制人是地方政府，取值为1，否则为0
GCN	哑变量，如公司实际控制人是非中央政府主体，取值为1，否则为0
GC	哑变量，如公司实际控制人是非政府主体，取值为1，否则为0
Size	公司规模，公司年末总资产，以10亿元为单位计量
Lev	资本结构，总负债/所有者权益
ROA	总资产净利率，净利润/总资产平均余额
TAT	总资产周转率，营业收入/总资产平均余额
Growth	公司成长性，（期末总资产－上期期末总资产）/上期期末总资产
Indratio	独立董事比例，独立董事占董事会人数的比重
Age	管理者年龄，取总经理截至2014年的年龄
MO	哑变量，管理层持股，取值为1，否则为0
Lisgtime	上市时间，（2014年12月31日—样本公司上市日期）/360

5.3.3 实证检验结果

表5－8中模型1和模型2的分组回归结果显示，地方政府控制企

业与中央政府控制企业的网络财务报告系统质量不存在显著差异；而非政府控制企业的网络财务报告系统质量比中央政府控制企业差，并且在5%水平上显著，回归系数为 -0.088；模型3全样本回归也显示，地方政府控制企业的网络财务报告系统质量与中央政府控制企业不存在显著差异，而非政府控制企业的网络财务报告系统质量比中央政府控制企业差，并且在5%的水平上显著，回归系数为 -0.089，假设H1b得到验证。

模型1“中央和地方政府控制企业”分组检验中，r2为0.081，修正后的r2_ a为0.062，F值4.419，说明模型1总体证明性尚好；模型2“中央控制和非政府控制企业”分组检验中，r2为0.084，修正后的r2_ a为0.064，并且在1%的水平上显著，模型2总体成立，拟合度尚好。

模型4全样本回归显示，与政府控制企业相比，非政府控制企业的网络财务报告系统质量更差，并且在5%的水平上显著，回归系数为 -0.061，假设H2得到验证。

表5-8中，模型3公司财务能力特征与网络财务报告系统质量回归结果表明，资本结构与网络财务报告系统质量存在负相关关系，并且在5%水平上显著。我们认为这主要源于负债率高的企业资金有限，能够投入到网络财务报告系统建设中的资金较少所致；总资产净利率与网络财务报告系统质量正相关，回归系数为0.015，在5%水平上显著。总资产净利率反映了企业的盈利能力，此结果表明盈利能力越强，企业越有实力向网络财务报告系统建设与维护投入更多资源，使网络财务报告系统的质量得到提高；公司成长性与网络财务报告系统质量存在负相关关系，回归系数为 -0.018，并且在5%水平显著。公司成长性反映了公司的发展能力，公司发展过快很容易导致公司出现失衡，此时公司

可能更加注重投资于显著收益的项目，而忽略网络财务报告系统建设；总资产周转率对网络财务报告系统质量存在负相关关系，回归系数为 -0.073，并且在1%水平显著，与假设相反。上述关系同样在模型4获得检验。假设H3得到部分验证。

管理层是否持股对公司网络财务报告系统质量没有显著作用，管理层年龄对公司网络财务报告系统质量无显著影响。假设H4没有得到验证。

公司规模和上市时间与公司网络财务报告系统质量均存在显著关系，且在1%水平显著。模型3和模型4结果均显示，公司规模越大，公司网络财务报告系统质量越高，回归系数为0.003；上市时间越短，公司网络财务报告系统质量越高，回归系数为 -0.009。假设H5得到验证。模型3和模型4全样本检验的r2为0.082和0.081，修正后的r2_ a均为0.069，F值为4.060和4.324，模型3和模型4检验成立，拟合度尚好。

表5-8　　　　回归结果

	阶段1：模型1和模型2分组回归		阶段2：全样本回归		稳健性检验	
	中央和地方政府企业 中央政府控制和非政府企业		模型3	模型4	模型4	模型3
	因变量：Ln（IFRS）		Ln（IFRS）		Ln（IFRS）	
GCL	-0.029		-0.042			-0.034
	(0.397)		(0.238)			(0.322)
GCN		-0.088**	-0.089**			-0.071**
		(0.016)	(0.016)			(0.044)
GC				-0.061**	-0.049*	
				(0.031)	(0.074)	

续表

阶段 1：模型 1 和模型 2 分组回归			阶段 2：全样本回归		稳健性检验	
中央和地方政府企业 中央政府控制和非政府企业			模型 3	模型 4	模型 4	模型 3
因变量：Ln（IFRS）			Ln（IFRS）		Ln（IFRS）	
Size	0.002 **	0.009 **	0.003 ***	0.003 ***	0.002 ***	0.002 ***
	(0.037)	(0.011)	(0.008)	(0.009)	(0.163)	(0.154)
Lev	−0.008 **	−0.005	−0.007 **	−0.007 **	−0.017 *	−0.017 *
	(0.022)	(0.286)	(0.020)	(0.018)	(0.073)	(0.077)
ROA	0.534	0.015 *	0.015 **	0.015 **	0.093 ***	0.096 ***
	(0.125)	(0.055)	(0.049)	(0.050)	(0.002)	(0.002)
TAT	−0.059 *	−0.055	−0.073 ***	−0.072 ***	−0.063 **	−0.063 **
	(0.064)	(0.118)	(0.007)	(0.007)	(0.012)	(0.011)
Growth	−0.048 **	−0.015 *	−0.018 **	−0.018 **	−0.017 **	−0.017 **
	(0.046)	(0.062)	(0.022)	(0.023)	(0.021)	(0.021)
MO	0.011	0.054	0.011	0.012	0.032	0.031
	(0.738)	(0.137)	(0.687)	(0.656)	(0.222)	(0.239)
Age	−0.003	−0.003	−0.003	−0.003	−0.003	−0.003
	(0.320)	(0.266)	(0.147)	(0.157)	(0.168)	(0.158)
Indratio	0.476	0.205	0.246	0.260	0.314	0.304
	(0.102)	(0.492)	(0.312)	(0.283)	(0.178)	(0.193)
Lisgtime	−0.017 ***	−0.003	−0.009 ***	−0.009 ***	−0.019 ***	−0.019 ***
	(0.000)	(0.449)	(0.004)	(0.002)	(0.000)	(0.000)
_ cons	3.733 ***	3.672 ***	3.771 ***	3.737 ***	3.788 ***	3.814 ***
	(0.000)	(0.000)	(0.000)	(0.000)	(0.000)	(0.000)
N	515	472	821	821	790	790
r2	0.081	0.084	0.082	0.081	0.084	0.086
r2_ a	0.062	0.064	0.069	0.069	0.073	0.073
F	4.419 ***	2.647 ***	4.060 ***	4.324 ***	7.180 ***	6.616 ***

注：***、** 和 * 分别表示在 1%、5% 和 10% 水平上显著；括号里是 p 值。

研究中我们用长期负债权益比代替资本结构、营业利润率代替总资产净利润率、存货周转率代替总资产周转率、营业收入增长率代替总资产增长率进行了稳健性检验。检验结果见表 5-8。模型 3 稳健性检验表明，中央企业与地方国有企业的网络财务报告系统质量不存在显著差异；GCN 回归系数为 -0.071，表明与中央企业相比，非政府控制企业的网络财务报告系统质量更差，并在 5% 水平显著；模型 4 稳健性检验显示，非政府控制企业的网络财务报告系统质量比政府控制企业的差。

稳健检验同样验证了长期负债权益比与网络财务报告系统质量存在负相关关系，回归系数为 -0.017*，在 10% 水平上显著；营业利润率与网络财务报告系统质量正相关，回归系数为 0.096，在 1% 水平上显著；营业收入增长率回归系数为 -0.017，在 5% 水平上显著；存货周转率回归系数为 -0.063，在 5% 水平显著。表明资本结构、公司盈利能力、公司发展能力、公司资产管理能力与网络财务报告系统质量之间的关系成立，并且结论稳定。

5.4 进一步研究：企业国际化的作用

来自 Wind 数据库的数据显示，至 2014 年底，我国 A 股主板和中小板 1887 家上市公司中有 1038 家企业有海外经营业务，占 55.01%。Sapienza 等（2005）研究发现，其他条件不变，国际化会使企业进入外国市场后因为获得新的机会而使成长概率增大；Tallman 和 Li（1996）以及闫荣平（2010）也认为，由于经营地域范围扩大，国际化对企业财务绩效具有促进作用。因此，在互联网和经济全球化双重背景下，国际化是否有助于企业提高网络财务报告系统质量值得关注。

基于信号理论，Dolinšek 等（2014）研究发现，低质量的企业有掩盖和阻止外部获取企业会计信息的动机，而盈利的企业会通过会计政策的选择显示企业的高质量，更愿意通过信息披露向市场传达积极信号，以吸引更多投资者。根据 Debreceny 和 Rahman（2005）的分析，基于代理理论，盈利能力强的企业为了获得竞争优势进而提高市场占有率，会更愿意披露信息。这说明，伴随全球网络使用的普及，盈利能力强的企业为了提高信息披露效果，发挥信息披露效用，自身具有完善公司网站建设，有增加公司网站财务信息披露内容和形式的内在需求。由于网络财务报告系统质量评价的部分指标包括财务报表、公司治理与内部控制、辅助与预测信息在内的公司信息，这意味着盈利能力强的企业具有更高的提高网络财务报告系统质量的动机。前期研究也发现，在区分企业所有制是否是政府控制的条件下，企业盈利能力对提高网络财务报告系统质量具有促进作用。作为企业网站披露财会信息的全新平台和工具，网络财务报告系统的建设离不开资金支持。因此，只有盈利能力强的企业才能有充足的资金投入其中，企业盈利能力对提高网络财务报告系统质量具有促进作用。

Raffournier（1997）认为，对国际化经营企业来说，增加自愿披露的信息能够有效降低投入并获得竞争优势，因此，国际化经营企业具有通过信息披露降低资本成本的动机。Shi 等（2012）也发现国际化对企业自愿信息披露具有促进作用。本章认为，国际化有助于企业提高经营的规范化水平和信息透明度。在国际化经营情况下，基于地理范围的限制，企业具有更强的意愿借助互联网平台提供包括披露财务信息在内的各种服务。由于网络财务报告系统质量评价指标体系涵盖企业财务报表信息、治理与控制信息、财务预测与外部财务评价信息，以及财务信息加工工具等，这些指标数据全部采集自上市企业网站，反映了企业在网站上自愿披露信息的情况和网络财务报告系统建设质量。因此，企业国际化会推动企业网站建设工作，进而提高网络财务报告系统质量。

由于海外国家和地区在政治环境、人文环境、法规制度环境等多方面与国内存在很大差异，企业在走向海外开展国际化经营的过程中会面临比国内更大的风险和不确定性因素。首先，跨国经营的企业面临的外部环境更加复杂，为此，Zaheer（2002）提出了外来者劣势理论，认为企业进入海外市场开展国际化经营会因不适应跨国市场环境而出现经营成本上升的现象。其次，国际化经营企业会面临更加严格的海外市场监管环境。企业为了做到合规，必然按照东道国相关法律规范的要求披露信息，信息披露的深度和广度在一定程度上会受到东道国相关法律规范的影响。因此，存在着企业国际化经营会抑制盈利能力与网络财务报告系统质量正向关系的可能。换句话说，国际化会使企业盈利能力对网络财务报告系统质量的促进作用减弱。

5.4.1 实证检验设计

设计模型 5 和模型 6 对上述假设进行检验：

$$IFRS = \beta_0 + \beta_1 ROA + \beta_2 FSTS + \beta_3 Lev + \beta_4 TAT + \beta_5 Growth + \beta_6 Size + \beta_7 MSowner + \beta_8 Age + \beta_9 Lisgtime + \beta_{10} Industry + \varepsilon \quad (5-5)$$

$$IFRS = \beta_0 + \beta_1 ROA + \beta_2 FSTS + \beta_3 FSTS * ROA + \beta_4 Lev + \beta_5 TAT + \beta_6 Growth + \beta_7 Size + \beta_8 MSowner + \beta_9 Age + \beta_{10} Lisgtime + \beta_{11} Industry + \varepsilon \quad (5-6)$$

模型中的变量：

一是企业国际化程度。目前学术界对企业国际化并没有一个统一认识。经济学将其界定为企业对外的经济联系，如直接投资；组织行为学认为，它是企业进入国际市场的行为表现；管理学则将其看成是实现企业地域和市场多元化的行为。不同认识带来了对国际化程度衡量方法上的差异。在已有的研究中，学者们根据研究问题和目标的不同分别从企业经营绩效、运营结构、地域和市场等角度设计指标衡量企业国际化程度。企业跨越本土进入国际市场，无论是对外直接投资、海外建立工厂或子公司，还是对外销售产品或出售服务，都会面临与本土市场不同的政治、市场、法规制度和人文环境，为此，管理决策和财务政策都要或多或少有所改变来适应外部环境的需要。由于本章研究的是企业国际化程度与盈利能力、网络财务报告系统质量的关系问题，而海外销售额占总销售额比重（FSTS）从企业经营绩效视角反映了企业在国内和海外经营的相对规模和重要性，同时考虑到我国上市公司相关数据的可获取性，研究中我们选取 FSTS 衡量我国企业的国际化程度。

二是网络财务报告系统质量（IFRS），取公司一般信息、财务报表信息、公司治理与内部控制信息、辅助及预测信息、财务数据披露形式、网络财务报告工具和安全保证体系 7 个二级指标和 76 个三级指标各指标得分总计。

三是模型中其他变量含义及计算公式。ROA 表示总资产净利率，反映企业盈利能力，取净利润/总资产平均余额；Lev 表示负债权益比，反映企业偿债能力，取总负债/所有者权益；TAT 表示总资产周转率，反映企业资产管理能力，取营业收入/总资产平均余额；Growth 表示总资产增长率，反映企业成长性，用公式 $\frac{\text{本期期末总资产}-\text{上期期末总资产}}{\text{上期期末总资产}}$ 计算；Size 表示企业规模，取按千亿计量的企业年末总资产；MSowner 表示管理层持股，持有股份为 1，否则为 0；Age 代表管理层年龄，取总经理截至 2014 年的年龄；Lisgtime 表示截至 2014 年 12 月 31 日企业上市时间；Industry 为行业控制变量。

研究样本选取截止到2014年12月31日国内A股上市的全部主板和中小板公司，并剔除了没有在上市交易所披露公司网站、网站正在维护、出售和打不开的公司，共获得研究样本1887个。

企业网络财务报告系统质量数据采用逐一访问公司网站，人工打分并分类汇总的方法采集，首先针对每个三级评价指标，采用公司网站中有相关指标内容的赋1分，未披露相关内容得0分的方法采集原始数据，所有指标权重均设为1。然后按照二级、大类、总体逐级分类汇总，计算每个样本企业的二级指标、大类指标和IFRS质量指标。企业国际化程度指标数据来源于Wind和公司年报附注披露的信息。其中，企业分区域收入情况数据由年报附注手工搜集获得。企业盈利能力及其他变量数据来源于Wind和CSMAR。

表5－9的主要变量描述性统计结果显示，企业网络财务报告系统质量的均值为35.156，最小值为2，最大值为59，相比满分76，上市企业网络财务报告系统质量总体不高，不同企业参差不齐。企业国际化程度均值12%，最小值0，最大值99.8%，说明企业国际化水平同样总体程度不高，企业间存在较大差异。企业盈利能力最小值和最大值分别为－1611.2%和57.2%，表明上市公司盈利能力差异巨大，从2.8%的均值看，上市企业的盈利能力总体不高。Lev均值、中位数分别为1.446和0.85，说明上市企业普遍负债水平较高。进一步分析发现，负债权益比在0—1之间的样本有1060个，占总样本量的56.23%。而812个样本的负债权益比大于1，占总样本量的43.08%。其中，负债权益比大于10的样本31个，小于0的样本12个，最小值为－60.603，最大值为73.136。这43家公司分别在2014年或2015年被证券交易所认定为财务状况出现问题。总资产周转次数最大值和最小值分别为7.388和0.003，均值0.686，说明上市企业资产管理能力存在巨大差异

且总体较差。公司规模中位数0.039、最大值206.1、最小值0.0003，表明上市公司规模差异较大，中小规模公司数量较多。管理层年龄最小27岁，最大77岁，平均49.5岁，说明总经理较多集中在50岁左右。企业上市年限最小0.003，不到1年，最长24.408年，平均上市年限9.818年，不是太长。由于网络财务报告系统建设需要时间，上市时间偏短可能会对企业网络财务报告系统质量产生影响。

表5-9 主要变量描述性统计

	均值	中位数	最小值	最大值	标准差
IFRS	35.156	38.000	2.000	59.000	11.574
ROA	0.028	0.031	-16.112	0.572	0.379
FSTS	0.120	0.007	0.000	0.998	0.203
Lev	1.446	0.850	-60.603	73.180	3.360
TAT	0.686	0.562	0.003	7.388	0.556
Growth	0.231	0.100	-0.821	38.244	1.150
Size	0.687	0.039	0.0003	206.100	7.693
Age	49.512	50.000	27.000	77.000	6.415
Lisgtime	9.818	8.903	0.003	24.408	5.628

5.4.2 相关性分析

本章利用Pearson相关系数对变量之间的相关性进行了检验。从表5-10所示的数据可以看出，企业盈利能力、国际化程度与网络财务报告系统质量都在5%水平上显著正相关，表明企业盈利能力会提高网络财务报告系统质量，国际化程度对网络财务报告系统质量也有促进作用。自变量之间的相关系数都在0.3以下，说明变量之间不存在严重共线性问题。

表 5 – 10　　相关系数

	IFRS	ROA	FSTS	Lev	TAT	Growth	Size	MSowner	Age	Year
IFRS	1.000									
ROA	0.054 **	1.000								
FSTS	0.053 **	−0.09 ***	1.000							
Lev	−0.010	0.006	−0.038 *	1.000						
TAT	−0.040 *	0.035	0.032	−0.039 *	1.000					
Growth	−0.040 *	0.041 *	0.036	0.012	−0.013	1.000				
Size	0.077 ***	−0.002	−0.026	0.234 ***	−0.076 ***	−0.006	1.000			
MSowner	0.038 *	0.051 **	0.055 **	−0.019	0.041 *	0.022	−0.032	1.000		
Age	−0.031	0.049 **	−0.004	0.044 *	−0.012	−0.040 *	0.046 **	−0.020	1.000	
Lisgtime	−0.180 ***	−0.032	−0.136 ***	0.079 ***	−0.020	−0.026	−0.038 *	−0.130 ***	0.056 **	1.000

5.4.3 企业网络财务报告系统质量分行业分析

按照中国证监会 2014 年上市企业行业分类标准统计各行业网络财务报告系统质量及三个大类变量数据，如图 5 −5 所示。其中，行业数据按照下面的公式计算：

$$行业得分百分比 = \frac{行业实际得分}{行业应得分}$$

行业应得分 = 网络财务报告系统质量评价指标个数 × 行业样本公司数

行业实际得分 = Σ该行业全部样本公司网络财务报告系统质量指标得分

从图 5 −5 的网络财务报告系统质量（IFRS）变化看，采掘业、金融业、文化、体育和娱乐业、建筑业、信息传输和软件业这 5 个行业 IFRS 质量得分超过 50%，相对较好，其他行业 IFRS 质量得分都不足

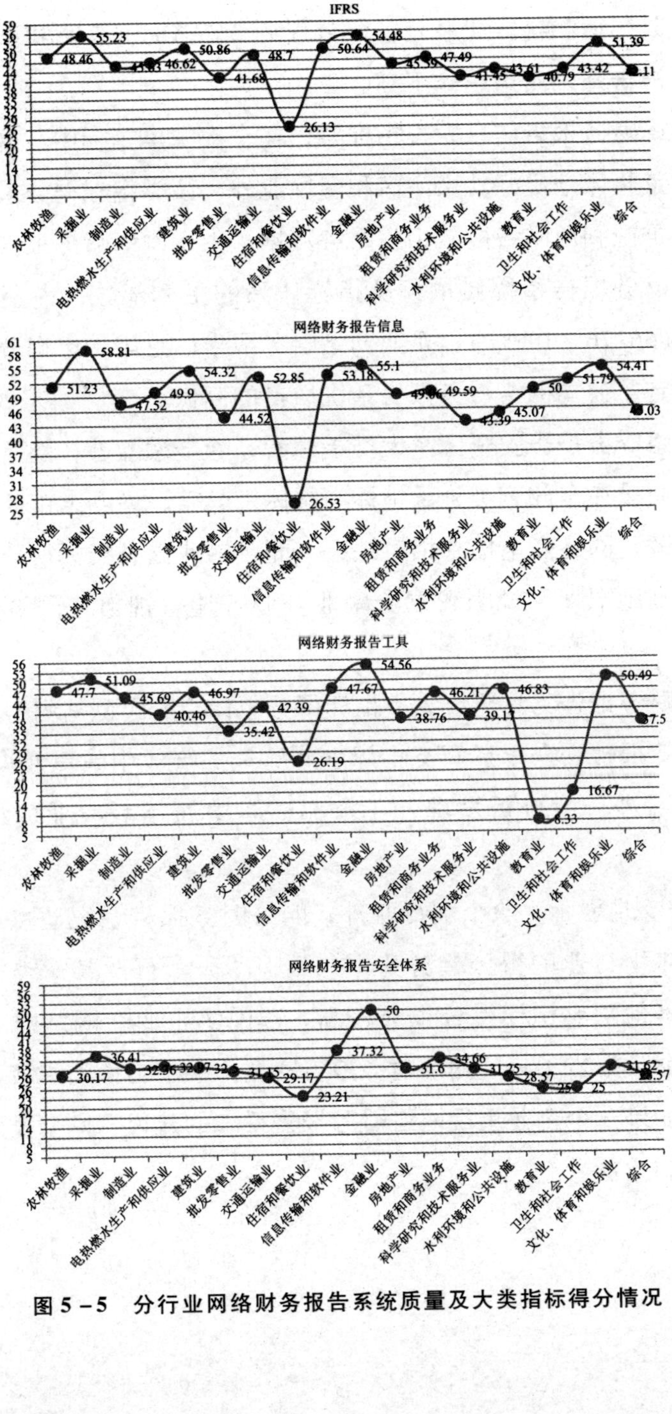

图 5-5　分行业网络财务报告系统质量及大类指标得分情况

五成，尤以住宿和餐饮业最差，得分仅为 26.13%，表明我国上市公司网络财务报告系统质量总体不高。

从网络财务报告信息大类指标看，在全部三类指标中，网络财务报告信息质量整体上最好。除住宿和餐饮业外，该类指标得分最高，说明公司普遍重视利用网络披露相关财务数据。由于网络财务报告信息类指标是网络财务报告系统质量评价指标体系的主体部分，占全部指标的 73.68%（56/76 ×100%），企业网络财务报告信息类指标得分率在一定程度上决定了公司网络财务报告系统质量的高低。

从网络财务报告安全体系大类指标看，除金融业外，网络财务报告安全体系质量在全部三类分量指标中整体上最差，说明上市公司普遍安全意识淡薄，网络安全措施相对缺乏。而金融业该类指标得分相比其他行业明显高出很多，说明我国金融业企业普遍重视自身网络安全体系建设。

网络财务报告工具质量大类指标得分总体上介于网络财务报告信息与网络财务报告安全体系两类指标之间。全部行业中教育业得分最低，为 8.33%。进一步分析发现，在全部样本中属于教育业的样本只有 1 家。

图 5 -5 也显示，除个别行业外，网络财务报告系统质量及三个大类指标在各个行业的得分趋势基本一致，即一个行业某一类指标得分高，往往其他两类指标得分也会较高。这说明企业在网络财务报告信息、网络财务报告工具、网络财务报告安全体系三方面的建设上没有本质差异，如果一个企业重视网络财务报告系统的建设，则会全面提升上述三方面的质量。

5.4.4 检验结果分析

表 5 -11 中模型 1 回归结果显示，ROA 回归系数为 1.632，表明企业盈利能力与网络财务报告系统质量正相关，并在 5% 水平上显著；FSTS 回归系数为 3.958，与网络财务报告系统质量在 1% 水平上显著正相关，Growth 系数为 -0.629，并在 1% 水平上显著，说明企业成长能力与网络财务报告系统质量负相关，意味着公司成长越快，网络财务报告系统质量就越差；Size 回归系数为 0.064，并在 10% 水平显著，表明规模越大的企业越倾向于完善公司网站，从而促进了网络财务报告系统质量提高；MSowner 结果显示，管理层持股有助于提高企业的网络财务报告系统质量（$\beta = 0.966$，$p < 0.1$）；Year 的结果说明上市时间越长的公司网络财务报告系统质量越差（$\beta = -0.340$，$p < 0.01$）。其他变量与网络财务报告系统质量无显著关系。

模型 2 实证结果显示，FSTS 回归系数为 4.403，在 1% 水平上显著，说明企业国际化程度对网络财务报告系统质量具有正向促进作用；ROA 回归系数为 10.694，说明盈利能力与网络财务报告系统质量之间的正相关关系依然存在，而且显著性水平为 1%；企业国际化程度与企业盈利能力交乘项（FSTS × ROA）回归系数为 -10.017，在 5% 水平上显著，而且模型 2 的调整 r^2 为 0.071，大于模型 1 的 0.069，说明企业国际化对企业盈利能力与网络财务报告系统质量之间的关系具有一定的调节作用。FSTS × ROA 的回归系数为负值，与 ROA 系数符号相反，表明随着国际化程度提高，企业盈利能力对网络财务报告系统质量的影响程度下降。Growth 回归系数为 -0.661，Year 回归系数为 -0.327，二者均在 1% 水平显著，Size 回归系数为 0.066，在 10% 水平显著。进一步证明企业成长能力、上市时间和规模对网络财务报告系统质量具有明显作用。

表 5-11　　　　回归结果

变量	模型 1	模型 2
	(IFRS)	(IFRS)
ROA	1.632**	10.694***
	(2.374)	(2.588)
FSTS	3.958***	4.403***
	(2.958)	(3.257)
FSTS * ROA		-10.017**
		(-2.224)
Lev	-0.112	-0.103
	(-1.363)	(-1.259)
TAT	-0.016	-0.159
	(-0.031)	(-0.307)
Growth	-0.629***	-0.661***
	(-2.778)	(-2.917)
Size	0.064*	0.066*
	(1.683)	(1.731)
MSowner	0.966*	0.884
	(1.660)	(1.518)
Age	-0.055	-0.054
	(-1.356)	(-1.325)
Lisgtime	-0.340***	-0.327***
	(-6.931)	(-6.622)
Industry	控制	
constant	41.741***	41.501***
	(14.043)	(13.968)
N	1883	1883
r2	0.081	0.084
r2_ a	0.069	0.071
F	6.328***	6.290***

注：***、**、* 分别表示在 1%、5%、10% 水平上显著，括号里是 t 值。下同。

用销售净利率ROS代替ROA、资产负债率Leve代替Lev、存货周转率TOR代替TAT、营业收入增长率Grow代替Growth，利用上述模型对企业盈利能力、企业国际化程度与网络财务报告系统质量的关系，以及企业国际化程度的调节作用进行了第一次稳健性检验，又将网络财务报告系统质量取对数，去掉上市年限约束，同时以替换上述变量进行二次检验。从表5-12检验结果看，企业盈利能力对网络财务报告系统质量的正向作用、企业国际化程度对网络财务报告系统质量的正向作用都保持不变。企业国际化调节效应的检验中，企业国际化程度的负向调节作用在二次稳健性检验里保持不变，在一次稳健性检验中存在但不显著。可能的原因是企业国际化程度本身采用海外销售收入占比衡量，而第一次稳健性检验中盈利能力替换为销售净利率后，一旦销售收入数据存在误差，则二者交乘项的误差成倍增加，可能影响了结果准确度。

表5-12　　　稳健性检验结果

变量	一次稳健性检验		变量	二次稳健性检验		
	模型1 (IFRS)	模型2 (IFRS)		模型1 LnIFRS	模型2 LnIFRS	模型3 LnIFRS
ROS	1.120*	1.131*	ROS	0.044*	0.047*	0.064**
	(1.887)	(1.812)		(1.838)	(1.944)	(2.507)
FSTS	3.870***	3.875***	FSTS		0.172***	0.176***
	(2.888)	(2.885)			(3.396)	(3.489)
FSTS * ROS		-0.101	FSTS * ROS			-0.130**
		(-0.058)				(-1.993)
Leve	0.438	0.374	Leve	0.017	0.016	-0.064
	(0.833)	(0.310)		(0.785)	(0.750)	(-1.414)
TOR	0.127	0.130	TOR	0.000	0.000	-0.000
	(0.245)	(0.250)		(0.152)	(0.011)	(-0.006)

续表

变量	一次稳健性检验		变量	二次稳健性检验		
	模型 1 (IFRS)	模型 2 (IFRS)		模型 1 LnIFRS	模型 2 LnIFRS	模型 3 LnIFRS
Grow	-0.680^{*}	-0.680^{*}	Grow	-0.025^{*}	-0.027^{**}	-0.027^{*}
	(−1.829)	(−1.828)		(−1.789)	(−1.967)	(−1.902)
Size	0.060	0.060	Size	0.033^{***}	0.034^{***}	0.036^{***}
	(1.595)	(1.594)		(2.633)	(2.678)	(2.841)
MSowner	0.893	0.893	MSowner	0.042^{*}	0.040^{*}	0.039^{*}
	(1.533)	(1.532)		(1.873)	(1.816)	(1.776)
Age	−0.054	−0.054	Age	-0.003^{**}	-0.003^{**}	-0.003^{**}
	(−1.338)	(−1.337)		(−2.040)	(−2.075)	(−2.066)
Lisgtime	-0.347^{***}	-0.347^{***}				
	(−7.077)	(−6.957)				
Industry	控制		Industry	控制		
constant	41.307^{***}	41.327^{***}	constant	3.686^{***}	3.668^{***}	3.700^{***}
	(13.847)	(13.764)		(32.858)	(32.756)	(32.728)
N	1883	1883	N	1836	1836	1836
r2	0.079	0.079	r2	0.043	0.049	0.051
r2_ a	0.066	0.066	r2_ a	0.031	0.036	0.038
F	6.119^{***}	5.890^{***}	F	3.413	3.757	3.771

5.5 研究结论与政策建议

5.5.1 研究结论

上市公司网站对企业网络财务报告系统质量及其影响因素研究表

明，产权性质对公司网络财务报告系统质量具有一定影响。其中，中央控制企业与地方政府控制企业的网络财务报告系统质量不存在明显差异，非政府控制企业的网络财务报告系统质量比政府控制企业的差。公司盈利能力有助于提高公司的网络财务报告系统质量，债务资本比重越高、公司发展能力越强，越不利于提高公司网络财务报告系统质量。公司规模越大，上市时间越短，表现出公司网络财务报告系统质量越高。与上述因素不同，管理层是否持股、管理层年龄对提高网络财务报告系统质量没有显著作用。

实证结果也显示，公司资产管理能力与网络财务报告系统质量成负相关关系，而且关系稳定，结果难以解释。进一步分析发现，总资产周转率和存货周转率取值在国泰安数据库中存在同一公司、同一年份多个指标数据的情况。因此，初步判断出现相反结果的原因，一方面可能是数据准确度的影响，另一方面是本研究未考虑到的其他因素产生的影响。

进 步研究还发现，企业国际化也是公司网络财务报告系统质量提高的正向因素；国际化程度对企业盈利能力与网络财务报告系统质量的关系具有负向调节作用，即国际化程度会减弱盈利能力对网络财务报告系统质量的提升作用。但是，国际化程度作为调节变量作用的显著性在稳健性检验时出现了波动，原因有待分析。本部分研究意味着国际化经营的企业具有更强利用互联网技术改善自身管理的动机，实施国际化经营战略的企业由于能够更多地利用互联网提供财务服务，其国际化程度的提高将有助于改善企业财会信息服务能力和水平。

5.5.2 政策建议

5.5.2.1 网络财务报告系统的披露内容需进一步拓展

（1）提高披露信息的细度和密度

信息透明是一切分析、监督、评价的基础。网络财务信息披露可以有效降低市场中信息使用者的信息不对称，有利于提高信息使用者的公平信息地位，提高市场的信息透明度。更进一步说，要增加透明度就需要上市公司在合理把握商业机密的度的基础上，提高信息披露的细度和密度。信息细度可以看作是信息被分解分散在各种披露资料中的程度；信息密度是各种信息所能提供的相关信息量。因为上市公司信息披露包括强制性披露和自愿性披露两部分，要提高披露信息的细度和密度，就要求，一方面证券监管机构能够不断完善对上市公司信息披露的要求，提高强制性披露内容的质量；另一方面上市公司应该更多地关注使用者的需求，自觉利用网络提高自愿披露信息的细度和密度。

（2）增加相关财务信息披露

历史数据反映了上市公司受托责任完成情况，对使用者来说，这些信息还反映了公司的趋势和影响因素。因此，上市公司网络财务报告系统除了披露传统财务报表数据外，还应该重视披露历史数据。除此外，充分借助网络平台披露财务分析数据、分析师分析意见、股票交易信息和价格、最新的财务新闻、预测信息等也有利于使用者使用。

5.5.2.2 重视公司网站在财务信息披露中的作用

计算机网络已经成为社会生活中不可缺少的工具，它的重要程度随着我国社会信息化程度的提高正在迅速加强。但从前述调查看，我国上市公司对自身网站在财务信息披露中的作用尚显认识不足、重视不够。除了本身没有建设网站、无法打开网站的之外，有近 40% 的公司网站只是作为宣传产品的广告平台。有些公司网站上虽然有财务信息，但只是走走形式，比如仅仅放上几张年报，信息不及时更新，严重过时，或者只是将在交易所披露的信息简单地转移到公司网站上等。上市公司应该从设计、建设、维护各环节，全面、系统地考虑网络财务报告系统建设问题，使公司网站真正成为提高公司价值、为投资者和其他财务信息使用者服务的平台。

5.5.2.3　完善网络财务报告披露形式和工具

（1）披露形式多样化

为了使用者更直观、有效、及时地了解和理解公司财务信息，除了传统文字、图表披露外，上市公司可以选择更多信息披露形式，如财务信息的 flash、财务信息的 video、在线交互、公司微博、论坛、电子杂志等形式披露公司财务信息。

（2）再挖掘和利用

随着上市公司网络财务信息披露形式的多样化，以及信息细度和密度的提高，使用者需要对这些信息进行深入挖掘、分析和利用。上市公司除了披露传统财务数据外，还应该重视提供相应的链接和加工工具，比如不同报告之间的链接、数据加工工具、下载工具等。

5.5.2.4　监管、审计部门加强职能作用

中国证监会和证券交易所应该积极推动上市公司网络财务报告系统披露内容和披露技术的更新和发展。比如基于 XBRL 的网络财务报告标准已经开始实施，但是如果只是停留在几张财务报表上，其作用非常

有限，应该进一步推动元数据的标准化实施进程。

应该通过法律、规范、制度的形式推动上市公司网络财务报告系统的发展，比如制定公司网站网络财务报告系统建设基本标准的相关规范、指导性意见等，使网络财务报告系统逐渐成为财务报告披露的主要形式，促进证券市场的透明化和我国资本市场的健康发展。

网络财务信息的可靠性是制约其发挥作用的重要因素，审计部门应该重视对公司网站上网络财务信息审计和鉴证的研究和实践，使我国上市公司的网络财务报告系统从发展初期就处于良性发展轨道。

第6章

内部控制缺陷识别指标设计与样本分析

BP缺陷识别预测模型的作用逻辑是，利用观察到的企业运营和管理的相关细节情况，判别出企业内部控制缺陷的严重程度。因此，采用BP缺陷识别预测模型进行内部控制缺陷的识别和预测的第一步是设置与内部控制有关的企业日常运营和管理情况的监测指标，以及用于BP模型判别的识别指标。识别指标、监测指标会影响识别预测模型的隐含层层数、每一层神经元个数、学习速率等参数。

6.1 企业内部控制过程评价指标设计

6.1.1 内部控制识别、监测指标设计方法

在已有围绕内部控制评价指标的研究中，陈汉文（2011）建立了基于控制五要素的 5 个一级、24 个二级、43 个三级，144 个四级指标的内控评价指标体系；骆良彬和王河流（2008）基于五要素建立了 5 个一级、14 个二级，39 个三级的指标体系；池国华等（2011）也以五要素为一级指标，构建了由二级准则层指标（19 个）、三级和四级措施层指标构成的内控系统评价体系。戴文涛和李维安（2013）基于经营活动效率效果、财务报告可靠性、法律法规遵循构建了由 3 个目标层指标、8 个准则层指标、45 个评价指标组成的评价指标体系；张先治和戴文涛（2011）基于战略、经营活动效率效果、财务报告可靠性、法律法规遵循四个控制目标构建了含 61 个具体指标的评价体系。

本书研究的目的是基于观察、分析企业日常运营管理情况判断企业内部控制缺陷严重程度，因此，作为输入层需要定义的指标包括监测指标和识别指标两大类。监测指标属识别指标的下辖指标。监测指标用于监测和衡量与内部控制有关的企业日常运营和管理情况；识别指标用于评价企业内部控制设计和运行情况，反映内部控制缺陷严重程度。

整套指标体系参照财政部《企业内部控制评价指引》要求，从控制五要素出发，按照五要素包含的内容采用分类分层结构。其中，识别和监测指标体系的构建是以《企业内部控制基本规范及配套指引》为

主要依据，参考了《上市公司治理准则》、COSO《内部控制——整合框架（2013）》、某地方国资委和某大型上市公司内控评价指标体系，并借鉴了前述学者的相关研究。为了尽可能全面准确地捕捉影响内部控制质量的企业日常运营和管理信息，进而准确判别内部控制缺陷严重程度，监测指标设计时还遵循了以下四项原则：

一是合法合规性。内部控制质量高的企业一定首先是守法遵规的企业，因此监测指标必须与内部控制规范，以及影响内部控制的相关法律、法规、制度、标准的要求相一致。

二是全面系统性。监测指标应该全面考虑影响企业内部控制质量的因素，系统化反映企业内部控制的目标要求，尽可能使指标反映的结果与企业内部控制实际质量和缺陷程度一致。

三是相关性。企业日常运营和管理活动细节非常多，监测中不可能也无必要采集所有细节数据。所以监测指标设定时只关注那些对内部控制有影响的因素。

四是可操作性。监测指标数据一般由经授权的企业内部控制评价人员在综合运用个别访谈、调查问卷、专题讨论、穿行测试、实地查验等方法基础上，对指标内容执行情况进行人工打分采集。因此，指标应该尽可能直观、简单、易理解。

整个指标体系以内部环境、风险评估、控制活动、信息与沟通、内部监督的控制五要素为大类，分公司治理、组织结构及权责分配、发展战略、人力资源、内部审计、社会责任、企业文化、目标设定、风险识别、风险分析、风险应对、业务过程控制、基本控制措施、信息、沟通、反舞弊机制、监控、评估、缺陷管理 19 个小类，下设 61 个识别指标，310 个监测指标。表 6 -1 为识别指标部分，表 6 -1 以治理结构和议事规则与程序和控制活动大类的业务过程控制小类中销售业务识别指标为例说明监测指标的构建。表 6 －2 为企业内部控制监测指标举例。

表 6 －1　　　　企业内部控制识别指标体系

大类指标	小类指标	识别指标
内部环境（Internal Environment，IE）	公司治理（IE1）	治理结构（IE1 －1）
		议事规则与程序（IE1 －2）
	组织结构及权责分配（IE2）	机构设置（IE2 －1）
		权责分配（IE2 －2）
	发展战略（IE3）	战略制定（IE3 －1）
		规划实施（IE3 －2）
	人力资源（IE4）	人力资源战略（IE4 －1）
		人力资源引进、使用与开发（IE4 －2）
		人力资源退出（IE4 －3）
	内部审计（IE5）	内部审计机构与人员（IE5 －1）
		内部审计机制（IE5 －2）
	社会责任（IE6）	安全生产责任（IE6 －1）
		产品质量保证责任（IE6 －2）
		资源节约与环境保护责任（IE6 －3）
		就业与员工权益保护责任（IE6 －4）
		社会责任披露（IE6 －5）
	企业文化（IE7）	企业价值观（IE7 －1）
		经营理念（IE7 －2）
风险评估（Risk Assessment，RA）	目标设定（RA1）	目标设定要求和原则（RA1 －1）
		经营效率效果目标（RA1 －2）
		资产安全目标（RA1 －3）
		报告目标（RA1 －4）
		战略发展目标（RA1 －5）
		合规目标（RA1 －6）
	风险识别（RA2）	识别外部风险（RA2 －1）
		识别内部风险（RA2 －2）

续表 1

大类指标	小类指标	识别指标
风险评估（Risk Assessment，RA）	风险分析（RA3）	基本风险分析（RA3 -1）
		舞弊风险分析（RA3 -2）
	风险应对（RA4）	风险应对（RA4 -1）
控制活动（Control Activities，CA）	业务过程控制（CA1）	销售业务（CA1 -1）
		生产业务（CA1 -2）
		采购业务（CA1 -3）
		仓储存货业务（CA1 -4）
		资金活动（CA1 -5）
		资产管理（CA1 -6）
		研究开发（CA1 -7）
		预算业务（CA1 -8）
		项目管理（CA1 -9）
		人力资源与薪酬业务（CA1 -10）
		会计活动（CA1 -11）
		其他业务（CA1 -12）
	基本控制措施（CA2）	常规授权审批（CA2 -1）
		特别授权审批（CA2 -2）
		运营分析（CA2 -3）
		绩效考核（CA2 -4）
		突发事件（CA2 -5）
		信息技术（CA2 -6）
信息与沟通（Information Communication，IC）	信息（IC1）	信息质量（IC1 -1）
		信息系统（IC1 -2）
	沟通（IC2）	内部沟通（IC2 -1）
		外部沟通（IC2 -2）
	反舞弊机制（IC3）	反舞弊责任归属（IC3 -1）
		舞弊处理程序（IC3 -2）
		舞弊补救措施与处罚（IC3 -3）

续表 2

大类指标	小类指标	识别指标
内部监督（Internal Monitoring，IM）	监控（IM1）	监控制度（IM1 -1）
	评估（IM2）	个别评估（IM2 -1）
		整体评估（IM2 -2）
	缺陷管理（IM3）	缺陷分析（IM3 -1）
		缺陷披露与报告（IM3 -2）
		缺陷整改（IM3 -3）

表 6 -2　企业内部控制监测指标举例

大类	小类	识别指标	监测指标	备注
控制活动	业务过程控制	销售业务	明确了销售业务包含的所有活动 销售业务过程及子过程流程清晰 明确销售业务过程及子过程的关键风险点 针对所有关键风险点设置了控制措施 控制措施设置中坚持了不相容职务分离 业务过程中所有交易是否都有完整记录 业务过程中所有交易信息都记录准确 业务过程中所有记录的交易都是有效的 相关业务过程及子过程得到有效执行	“业务过程控制”类监测指标设计主要包含三方面： ①过程是否清晰 ②过程是否处于控制中 ③控制是否有效
内部环境	公司治理	治理结构	按照相关法规建立股东大会、董事会、监事会及管理层的治理架构 董事会、监事会和管理层的角色、职责和授权明确 董事会下设专门委员会并具有独立性和专业性 监事会具有足够的独立性 董事会、监事会及管理层的人员结构合理，且均具备履职能力	

续表

大类	小类	识别指标	监测指标	备注
内部环境	公司治理	议事规则与程序	董事会、监事会及管理层的产生程序合法合规 企业的决策权、执行权和监督权相互分离，形成制衡 建立了企业重大决策、重大事项、重要人员任免及大额资金支付的程序并有效执行 建立了对管理层的必要权力监督和约束机制	

6.1.2 指标赋值方法

研究中需要采集的样本数据包括各个监测周期内①企业内部控制监测指标数据、识别指标数据和每个周期末认定的缺陷等级数据。

监测指标数据采用人工打分的方法采集。打分依据的原始资料主要包括三类：①公司年报、内部控制自我评价报告、内部控制审计报告、社会责任报告、可持续发展报告等定期报告；②公司临时报告、公司规章制度、被执行行政处罚、市场禁入和上市公司纪律处分的决定，以及其他重大事件等信息；③财政部关于 2011 年、2012 年、2013 年企业内部控制实施情况分析报告，审计署发布的审计公告等资料。上述资料主要来源于证券交易所网站、公司网站，以及财政部、审计署、中国证监会等监管部门网站上公开披露的信息。

采集样本数据时，可以对各企业的大类指标进行打分，也可以对小类指标进行打分，还可以对识别指标和监测指标进行打分。指标划分得

① 本书研究的监测周期设为年度。

越细，对其打分的准确度就越高。

由于数据量较大，需要不同人分别进行打分。为了尽量避免不同人打分造成的误差，需要选取对内部控制业务比较熟悉的人员参与评分。研究制定了统一的打分标准，在评分之前须要有评分经验的人对参与评分的人员进行培训。评分的过程至少需要一个人评分，另一个人审核，或者两个人分别评分，再取平均值，也可以采取多人评分取平均值的做法。无论采取哪种做法，目的都是尽量消除由于个人因素造成的打分结果的误差。针对监测指标，评估标准如表 6－3。

表 6－3　　监测过程指标的评分标准

监测指标的评分依据	评分
控制措施完善，大部分措施得到执行 有控制措施，完全按照措施执行 控制措施完善，全部按照控制措施执行	2
控制措施比较完善，执行控制措施的一部分 控制措施比较完善，基本按照控制措施执行	1
没有控制措施 有措施，但没有执行 有控制措施，但执行较差	0

6.2　企业内部控制缺陷严重程度等级确定

企业内部控制缺陷严重程度等级的数据来源于企业公布的内部控制评价报告。研究将缺陷严重程度等级分为三类：重大缺陷、重要缺陷和一般缺陷（含不存在缺陷）。有些企业在内部控制自我评价报告中声称不存在内部控制缺陷，也将其归为一般缺陷类（见表 6 -4）。

表 6 -4　企业内部控制缺陷等级的判定

四级指标的评分依据	内控缺陷等级
存在重大缺陷	1
存在重要缺陷，但不存在重大缺陷	2
仅存在一般缺陷或不存在缺陷	3

6.3　研究样本分析

6.3.1　样本选择

需要采集的企业样本数据包括在每个周期内，企业的各个内部控制过程指标的得分，以及该企业在每个周期末认定的该企业内部控制缺陷的严重程度等级。内部控制过程指标的得分将作为 BP 神经网络输入层的输入信号源，而企业内部控制缺陷的严重程度等级将作为 BP 神经网络输出层神经元的输出信号。

为了保证样本公司建设内部控制时都是遵循我国企业内部控制规范体系，本研究的实验样本从 2011 年、2012 年和 2013 年执行《企业内部控制基本规范》的上市公司中选取，也就是样本范围选取财政部、中国证监会《关于 2012 年主板上市公司分类分批实施企业内部控制规范体系的通知》要求里纳入实施范围的上市公司①。于是，训练内部控

① 境内外同时上市公司、中央和地方国有控股主板上市公司，以及非国有控股主板上市公司，且于 2011 年 12 月 31 日公司总市值（中国证监会算法）在 50 亿元以上，同时 2009 年至 2011 年平均净利润在 3000 万元以上。

制缺陷诊断模型的样本选取为三部分：一部分是 2011 年至 2013 年 3 年中纳入实施范围的上市公司里披露存在内部控制重大缺陷、内部控制评价无效和审计给出否定意见的公司，2011 年 2 家、2012 年 8 家、2013 年 19 家；一部分是 2011 年至 2013 年 3 年中纳入实施范围的上市公司里披露存在内部控制重要缺陷的公司，2011 年 7 家、2012 年 19 家(22)、2013 年 30 家；第三部分是与上述公司的规模相似和行业相同(根据中国证监会的划分依据）的上市公司作为对照样本。如果一家公司在两年内都存在重大缺陷或重要缺陷，则将其视为两个样本。我们初始选取 31 家有重大缺陷的公司、54 家存在重要缺陷的公司和 161 家只存在一般缺陷的对照样本公司。

由于采用 BP 算法进行模拟训练时样本是随机抽取的，让总样本中各类样本数量相同可以使每类样本被抽中的机会大致相等。如果某一类样本数量太大，随机抽中其他类样本的机遇降低，BP 神经网络获取这些类样本的知识就相对减少，会导致降低模型对这些类样本的识别率。为了避免由于某类样本过多可能出现影响模型识别准确度的情况的发生，以重大缺陷样本数量为基准，对初选样本中存在重要缺陷和一般缺陷的样本进行了二次筛选，随机选取样本 31 个，最终研究样本 93 个。由于与验证过程相比，充足的训练对保证模型准确度更重要，确定训练样本和检验样本数量时采取了折中做法，采用 2:1 的比例，即模型学习训练中每次随机选取 62 个作为训练样本，剩余 31 个作为检验样本，这样在保证模型得到充分训练的同时也能有充足样本对模型应用效果进行有效验证。最终选取的样本公司如表 6 -5 所示。

表 6－5　　　　样本公司①

存在重大缺陷的公司		存在重要缺陷的公司		对照样本	
证券代码	证券简称	证券代码	证券简称	证券代码	证券简称
000061	农产品	000009	中国宝安	600456	宝钛股份
000155	川化股份	000034	深信泰丰	600500	中化国际
000912	泸天化	000089	深圳机场	600536	中国软件
600256	广汇能源	000401	冀东水泥	600675	中华企业
600319	＊ST 亚星	000520	长航凤凰	600995	文山电力
600586	金晶科技	000528	柳工	000429	粤高速 A
600689	＊ST 三毛	000536	华映科技	000722	湖南发展
601788	光大证券	000719	大地传媒	000758	中色股份
600315	上海家化	000736	中房地产	000825	太钢不锈 2
600368	五洲交通	000737	南风化工	000877	天山股份
600469	风神股份	000950	建峰化工	000932	华菱钢铁 2
601168	西部矿业	002161	远望谷	002092	中泰化学
601558	＊ST 锐电	200992	中鲁 B	002208	合肥城建
600800	天津磁卡	600132	重庆啤酒	600018	上港集团
600403	大有能源	600217	秦岭水泥	600072	＊ST 钢构
600873	梅花生物	600238	海南椰岛	600131	岷江水电
600552	方兴科技	600326	西藏天路	600251	冠农股份
000652	泰达股份	600418	江淮汽车	600266	北京城建
600598	＊ST 大荒	600444	＊ST 国通	600270	外运发展
600215	长春经开	600506	香梨股份	600343	航天动力
600301	＊ST 南化	600539	ST 狮头	600389	江山股份
600189	吉林森工	600701	工大高新	600488	天药股份
600087	＊ST 长油	600713	南京医药	600560	金自天正
600598	北大荒	600793	ST 宜纸	600685	广船国际
600970	中材国际	600808	马钢股份	600702	沱牌舍得
000833	贵糖股份	600835	上海机电	600710	常林股份
600800	天津磁卡	600971	恒源煤电	600761	安徽合力
000058	深赛格	601866	中海集运	600802	福建水泥
000756	新华制药	601958	金钼股份	601669	中国电建
		002066	瑞泰科技	601801	皖新传媒
				601901	方正证券 2

① 有公司两年存在重大或重要缺陷，表中只列一遍。

6.3.2 样本数据采集

对各样本公司的内部控制监测指标和缺陷等级进行汇总后，可以得到样本公司内部控制监测指标及缺陷等级矩阵$A_{93\times312}$。该矩阵表示 93 家上市公司，每个公司有 312 列数据，其中第 1 列为缺陷等级，其余 311 列为该公司四级内部控制监测指标数据。由于屏幕大小的限制，本章只截取了 A1:P33 单元格区域的数据。图 6－1 为 Excel 工作表中数据显示的截图。

	A	B	C	D	E	F	G	H	I	J	K	L	M	N	O	P
1	指标编码一	缺陷等级	IE1-1-1	IE1-1-2	IE1-1-3	IE1-1-4	IE1-1-5	IE1-2-1	IE1-2-2	IE1-2-3	IE1-2-4	IE2-1-1	IE2-1-2	IE2-1-3	IE2-1-4	IE2-1-5
2	指标编码二		A-1-1	A-1-2	A-1-3	A-1-4	A-1-5	A-2-1	A-2-2	A-2-3	A-2-4	B-1-1	B-1-2	B-1-3	B-1-4	B-1-5
3	二级指标		A	A	A	A	A	A	A	A	A	B	B	B	B	B
4	三级指标		1	1	1	1	1	2	2	2	2	1	1	1	1	1
5	四级指标		1	2	3	4	5	1	2	3	4	1	2	3	4	5
6	000058深赛格	1	2	2	2	2	2	2	2	2	0	0	2	0	2	2
7	000756新华制药	1	2	2	2	2	2	2	2	2	0	0	0	0	2	2
8	600215长春经开	1	2	2	2	2	2	2	2	2	2	2	0	1	2	2
9	600301*ST南化	1	2	2	2	2	2	2	2	0	0	2	2	1	0	0
10	600189吉林森工	1	2	2	2	2	2	2	2	2	2	2	0	1	0	0
11	600087*ST长油	1	2	2	2	2	2	3	2	2	2	0	0	1	2	0
12	600598北大荒	1	2	2	0	0	1	0	0	0	0	0	1	0	0	0
13	600970中材国际	1	2	2	2	2	2	2	2	2	2	2	0	1	2	0
14	000833贵糖股份	1	2	2	2	2	2	2	2	2	2	2	2	1	2	0
15	600800天津磁卡	1	2	2	2	2	2	2	2	2	2	0	0	1	0	0
16	000061农产品	1	2	2	2	2	2	2	1	2	2	0	0	2	1	2
17	000155川化股份	1	2	2	2	2	2	2	2	2	2	0	0	0	1	0
18	000912泸天化	1	2	2	2	2	2	2	1	2	1	0	2	1	2	2
19	600256广汇能源	1	2	2	2	2	2	2	2	2	2	2	0	0	2	0
20	600319*ST亚星	1	2	2	2	2	2	2	2	2	2	0	0	0	0	0
21	600586金晶科技	1	2	2	2	2	2	2	2	2	2	0	0	0	0	0
22	600689*ST三毛	1	2	2	2	2	2	2	2	2	2	0	0	0	0	0
23	601788光大证券	1	2	2	2	2	2	2	2	1	2	0	0	0	0	0
24	600315上海家化	1	2	2	2	2	2	2	2	2	2	0	0	0	0	0
25	600368五洲交通	1	2	2	2	0	2	2	0	0	0	0	1	1	0	0
26	600469风神股份	1	2	2	2	2	2	2	2	2	2	0	0	0	2	0
27	601168西部矿业	1	2	2	2	2	2	2	2	1	2	0	0	0	0	0
28	601558*ST锐电	1	2	2	2	2	2	2	2	2	2	0	0	0	0	0
29	600800天津磁卡	1	2	2	2	2	2	2	2	1	2	0	0	0	0	0
30	600403大有能源	1	2	1	1	1	1	1	0	0	0	0	0	0	0	0
31	600873梅花生物	1	2	2	2	2	2	2	2	2	2	0	0	0	0	0
32	600552方兴科技	1	2	2	2	0	2	2	0	0	0	0	0	0	2	0
33	000652泰达股份	1	2	2	2	2	2	2	2	2	2	0	0	0	2	0

图 6－1　内部控制监测指标和缺陷等级数据

对全部样本公司数据按照识别指标进行分类汇总可以得到$A_{93\times62}$的矩阵，进一步按小类指标进行分类汇总可以得到$A_{93\times20}$的矩阵，按大类指标进行分类汇总，可以得到$A_{93\times62}$的矩阵。图 6－2 为识别指标汇总数据。

各级指标汇总数据都可以应用于 BP 神经网络的训练、预测和验证。为了避免监测指标数据的输入信号维数过大，同时避免小类指标数据和大类指标数据的输入信号维数过小，容易造成较大误差的问题，实际的实验过程中选取了识别指标汇总数据。图 6－2 中 C1∶AR2 单元格区域为识别指标编码，C3∶AR33 单元格区域是按照识别指标对内部控制监测指标数据进行分类汇总后的数据。

	A	B	C	D	E	F	G	H	I	J	K	L	M	N	O	P	Q	R
1		指标	A		B		C		D			E		F				
2	公司名	缺陷等级	1	2	1	2	1	2	1	2	3	1	2	1	2	3	4	5
3	求和项:000058深赛格	1	10	6	6	3	6	4	6	4	2	3	6	0	0	0	2	0
4	求和项:000756新华制药	1	10	6	4	3	2	4	0	2	2	3	5	1	6	2	2	0
5	求和项:600215长春经开	1	10	8	7	6	0	0	2	1	2	6	6	6	0	4	2	0
6	求和项:600301*ST南化	1	10	4	5	6	6	4	4	4	0	5	4	8	2	6	2	0
7	求和项:600189吉林森工	1	10	8	3	6	6	4	6	4	2	6	6	4	2	4	4	0
8	求和项:600087*ST长油	1	10	8	3	4	6	4	4	4	2	6	6	2	2	0	2	0
9	求和项:600598北大荒	1	4	0	0	0	0	0	0	0	0	0	0	8	2	6	2	0
10	求和项:600970中材国际	1	10	8	5	8	6	4	4	6	0	6	6	8	0	4	4	4
11	求和项:000833贵糖股份	1	10	8	7	6	6	4	6	4	2	5	6	4	0	4	2	0
12	求和项:600800天津磁卡	1	10	8	1	4	6	4	4	4	0	3	0	8	4	4	2	0
13	求和项:000061农产品	1	10	7	5	3	5	2	1	2	2	4	6	8	6	4	2	4
14	求和项:000155川化股份	1	10	8	1	5	6	2	4	4	2	2	6	6	4	6	2	0
15	求和项:000912泸天化	1	10	6	7	4	6	4	6	4	2	0	0	4	4	4	2	0
16	求和项:600256广汇能源	1	10	8	4	6	6	4	6	4	0	5	6	0	0	0	2	4
17	求和项:600319*ST亚星	1	10	8	0	1	5	4	3	3	0	0	0	0	2	4	2	0
18	求和项:600586金晶科技	1	10	8	0	4	0	1	1	2	0	0	0	1	0	0	2	0
19	求和项:600689*ST三毛	1	10	8	0	2	6	4	3	3	0	0	4	4	0	0	2	0
20	求和项:601788光大证券	1	10	7	0	0	6	4	6	6	2	3	3	0	6	4	4	4
21	求和项:600315上海家化	1	10	8	0	4	5	4	3	4	0	0	4	0	2	0	4	0
22	求和项:600368五洲交通	1	8	2	2	5	3	2	6	5	0	2	4	8	5	0	0	0
23	求和项:600469风神股份	1	10	8	2	2	5	4	4	3	0	3	1	6	6	2	4	4
24	求和项:601168西部矿业	1	10	7	0	4	5	4	4	5	0	3	3	2	0	6	4	4
25	求和项:601558*ST锐电	1	10	8	0	3	6	4	2	2	0	3	4	8	0	0	2	0
26	求和项:600800天津磁卡2	1	10	7	0	3	6	4	0	1	0	4	5	8	6	5	4	4
27	求和项:600403大有能源	1	6	1	0	0	0	0	2	2	0	0	0	4	2	2	1	0
28	求和项:600873梅花生物	1	10	8	0	2	5	4	4	3	0	3	5	1	6	5	4	4
29	求和项:600552方兴科技	1	8	2	2	6	6	4	0	0	0	0	0	4	3	2	2	0
30	求和项:000652泰达股份	1	10	8	2	8	6	4	4	8	0	5	4	8	0	4	4	3

	A	S	T	U	V	W	X	Y	Z	AA	AB	AC	AD	AE	AF	AG	AH	AI	AJ	AK	AL	AM	AN	AO	AP	AQ	AR
1		G		H						I		J		K	L												
2	公司名	1	2	1	2	3	4	5	6	1	2	1	2	1	1	2	3	4	5	6	7	8	9	10	11	12	13
3	求和项:000058深赛格	7	4	18	6	4	8	4	4	4	4	6	8	5	0	0	0	0	0	0	9	0	0	0	10	9	9
4	求和项:000756新华制药	7	2	18	6	4	8	4	4	0	0	0	4	0	0	9	9	9	0	11	9	9	9	9	10	9	9
5	求和项:600215长春经开	4	2	18	6	4	8	2	4	0	0	0	4	0	0	9	0	9	10	11	9	0	14	0	20	0	18
6	求和项:600301*ST南化	6	4	18	6	4	10	6	4	4	4	4	4	6	18	9	9	9	7	11	18	9	9	18	20	9	9
7	求和项:600189吉林森工	8	4	0	0	0	0	0	0	0	0	0	0	0	0	0	0	0	0	0	0	0	0	0	0	0	0
8	求和项:600087*ST长油	2	0	18	6	4	10	4	4	4	4	6	8	6	9	9	8	9	10	11	9	9	9	9	10	9	9
9	求和项:600598北大荒	0	0	18	6	4	2	0	3	0	0	0	4	0	9	9	9	9	0	11	9	0	9	8	7	0	7
10	求和项:600970中材国际	2	2	18	6	4	10	4	4	0	0	0	4	0	8	9	9	0	0	6	9	18	18	9	20	0	9
11	求和项:000833贵糖股份	6	0	18	6	4	6	6	4	4	4	6	8	6	18	9	13	0	20	22	18	18	18	18	0	18	18
12	求和项:600800天津磁卡	4	0	18	6	4	4	6	4	4	4	5	6	6	0	9	9	5	10	0	9	9	9	9	0	9	9
13	求和项:000061农产品	8	4	18	6	4	8	4	4	4	4	6	6	6	9	9	9	9	4	11	9	9	9	9	0	9	9
14	求和项:000155川化股份	2	2	18	9	4	8	6	4	4	4	6	8	6	9	9	9	9	10	11	9	9	9	4	10	9	9
15	求和项:000912泸天化	7	1	18	8	4	5	6	4	4	4	6	6	6	9	9	9	9	10	11	9	9	9	4	10	9	0
16	求和项:600256广汇能源	7	3	18	8	4	8	6	4	5	5	6	8	6	18	6	18	9	20	22	9	18	6	18	10	18	18
17	求和项:600319*ST亚星	1	0	18	6	4	4	6	4	5	4	6	8	6	9	6	9	5	10	11	9	9	9	9	10	9	9
18	求和项:600586金晶科技	1	0	18	8	4	8	6	4	0	0	0	8	6	9	8	9	9	10	11	9	9	9	9	10	9	9
19	求和项:600689*ST三毛	1	0	18	6	4	6	4	4	0	0	0	6	6	9	9	7	9	10	11	9	9	9	9	10	9	9
20	求和项:601788光大证券	7	4	18	7	4	6	6	3	0	0	0	5	6	9	9	9	9	10	11	9	9	8	9	10	9	0
21	求和项:600315上海家化	5	2	18	7	4	6	6	4	5	5	6	6	6	2	9	2	9	10	11	9	9	9	9	4	0	9
22	求和项:600368五洲交通	8	5	21	5	3	6	4	4	0	0	0	4	0	9	9	0	9	10	11	9	9	9	9	8	0	2
23	求和项:600469风神股份	5	4	18	6	4	8	6	4	4	4	6	7	6	2	9	9	9	10	11	9	9	9	9	2	9	9
24	求和项:601168西部矿业	7	3	18	6	5	8	6	3	5	4	4	8	6	0	9	9	9	10	11	9	9	9	9	10	9	9
25	求和项:601558*ST锐电	1	4	18	7	4	7	4	4	6	5	6	8	6	9	9	9	0	10	10	9	9	9	9	10	9	9
26	求和项:600800天津磁卡2	7	4	18	7	4	4	6	4	5	5	5	3	6	0	9	9	9	0	11	9	9	9	0	0	9	9
27	求和项:600403大有能源	0	0	17	5	3	0	3	3	0	0	0	0	0	0	9	9	9	10	11	9	9	9	9	10	0	9
28	求和项:600873梅花生物	5	4	18	8	4	8	6	4	5	4	6	8	6	9	6	8	9	10	11	9	9	9	9	10	9	9
29	求和项:600552方兴科技	0	0	17	5	3	0	3	3	0	0	0	0	0	9	9	9	9	0	11	9	9	9	9	10	9	9
30	求和项:000652泰达股份	6	6	18	6	4	0	6	4	4	4	4	4	6	9	9	9	9	10	11	9	9	9	9	10	9	0

图 6－2 按照识别指标对内部控制监测指标数据进行分类汇总后的数据

6.3.3 样本数据归一化预处理

为了避免由于不同样本识别指标数据差异过大可能导致的模型分析产生较大误差，研究中采用最大最小法对数据进行了归一化处理。训练模型时首先将作为输入信号的识别指标数据归一到［0，1］之间，利用模型进行缺陷等级识别时又将输出信号执行归一化逆操作，转换为实际内部控制缺陷等级。

图 6－2 所显示的数据可以看出，有些列的数据变化幅度较大，比如 C 列、U 列、AJ 列和 AK 列等，有些列的数据变化幅度较小，如 H

列和 K 列等。数据变化幅度的差距较大会造成神经网络识别的误差较大，使用这些数据对神经网络进行训练之前，需要先将这些数据进行归一化预处理。所谓归一化处理就是将各列数据都变换到一个统一的数据范围之内，例如[0,1]之间。对数据归一化通常采用以下两种方法：

（1）最大最小法

假如x_i（$i=1,\cdots,n$）为一列输入数据，其中$x_{\max}$为该列数中最大的数，x_{min}为该列数中最小的数，则可作如下的变换：

$$x_i=\frac{x_i-x_{min}}{x_{\max}-x_{min}}$$

这种方法可将一列数变换为[0,1]之间的数。

（2）平均数方差法

假如x_i（$i-1,\cdots,n$）为一列输入数据，其中x_{mean}为该列数的平均数，x_{var}为该列数的方差，则可作如下的变换：

$$x_i=\frac{x_i-x_{mean}}{x_{var}}$$

这种方法可将一列数变换为[−1,1]之间的数。

利用样本数据对神经网络进行训练，以及利用神经网络对企业内部控制缺陷严重程度等级进行识别时，需要采用同一种数据归一化方法。另外，对神经网络识别的输出信号，需要利用归一化方法的逆操作，将识别出的[0,1]或[−1,1]之间的输出信号转换为实际的输出信号。对于输出信号，研究采用的样本数据为 1、2 或 3，在采用最大最小法将输出信号变换为[0,1]之间的数利用神经网络识别缺陷等级时，输出的信号也在[0,1]范围之内，需要一个附加的变换，将识别出的[0,1]之间的数据变换成 1、2 或 3，以便适合我们划分缺陷等级的习惯。

6.4 样本公司内部控制缺陷分析

6.4.1 重大缺陷样本

6.4.1.1 2013 年样本公司

（1）SHSM 集团公司

2013 年 SHSM 集团公司内控自我评价发现，公司报告期内存在重大缺陷 1 个。该缺陷是 SHSM 集团原控股子公司 SHSM 进出口有限公司因受“美梭案”影响，涉案商品无法办理退税、已退税的被采取税收保全措施，而且由于公司大额应收账款逾期未能收回、大额银行贷款逾期未能归还，无法继续经营，已于 2013 年 6 月 1 日开始清算，直接导致集团公司连续两年合并报表亏损。同时还发现该子公司在“美梭案”相关业务中被非善意贸易对象利用贸易习惯造成公司损失。另一控股子公司 SHSJ 进出口有限公司也存在对海外客户和实际贸易方进行调查和管控力度不够的缺陷。

外部审计出具了带强调事项的内部控制审计报告。针对上述重大缺陷，集团采取的整改措施是：①将客户按等级进行分级管理。②将供应商进行 ABC 三档分类管理。守信誉，长期合作的归 A 类优质供应商，有污点或有风险的供应商归为 C 类，其他归 B 类。③对合同贸易方、收货单位及付款单位不一致的交易，要求贸易合同方出具委托收货和委托付款依据。④集团层面制定专项监管制度，对持续时间长、交易量较大的子公司业务，实施定期内部审计监管。

（2）SHJH 联合股份有限公司

SHJH 联合股份有限公司 2013 年内控自我评价发现存在内部控制重大缺陷 3 个：

- 关联交易管理中缺少主动识别、获取及确认关联方信息的机制，也未明确关联方清单维护的频率，影响财务报表中关联方及关联方交易完整性和披露准确性，与之相关的财务报告内部控制设计失效。

- 部分子公司未建立会计期末对当期应付未付的销售返利和运输费用总额进行统计和预提的内部控制。

- 财务人员专业培训不充分，会计人员对最新会计准则掌握不准确、财务报告及披露的审核流程部分运行失效，未能及时发现会计分类差错，影响财务报表中多个会计科目的准确性。

外部审计认为公司未能在所有重大方面保持有效的财务报告内部控制。

公司实施的整改措施包括：①制定《上海家化联合股份有限公司关联交易管理制度》，建立关联交易管理机制和控制程序。②针对子公司未完成销售返利和运输费用统计和预提的问题，公司编制 2013 年财务报表时进行了预提，并对前期相应数据进行了追溯调整及重述。③公司承诺将加强财务人员培训，防止出现会计处理的重大差错。

（3）FSGF 有限公司

FSGF 有限公司报告期内存在内部控制重大缺陷 2 个：

- 公司控制制度中缺少已发生三包返利会计处理时限的相关规定，无法保证已发生费用的及时准确核算。

- 公司销售流程中开具发货通知单后直接将信息传递到销售发票开具环节，可能会造成已开具销售发票的收入中部分收入确认不符合

《企业会计准则》确认条件。

外部审计认为，由于重大缺陷影响风神股份在2013年未能保持有效的财务报告内部控制。

公司采取的控制措施包括：①对2012年及以前年度期末余额进行追溯更正调整，对于销售返利跨期事项作为前期会计差错进行了追溯调整，2013年当期报表严格按照权责发生制原则进行账务处理。②编制2013年度财务报表时对主营业务收入进行了调整，并对前期对应数据进行了追溯调整及重述。

（4）HRFD科技股份有限公司

HRFD科技股份有限公司2013年存在重大缺陷1个：存货管理制度的执行存在重大缺陷。

外部审计认为，HRFD于2013年未能在所有重大方面保持有效的财务报告内部控制。

（5）MHSW科技集团股份有限公司

MHSW科技集团股份有限公司报告期内存在重大缺陷1个，一般缺陷35个。重大缺陷是全资子公司XJMH氨基酸有限责任公司在2013年12月20日发生了因运输车辆故障而引发的粉尘爆炸事件。

外部审计认为，集团于2013年在所有重大方面保持了有效的财务报告内部控制。该意见不对非财务报告内部控制重大缺陷提供保证。

（6）FXKJ股份有限公司

安徽FXKJ股份有限公司报告期内存在重大缺陷1个。该缺陷是公司用募集资金购买理财产品事前未履行董事会审议程序，事后也未按规定及时披露。

外部审计认为，FXKJ于2013年在所有重大方面保持了有效的财务报告内部控制。

(7) CHGF

CHGF 有限责任公司报告期内存在非财务报告内部控制重大缺陷 1 个。该重大缺陷是公司及所属子公司高管薪酬由控股股东母公司 SCHG 控股（集团）有限责任公司考核确定，而非公司董事会确定。

外部审计对公司 2013 度财务报告内部控制的有效性发表了带强调事项段的审计意见。

(8) LTH 股份有限公司

LTH 是生产合成氨和尿素的企业。公司在报告期内发现非财务报告内部控制重大缺陷 2 个：

- 公司及所属子公司高管薪酬由所在公司支付，但不由公司董事会确定，而由母公司四川化工控股（集团）有限责任公司考核确定。因此高管薪酬受控于控股股东，缺乏独立性。

- 用银行存款为控股股东作质押担保时未按照《四川泸天化股份有限公司对外担保管理制度》的规定及时履行信息披露义务。

外部审计对公司 2013 年财务报告内部控制的有效性发表了带强调事项段的审计意见报告。

(9) GHNY 公司

GHNY 公司报告期内存在非财务报告内部控制重大缺陷 1 个。该缺陷是：2013 年 4 月 6 日，控股子公司 XJGH 新能源有限公司某 LNG 项目工厂区 A 系列 B 煤气水贮槽发生爆炸燃烧事故，造成了经济损失，未造成人员伤亡。

外部审计认为，GHNY 2013 年财务报告内部控制在所有重大方面保持了有效性。由于上述重大缺陷，外部审计出具了带强调事项的审计意见。

(10) NCP 股份有限公司

NCP 股份有限公司报告期内存在非财务报告内部控制重大缺陷 1 个。该缺陷是：2013 年 8 月，下属子公司成都农产品中心批发市场有限公司原出纳非法盗用公司印章，以盗开现金支票和转账支票等方式盗取公司资金 3025 万元用于个人白银期货买卖。

外部审计对公司 2013 年度的财务报告内部控制出具了带强调事项的审计报告。

（11）OYNY 股份有限公司

河南 OYNY 股份有限公司报告期内存在 3 个重大缺陷：

- 公司因涉嫌违反证券法律法规被中国证监会立案调查。
- 全资子公司 TJYH 2013 年变更销售模式未及时确认关联方及关联方交易，未履行相应决策程序，与之相关的财务报告内部控制运行失效。
- TJYH 管理层越权将露天采矿权转让给 MLMY，公司对该重大事项未履行相应决策程序，也未及时披露。

基于上述内控重大缺陷，外部审计出具了否定意见的内部控制审计报告。

（12）XBKY 集团有限公司

XBKY 集团有限公司报告期内存在重大缺陷 2 个。这两个重大缺陷是某子公司 2013 年在长期贸易合同的签订、执行中没有按照公司内部控制手册规定的流程完整履行授权审批程序；该子公司对部分客户的授信和赊销也存在未完整履行授权审批程序的情况。

外部审计针对公司 2013 年度财务报告内部控制出具了否定意见的内部控制审计报告。

6.4.1.2 2012 年样本公司

(1) BDH 农业股份有限公司

BDH 农业股份有限公司 2012 年内控评价认定存在重大与重要缺陷 13 个。这些缺陷是：

- 公司缺乏发展战略，造成盲目投资决策，可能损害公司的长远利益，比如涉足与主业不相关的房地产行业。
- 管理层逾越管理权限，大额资金运作审批程序执行不充分，比如拆借资金、对外提供财务资助应提交董事会审批，但管理层越权审批。
- 违规向公司控股股东提供借款。
- 总经理办公会会议机制落实不到位。
- 公司对子公司未实施有效管理。
- 公司未及时履行信息披露义务。
- 子公司"三会"运行不规范。
- 关联交易未按制度规定履行审批程序。
- 公司重大信息内部报告制度未有效执行。比如分子公司发生的对外借款、关联交易、对外担保、重大经营变化、计提大额资产减值准备、委托理财等应报告的重大事项未及时向公司董事会报告。
- 公司行业管理部门未充分履行职责。如工业经济部、农业生产部和经贸流通部均未参与编制公司年度预算；各分子公司的基本建设投资计划均由发展计划部直接负责管理，上述三部门未参与；工业经济部和农业生产部未对分子公司的重大合同进行审查。
- 岗位职责说明书未明确任职资格要求。
- 未实施关键岗位人员的定期轮换。

- 分子公司未定期上报预算执行情况说明。

外部审计出具了保留意见的内部控制审计报告。

（2）GT 股份有限公司

广西 GT 股份有限公司 2012 年存在内部控制缺陷 1 个。该缺陷是：公司成本核算不准确。大宗原材料成本核算基础薄弱，部分暂估入账的大宗原材料缺少原始凭证，影响该存货发出成本结转与期末计价的正确性，与此相关的财务报告内部控制运行失效。

外部审计对公司 2012 年财务报表发表了标准审计意见，但对财务报告内部控制出具了否定审计意见。

（3）CHYY 股份有限公司

中国 CJHY 集团某油运股份有限公司 2012 年存在非财务报告内部控制重大缺陷 1 个、一般缺陷 11 个。该重大缺陷是：子公司 CHYY（新加坡）有限公司对供应商信息管理不健全，且未建立供应商信息共享机制。

外部审计给公司 2012 年度财务报表出具了带强调事项段的保留审计意见。

（4）JLSG 股份有限公司

JLSG 股份有限公司报告期内存在非财务报告内部控制重大缺陷 1 个。该缺陷是：公司新设子公司长春市 JSTD 小额贷款有限责任公司对控制单一客户贷款余额制度的执行存在重大缺陷。

外部审计对公司 2012 年度财务报表发表了标准审计意见，认为公司在所有重大方面保持了有效的财务报告内部控制。

（5）CCJK（集团）股份有限公司

CCJK（集团）股份有限公司报告期内存在非财务报告内部控制重大缺陷 4 个：

- 编制了企业发展战略，但未履行相关审批程序。
- 已建立全面预算相关制度和流程，但在实际执行中有缺陷。
- 已建立员工绩效考核体系，但未全面落地执行。
- 已建立合同管理制度和工作流程，但在承接工程项目中存在部分项目先开工建设，后补签合同现象。

外部审计对公司 2012 年度财务报表发表了标准审计意见，认为公司在所有重大方面保持了有效的财务报告内部控制。

（6）NNHG 股份有限公司

NNHG 股份有限公司报告期内存在非财务报告内部控制重大缺陷 1 个。该缺陷是 NNHG 的“三重一大”决策制度中部分重大事项的范围、权限和决策程序未进行明确规定。

外部审计对公司 2012 年度财务报表发表了带强调事项段的无保留意见审计报告。对财务报告内部控制给出了在所有重大方面有效的结论。

（7）TJCK 股份有限公司

TJCK 股份有限公司报告期内存在 5 个缺陷：

- 公司未做到固定资产每年全部盘点，存货盘点结果也未及时进行账务处理。
- 公司业务部门对部分活件未订立销售合同而以订单代替，虽然公司建立了按月对账制度，但该制度未得到有效执行，导致往来账户长期和经常出现差异未被发现，在结账环节未合理确定本期应计提的坏账准备。
- 公司未建立投资业务会计系统控制，未能及时、准确地确认投资收益及合理计提减值准备。
- 公司缺乏有效销售业务会计系统控制，存在未发货而提前确认销售收入、未确认成本；已发货、满足收入确认条件而未确认收入和成本的现象。

- 公司没有建立期末财务报告流程控制制度，财务报告编制过程中各种数据的输入、处理、输出没有进行控制复核，缺少管理层及治理层人员对期末财务报告的监控流程。

外部审计出具了否定意见的内部控制审计报告。

（8）ZCGJ 股份有限公司

ZCGJ 股份有限公司报告期内子公司中国 ZCDF 国际贸易有限公司存在非财务报告内部控制重大缺陷 2 个：

- 该子公司对行业危机应对不及时，对部分交易对手的诚信缺失程度估计不足，导致在票据传递过程中个别交易对手伪造签章等资料，少量票据未能传递给票据收款人。

- 对第三方保管的存货缺乏全面监控，导致部分存货出现所有权纠纷、相关交易无法按预期完成。

外部审计给出了公司在所有重要方面保持了有效财务报告内部控制的意见。

6.4.1.3 2011 年样本公司

（1）SSG 股份有限公司

SSG 股份有限公司报告期内存在重大缺陷 19 个。其中，采购业务管理 2 项、固定资产管理 2 项、合同管理 5 项、预算管理 2 项、人力资源管理 1 项、运营管理 2 项、销售管理 4 项、投资业务 1 项。

外部审计对公司 2011 年度的财务报表发表了标准审计报告，未见内控审计意见。

（2）XHZY 公司

山东 XHZY 公司报告期内存在重大缺陷 1 个。该缺陷是：子公司山东 XHYY 贸易有限公司内部控制制度缺少多头授信的明确规定。在实际执行中，医贸公司的鲁中分公司、工业销售部门、商业销售部门分别向同一客户授信，造成授信额度过大，对部分客户授信超出其注册资本，违反了医贸公司内部控制制度规定。同时还存在未经授信就发货的情况。

外部审计出具了否定意见的内部控制审计报告。

6.4.2　重要缺陷样本

6.4.2.1　2013 年样本公司

（1）SZJC 公司

SZJC 公司 2013 年主要对公司本部各职能部门、一线生产单位、地面服务分公司、商业开发分公司、深圳机场 WLY 发展有限公司、深圳市机场 HKHY 有限公司进行了内控评价。发现报告期内财务报告内部控制无重大缺陷，存在重要缺陷 1 个。该缺陷是：关联交易制度中未明确相关部门的职责及关联交易定价机制，关联交易运行管理中缺少主动识别、获取及确认关联交易的机制，导致部分关联交易未被及时识别并履行相关的审批和披露事宜，影响财务报表中关联交易完整性和披露准确性。

（2）JDSN 股份有限公司

唐山 JDSN 股份有限公司 2013 年对公司总部、47 家控股子（分）公司进行了内控评价。被评价单位资产总额、营业收入合计分别占公司合并报表的 95% 和 93% 。发现报告期内财务报告内部控制不存在重大缺陷，存在 2 项重要缺陷。重要缺陷是：

• 未建立有效备件库存预警机制及对技改更新备件的处理方案。

• 部分公司大宗原燃材料盘点使用的容重各月不一致，且未对容重差异的合理性进行分析和审核，可能导致盘点数据不准确。

（3）HYKJ 有限公司

HYKJ 有限公司 2013 年按照风险导向原则对公司本部、6 家控股子公司进行了内控评价。发现报告期内财务报告内部控制不存在重大缺陷，存在重要缺陷 1 个。具体缺陷是：公司及控股子公司依需求就公司实际控制人 HYKJ 有限公司推荐的中国台湾优秀管理人才进行考核录用，上述中国台湾优秀管理人才薪酬均由 HYKJ 有限公司支付，公司未与其进行结算。该缺陷属于运行缺陷，可能造成工资薪金的记录不完整，影响费用的完整性。

（4）ZFDC 有限公司

ZFDC 有限公司 2008 年底通过定向增发公司完成重大资产重组成为 ZFDC 开发集团公司所属国有控股房地产上市公司。2013 年参与内控评价的包括公司本部和 4 家子公司。被评价单位资产总额占公司合并报表的 60.56%，营业收入合计占合并报表的 99.98%。评价认定报告期内公司不存在财务报告内部控制重大和重要缺陷，存在非财务报告内部控制重要缺陷 3 个。该缺陷是：

• 企业审计委员会和内部审计机构缺乏对内部控制的有效监督。公司内部监督机构不独立，职责存在交叉。公司风险控制部即负责内审，还兼任法务工作。根据公司组织架构，风险控制部没有完全独立于管理层。内部审计人员配备不足，监督机构部门设置和人员配备无法满足监督工作需要。

• 独立性方面存在问题。ZF 集团总部管理机构与本公司总部管理机构存在部分职能交叉重叠。

• 公司未将年度全面预算进一步分解为季度预算，预算执行缺乏监督考核制度及过程控制。

（5）NFHG 集团

NFHG 集团 2013 年内部控制评价涵盖了公司总部及 24 个分子公司。评价发现 2013 年公司存在财务报告内部控制重要缺陷 1 个。该缺陷是：2013 年公司为所属 7 家子公司的银行贷款进行了担保，但未签订反担保合同。公司《对外担保管理制度》规定“公司对外担保必须订立书面的担保合同或反担保合同”，但是《公司章程》未写明要建立违反对外担保审批权限、审议程序的责任追究制度。一旦出现风险，担保人的利益将无法维护，可能发生的追偿权也无法保障。

（6）JDZB 集团公司

JDZB 集团公司 2013 年对公司总部、3 家全资子公司和 3 家控股子公司进行了内部控制评价。发现公司非财务报告内部控制存在 1 个重要缺陷，即公司管理体系和对部分下属企业的集中统一管理存在重要缺陷。

（7）HTKJ 集团公司

中国 HTKJ 集团公司 2013 年主要对公司总部各职能部门和各子公司进行了内控评价。纳入评价的单位资产总额和营业收入均占公司合并报表的 100%。评价发现报告期内公司存在非财务报告内部控制重要缺陷 5 个，不存在重大缺陷。这些缺陷是：

•《公司合同管理办法》中已对合同编号进行要求，但实际工作中并没有严格执行。

• 合同签订前对合同调查环节管理存在缺失。未审查对方证明原件，忽视了对方主体资格审查。

• 工程项目评审与决策中没有组建项目组或委托具有资质的专业

机构对项目进行评审。

- 个别子公司未明确预算调整的具体调整条件，可能导致预算调整随意。

- 个别子公司无竞业限制协议，员工离职后可能进入竞争领域给公司造成不利影响或经济损失。

（8）NNTY 股份有限公司

NNTY 股份有限公司 2013 年主要对公司直属制糖分厂和公司二级子公司进行了内控评价。评价单位资产总额占公司合并报表的 91.13%，营业收入合计占公司合并报表的 80.15%。评价发现报告期内存在财务报告内部控制重要缺陷 5 个，其中，1 个设计缺陷，4 个运行缺陷。

设计缺陷是某子公司空白现金支票及现金支票密码都为出纳同一人保管。运行缺陷包括：

- 固定资产处置报废账务处理时间滞后。公司总部报废固定资产的审批文件未及时传达到财务，导致固定资产处置报废账务处理时间滞后。

- 固定资产入账不及时，工程项目账务处理时间滞后。

- 在建工程、工程物资结转固定资产的账务处理凭证附件不完备，仅附手工制领料明细，未附出库单、验收单、设备入库单、发票等，也未对此项固定资产做说明，无法判断该单项设备归属的项目大类及应入账时间。

- 某子公司未将工程项目发生的安装费、制作费、加工费归集到相应项目中，而按发票将不形成单项固定资产的工程费用登记为单张固定资产卡片，可能导致按卡片盘点资产时无相应实物对应。

（9）SCSM 集团

SCSM 集团 2013 年内控评价发现报告期内不存在财务报告内部控制重大缺陷，发现重要缺陷 1 个。该缺陷是：公司向关联方采购石油焦产品业务发生时未将其识别为关联方，之后发现是关联方，且相关交易未获适当审批。该缺陷被认定为运行缺陷。该关联方交易已在 2013 年度财务报告中进行了披露，对财务报告不产生任何错报影响。

（10）SDGT 集团

SDGT 集团 2013 年对公司总部、分公司和控股子公司进行了内控评价。纳入评价的单位资产总额、营业收入均占公司合并报表的 100%。评价发现报告期内公司存在非财务报告内部控制重要缺陷 1 项。该重要缺陷属于运行缺陷。该缺陷是：2013 年因公司之前未按照三方协议约定根据银行出具的提货通知发货被银行起诉，可能造成对超额发放货物货款承担连带还款责任的风险。

（11）KCGJ 公司

KCGJ 公司 2013 年内部控制评价对象资产总额、营业收入合计分别占公司合并报表的 95.27% 和 93.31%。评价发现报告期内存在非财务报告内部控制重要缺陷 1 项。该缺陷是：公司没有法务部门和人员，缺少对合同的统一规范管理、无法审核合同条款的权利义务对等性，未建立合同标准文本，存在潜在风险。

（12）XCDL 股份有限公司

XCDL 股份有限公司 2013 年纳入内控评价的单位资产总额、营业收入合计均占公司合并报表的 100 %。评价未发现非财务报告内部控制重大和重要缺陷，发现报告期内存在财务报告内部控制重要缺陷 2 个。

- 公司工程项目管理未完全按照管理制度执行，工程结算、决算不及时，部分已经不实施的工程未及时清理，可能导致固定资产、累计折旧核算滞后。

• 更新改造拆除的废旧物资入库等手续办理不及时，未完全按照公司废旧物资等管理办法执行，可能导致工程成本核算滞后。

（13）LSDL 股份有限公司

LSDL 股份有限公司 2013 年对下属各单位进行了内控评价，发现报告期内下属四个单位共存在 5 个重要缺陷，30 个一般缺陷。重要缺陷可分为 4 类：

• 某下属单位未制定统一的完工项目确认标准，导致完工项目认定可能存在偏差。

• 有两个下属单位缺乏统一稽核检查标准且无明确的稽核人员，稽核结果没有进行恰当记录。

• 某下属单位电费实收报表与营销系统实收日报表差异未进行恰当处理，电费实收与应收金额未形成核对记录。

• 某下属单位供电所在抄表、复核和收费业务中不相容职务未恰当分离。

（14）YGJQ 集团

YGJQ 集团 2013 年对集团公司本部和子公司进行了内控评价，发现 2013 年不存在财务报告内部控制重大和重要缺陷，未发现非财务报告内部控制重大缺陷，发现重要缺陷 1 个，即公司筹资还款及付息业务缺少审批环节。

（15）MGGF 有限公司

MGGF 有限公司 2013 年内部控制评价涵盖公司下属各职能部门、二级单位和分子公司。评价发现报告期内公司存在财务报告内部控制重要缺陷 1 个。该缺陷为控股子公司因环境风险评估及控制不足导致发生污染，收到了市环保局的《行政处罚事先听证告知书》。

（16）ZGZY 股份有限公司

ZGZY 股份有限公司 2013 年内控评价涵盖公司总部各职能部门及 39 家子公司，被评价单位资产总额和营业收入合计分别占公司合并报表的 98.36% 和 95%。评价发现报告期内不存在财务报告内部控制重大缺陷，存在重要缺陷 2 个。

- 个别子公司存在未获得董事会或总裁办公会审批就先行实施投资或者投资超过预算的情况。

- 某境外子公司海外投资项目的在建工程分类不完善，导致固定资产明细分类基础资料不完备。

（17）JDCM 集团

JDCM 集团 2013 年内控评价涵盖了公司及下属分、子公司的主要业务和事项。评价发现报告期内存在 1 个重要缺陷和 1 个一般缺陷，均属设计缺陷。重要缺陷是公司工程项目、对外投资项目和科研项目未开展投资后评价工作，缺少项目进度、重要节点效果、后评价报告等系统性评估；一般缺陷是公司合同管理缺乏统一归口管理部门，合同签订、合同执行检查、一般性合同纠纷处理分散在合同承办的不同部门，没有统一部门进行指导和监督。

（18）CQPJ 有限责任公司

CQPJ 有限责任公司 2013 年纳入内控评价的单位包括公司总部各职能部门、8 家控股子公司、8 家分公司，其资产总额、营业收入合计分别占合并报表的 96.35% 和 93.94%。报告期内公司不存在重大缺陷，存在重要缺陷 2 个、一般缺陷 5 个。重要缺陷是：

- 公司日常关联交易超过股东大会批准的金额。

- 分公司污水未经处理直接排入市政污水管网，被环保部门认定需缴纳排污费 1247.9 万元，罚款 2494.8 万元。

（19）QLSN 集团

QLSN 集团 2013 年对公司本部及所属控股子公司的主要业务和事项进行了内控评价。发现公司存在重要缺陷 1 个，一般缺陷 1 个，不存在重大缺陷。重要缺陷是材料入库单编制与审核岗位没有分离，一般缺陷是未按照内控要求按期编制《工程决算报告》。

（20）KDJN 股份有限公司

KDJN 股份有限公司 2013 年内控评价涵盖单位的资产总额、营业收入合计占公司合并报表的 91.22% 和 83.07%。评价发现公司存在 1 个重要缺陷。该缺陷是子公司发生蒸压釜爆炸较大生产安全事故。

（21）FDHB 科技股份有限公司

FDHB 科技股份有限公司 2013 年公司环保内控评价包括公司本级和 2 家子公司。被评价资产总额和营业收入合计分别占公司合并报表的 95.08% 和 88.05%。发现报告期内公司共存在 2 个重要缺陷：

- 公司根据建造合同收入确认原则，按项目完工进度确认收入，可能导致财务报表列报的营业收入金额不准确。
- 部分子公司的制度建设、职能权限、岗位设置与职责说明、工作流程不清，可能导致公司偏离内部控制目标。

（22）YYRJ 股份有限公司

YYRJ 股份有限公司 2013 年被评价单位资产总额和营业收入总额占公司合并报表的 90% 和 95%。发现报告期内业务层面存在 1 个重要缺陷。该缺陷是 2013 年上半年公司财务部门未严格按照《应收账款管理制度》规定对应收账款进行有效函证，回函率未达到制度要求。

（23）CTKG 股份有限公司

CTKG 股份有限公司 2013 年内控评价包括公司本部和 14 家项目公司，其资产总额、营业收入合计分别占公司合并报表的 90.89% 和

86.37%。评价发现报告期内公司存在 1 个重要缺陷。该缺陷是关联公司聘请的渗滤液处理项目承包商进行生物滤池改造项目维修作业时发生事故引发调节池爆炸。公司针对上述缺陷制订了整改计划，具体措施是完善安全管理制度及人员培训，编制和完善运营标准和沥液处理安全运营标准手册，完善安全生产责任追究体系，制定沥液处理项目设计标准。

(24) YMHG 股份有限公司

YMHG 股份有限公司 2013 年纳入内控评价的资产总额和营业收入合计分别占公司合并报表的 91.54% 和 80.46%。评价发现报告期内公司存在 1 个重要缺陷，若干一般缺陷，不存在重大缺陷。其重要缺陷是部分子公司与集团关联方进行关联贸易，导致了多计销售收入和成本。

外部审计出具了带强调事项的审计报告。公司的整改措施包括彻底取消该类贸易业务、按照《企业会计准则》规定对相关期间的财务数据进行调整并重新出具合并报表、相关公司进行了全额弥补、聘请财务专家对全体财务人员及有关管理人员进行相关准则及规章制度的专题培训。

(25) CJCM 集团

CJCM 集团 2013 年评价涉及单位资产总额和营业收入合计分别占公司合并报表的 90.85% 和 89.95%。评价发现公司报告期内存在 1 个重要缺陷。该缺陷是 2013 年某全资子公司出版的某一字典被媒体曝光存在图书质量问题。

公司针对此缺陷进行的整改：停止问题字典发行并全部召回；成立专门调查组对字典问题进行全面调查；对相关责任人进行党纪政纪处理；召开全公司负责人会议通报字典问题；强化企业价值导向；规范和完善公司出版质量监督管控体系；开展质量大检查并实行社会监督员定

期反馈制度；强化编委会和研发中心在内容把关和质量监管方面的职能；实行出版物质量一票否决。

（26）JCJD 控股有限责任公司

JCJD 控股有限责任公司 2013 年内控评价包括公司各部室及 5 家子公司，其资产总额和营业收入合计占合并报表的 77.16% 和 93.96% 。评价发现公司报告期内存在 4 个重要缺陷，不存在重大缺陷。重要缺陷包括：

- 不相容职责未分离，银行存款余额调节表缺乏审核痕迹。
- 未建立固定资产淘汰处置的相关制度。
- 未建立固定资产质押、抵押管理制度。
- 专利申请未经适当审批。

（27）ZGYY 控股股份有限公司

ZGYY 控股股份有限公司 2013 年纳入评价范围的单位涵盖了公司总部及下属的 3 家二级单位、6 家三级单位、3 家四级单位。评价认定公司存在内部控制重要缺陷 4 个。这些缺陷是部分业务管理制度需健全、部分单位供应商管理须加强、部分单位合同管理待加强、信息化管理水平待提升。针对上述缺陷，公司采取的整改措施是：

- 各单位制定了制度体系及业务程序修订计划。
- 组织了对各单位的集中采购和供应商管理的专项检查。
- 各单位已完成合同管理制度修订，明确了合同管理职责、程序与标准等，并逐步建立了合同履行监控机制。
- 公司已研究制订了信息系统战略规划和长期发展计划，评估了当前信息平台的协同性和最优性，强化不同信息系统之间的数据共享互通，提升现有信息系统运行效率和效果。

（28）HFGF 股份有限公司

HFGF 股份有限公司 2013 年参与评价的资产占合并报表的 90% 以上，营业收入占 100% 。评价发现公司存在少数重要缺陷和一般缺陷。给出的整改措施是随公司发展调整公司业务内容和组织架构，随公司管理升级逐步加强信息管理能力，增强公司信息系统能力，提高信息系统变更的规范性和保密管理的可操作性。

6.4.2.2　2012 年样本公司

（1）CHFH 公司

外部审计对 CHFH 公司 2012 年度财务报表出具了带强调事项段的无保留意见审计报告。该事项是：受航运市场持续低迷影响，企业经营困难，截至 2012 年 12 月 31 日公司累计净亏损 189538.25 万元，流动负债高于流动资产 215995.60 万元。这些情况表明存在可能导致对公司持续经营能力产生重大疑虑的重大不确定性。

（2）DDCM 股份有限公司

DDCM 股份有限公司 2012 年内控评价包括公司总部和 5 家分子公司。评价认定报告期内公司存在四方面一般性缺陷：

- 公司未将实施与优化内部控制体系纳入企业绩效考评体系，可能导致内部控制不能有效执行；
- 公司内部控制实施中相关记录不够完整，部分表单缺失，可能导致内部控制自评及审计工作缺乏执行证据；
- 预算编制过程相关论证记录不完整，参与讨论人员的意见记录不详细；
- 《预算管理办法》未针对预算执行情况提出明确考核要求，造成实际操作中未针对预算考核保留必要的控制痕迹，可能导致公司无法有效评价预算控制的有效性，甚至可能影响预算实施。

外部审计出具了带有强调事项段的无保留意见审计报告。

（3）FHGX 集团有限公司

FHGX 集团有限公司 2012 年对公司总部和 2 家子公司进行了内控评价，评价发现报告期内公司存在一般缺陷 7 个，不存在重大和重要缺陷。

外部审计出具了带有强调事项段的无保留意见审计报告，提醒报告使用者 FHGX 集团的部分公司歇业多年且未办工商年检手续。

（4）HNYD（集团）股份有限公司

HNYD（集团）股份有限公司 2012 年对公司各职能部门及下属重要子公司进行了内部控制评价。自我评价披露内审部门未配备具有工程技术专业知识的内部审计人员，公司 2012 年度未按《内部审计制度》规定对工程项目进行内部审计监督。

外部审计出具了带有强调事项段的无保留意见审计报告。提醒报告使用者公司存在保健酒异地扩建技改、房地产开发等较多工程项目，内审部门未配备具有工程技术专业知识的内审人员，未按照有关制度要求对工程项目进行内部审计监督。

（5）XZTL 股份有限公司

XZTL 股份有限公司 2012 年对公司总部和全资、控股子公司进行了内控评价。认定公司报告期不存在重要或重大缺陷，但存在公司内部人员配备不足、考核机制不健全等一般缺陷。

外部审计 2012 年对公司出具了带有强调事项段的无保留意见审计报告，提醒报告使用者公司的预算考核执行力度不够及内部审计人员配备不足，可能影响对内部控制制度执行情况的监督和检查。

（6）JHQC 股份有限公司

JHQC 股份有限公司 2012 年对 8 家分、子公司和 2 家设计中心进行了内控评价。评价认为公司不存在重大缺陷。

外部审计出具了带强调事项段的无保留意见审计报告。提醒报告使用者公司在 2013 年向国家质检总局缺陷产品管理中心就部分轿车锈蚀问题递交了召回申请，决定召回 2008 年 11 月 15 日至 2011 年 12 月 31 日生产的该品牌轿车 117072 辆。

（7）AHGT 股份有限公司

AHGT 股份有限公司 2012 年公司自我内控评价未发现存在重大和重要缺陷。

外部审计 2012 年对公司发表了带强调事项段的无保留意见审计报告。提醒报告使用者 2012 年公司收入确认未严格执行会计准则标准，未能合理预计资产减值损失，对账务报告数据产生重大影响，可能导致公司持续经营能力存在重大不确定性。

（8）XL 股份有限公司

XL 股份有限公司 2012 年对公司及从事香梨及干果种植、收购、销售的产供销一体化的分、子公司进行了内控评价。自我评价不存在重大缺陷。

外部审计 2012 年发表了带强调事项段的无保留意见审计报告。提醒报告使用者公司 2012 年涉足了棉花贸易市场，但未能及时构建与新市场开拓风险相关的内部控制制度，新市场能否开拓成功缺乏保障机制。

（9）TYST 股份有限公司

TYST 股份有限公司 2012 年对公司总部及各分、子公司进行了内控自我评价。认定存在 2 个缺陷：公司内部审计职能由其他部门人员代为履行，独立性受到限制，不符合相关规范要求；公司资金活动存在不相容职责未有效分离的现象。

外部审计发表了带强调事项段的无保留意见审计报告。提醒报告使用者公司存在上述缺陷，同时说明截至 2012 年 8 月公司涉及搬迁的熟料生产线已全部关停，审计未能对停产后的熟料生产管理及生产相关的采购管理内部控制活动的有效性进行测试。

（10）SHSM 公司

SHSM 公司 2012 年对公司本部和全部子公司进行了内控评价。发现报告期内公司存在 2 个重要缺陷、3 个一般缺陷。重要缺陷是：

- 公司下属子公司发生大额应收账款陆续逾期，重要采购客户因涉嫌刑事犯罪对经营造成了重大影响，该事件对本公司产生了实际损害。
- 子公司在销售与收款流程中对主要客户的信用政策及审批的内控制度存在设计缺陷，导致公司出口贸易中可能出现经营损失。

外部审计 2012 年对公司出具了带强调事项段的无保留意见审计报告。

（11）GDGX 集团

GDGX 集团 2012 年对公司进行了内控评价。结论是未发现重大和重要缺陷。但公司试运行期间内部控制流程与公司管理存在偏差，公司内控的审核审批流程待规范，效率待提高。

外部审计出具了带强调事项段的无保留意见审计报告。提醒报告使用者公司在建的黄河公园项目地上建筑物和土地使用权产权不同归属问题未解决。

（12）NJYY 股份有限公司

NJYY 股份有限公司 2012 年内控评价了母公司和 10 家子公司，评价的主营业务收入占公司合并报表的 90. 19% 。自我评价认定公司不存在重大缺陷。

外部审计出具了带强调事项段的无保留意见审计报告。提醒报告使用者公司及某子公司存在以下重要事项：信息披露及时性和完整性方面存在缺陷；为子公司及其他关联方向银行累计申请的授信额度提供连带保证责任担保远超公司净资产；子公司部分交易控制流程存在缺陷；未将已转让的子公司纳入 2012 年内控自我评价范围。审计师也未对其内部控制活动有效性进行测试。

（13）YBYZ 股份有限公司

YBYZ 股份有限公司 2012 年对公司各部门进行内控评价。发现报告期内存在 4 个一般缺陷。

外部审计出具了带强调事项段的标准审计意见。提醒报告使用者由于纸业公司全面停产并实施整体搬迁，未发生生产业务，无正常采购及销售业务，审计师未对生产管理、原材料采购以及销售管理内部控制活动的有效性进行测试。

（14）SHJD 股份有限公司

SHJD 股份有限公司 2012 年对总资产、营业收入和净利润均占公司合并报表 70% 以上的公司本部及下属控股子公司进行了内部控制评价。评价结论是不存在重大缺陷。

外部审计发表了标准审计意见，但提醒报告使用者公司可豁免对 2012 年度被并购企业财务报告内部控制有效性进行评价，该被并购企业未纳入财务报告内部控制审计范围。

（15）DTHY 股份有限公司

DTHY 股份有限公司 2012 年内控自我评价认为公司不存在重大缺陷，但存在机构设置不健全、内部控制管理平台未如期上线运行，以及概算编制及审批、往来账款管理、记账凭证审核等问题。

外部审计 2012 年发表了带强调事项段的无保留意见审计报告。提醒报告使用者公司与某集团湖南分公司一套人马两块牌子，与控股股东在人员、机构方面未实现相互独立。公司控制环境存在缺陷。受市场用电需求增长放缓、火电机组利用小时不足、煤价大幅上涨等不利因素影响，拟注入的火电资产亏损严重，不具备注入条件，且上述控制环境存在的缺陷没有得到解决。

（16）MASGT 公司

MASGT 公司 2012 年内控评价发现报告期内共存在 2 个重要缺陷，7 个一般缺陷。两个重要缺陷是：

- 公司未能有效管控某物流公司的经营活动，导致该公司在钢材贸易过程中出现了经营损失。
- 某物流公司在采购及付款流程中存在部分职责权限划分不清、不相容职务未有效分离及管理人员超越审批权限的情形。

外部审计出具了带强调事项段的无保留意见审计报告。

（17）HYMD 有限公司

HYMD 有限公司 2012 年对公司及所属单位内控评价发现报告期内存在如下不足：

- 公司银行存款由 WB 煤电集团资金管理中心以公司名义在银行开户进行集中管理。虽然 WB 煤电集团和公司已充分认识到资金占用性质的严重性，同时，公司银行存款也不存在被 WB 煤电集团占用的情形，但公司在一定程度上还会受到 WB 煤电集团影响。
- 公司与 WB 煤电集团共同设立内部审计部门，不完全符合《企业内部控制基本规范》和《上市公司治理准则》的规定。
- 内控制度不健全，部分制度仍需完善。

外部审计出具了带强调事项段的无保留意见审计报告。

6.4.2.3　2011 年样本公司

（1）ZGBA 集团

ZGBA 集团 2011 年参与评价的收入、利润、净资产及总资产均占 2010 年合并报表的 50% 以上。评估发现报告期内公司存在 4 个重要缺陷、26 个一般缺陷，不存在重大缺陷。重要缺陷是：

- 审计部与审计委员会未建立定期沟通、汇报机制。
- 合同文档没有统一保管，未按规定进行分级管理，可能导致法律等风险。
- 集团制定了信息披露制度，但个别子公司没有严格执行，2010 年下属子公司在未经集团授权情况下在其网站上发布关于拥有石墨矿资源的消息。
- 集团总部按照战略管控规划对组织机构做了较大调整，但部门职责、岗位职责出台和更新滞后，某些职能存在交叉重叠和空白。

（2）SXTF（集团）股份有限公司

SXTF（集团）股份有限公司 2011 年内控自我评价包括集团公司总部及所属 6 家子公司。评价发现报告期内公司存在 3 项重要缺陷、10 项一般缺陷，不存在重大缺陷。重要缺陷是：

- 个别下属公司采购合同条款对质量要求不严，存在可能导致相关原料不符合公司要求的风险。
- 个别下属公司对已被清退的供应商未进行统计汇总，未建立供应商黑名单，可能存在被清退供应商重新启用的风险。
- 个别下属公司未完全建立客户授信业务，可能导致构建的客户信用体系不合理，给公司应收账款管理带来隐患的风险。

（3）LGJX 股份有限公司

LGJX 股份有限公司 2011 年公司内控评价发现报告期内存在 1 个重要缺陷。该缺陷是：公司在 2011 年 4 月至 10 月采取“普通远期 + 即期”的方式开展了一项远期外汇交易业务。

（4）JFHG 股份有限公司

JFHG 股份有限公司 2011 年对公司和两个全资子公司进行了内控评价，发现报告期内公司存在 4 个重要缺陷。

- 公司审计监察部职能作用发挥不充分，对重大经营活动事中、事后监督检查不够，没有定期审计活动记录。
- 公司往来账款核对制度规定应定期以函证形式与客户、供应商核对往来款项，并获取对方确认盖章的对账函。该制度实际执行中主要以电话、邮件等方式进行了对账。
- 现有股东大会、董事会授权体系不适应公司发展现状，不能满足日常经营业务管理需要，未及时做出修订和调整，比如银行贷款、日常经营支付审批等方面存在缺陷。
- 公司个别部门职责交叉、人员配备不足。

（5）YWG 信息技术股份有限公司

YWG 信息技术股份有限公司 2011 年内控评价发现报告期内存在 56 个缺陷。其中，重大缺陷 0 个，重要缺陷 32 个。

（6）CQPJ（集团）有限责任公司

CQPJ（集团）有限责任公司 2011 年内控评价发现报告期内存在 3 个重要缺陷，不存在重大缺陷。重要缺陷是：

- 公司合同管理中未建立合同台账，未按照统一编码规则进行编码，未建立合同清单，未及时登记合同编码、主要内容、合同方信息、合同履行情况等，不利于合同查询及合同执行情况的跟踪。
- 公司部分业务流程在执行过程中控制点未留下审核、审批的痕迹，无法确认相关审核、审批环节是否切实得到执行。

• 公司未组织各职能部门和所属企业全面系统地收集风险信息，识别、分析和应对风险。

（7）ZHJY 股份有限公司

ZHJY 股份有限公司 2011 年公司内控评价发现报告期内存在财务报告相关的内控缺陷 6 个，含 1 个重要缺陷、5 个一般缺陷。

6.5　上市公司内部控制环境质量

“控制环境是组织实施内部控制的基础，会对整个内部控制体系产生深远影响”（COSO，2014）。已有研究表明，内部控制环境是其他内部控制要素的前提条件（陈汉文，2014；Michael，2008；Sandra，2010），对其他内部控制要素具有刚性约束（杨有红，2013）。良好的内部控制环境可以对其他要素起到加强作用（Lightle，2007），并最终影响企业控制目标的实现（郑海英，2004；洪武坤，2012）。

本部分利用统计对比方法，以深交所三个板块全部上市公司为研究对象，利用本章第一部分构建的指标体系中内部控制环境的指标对我国上市公司内部控制环境质量进行了比较分析，并重点研究了创业板上市公司内部控制环境质量情况。所用企业内部控制环境质量评价指标体系包括 7 个一级指标、18 个二级指标、61 个监测指标。一级、二级指标见表 6－1。

我国创业板从 2009 年 10 月 30 日推出，首批上市 28 家公司，占全部境内上市 A 股公司数量的 1.78%，发展到 5 年后 2014 年 12 月 31 日的406家，占全部A股公司的15.68%，占深交所A股上市公司的25.31%①，创业板公司已经成为中国经济发展的重要力量。但是，由于进入门槛较低，许多创业板公司内部控制机制不完善（王宏，2011），存在社会责任缺乏、监督制衡机制不健全、内控意识不强等内部控制环境方面的问题（樊子君，2015）。创业板公司内部控制质量严重受到公司高管薪酬规模、持股比例等内控环境因素的影响（刘进，2016）。

6.5.1 研究设计

6.5.1.1 样本选取及数据来源

选取截止到2014年12月31日深圳证券交易所全部A股上市公司为样本，样本的行业分类以中国证监会上市公司行业分类指引（2012年修订）为标准。共获得研究样本1602家，其中，主板466家，中小板729家，创业板407家，剔除三个板块都没有上市公司的居民服务和教育两个行业，1602家样本共分属17个行业。样本公司内部控制环境质量数据通过下面过程取得：

一是以样本公司在交易所公开披露的2014年的年报、内部控制自我评价报告、内控审计报告或内控鉴证报告、社会责任报告或可持续发展报告为评分依据，手动搜集相关指标内容并逐一打分。

打分标准是：上市公司明确披露存在指标所表明信息的设为3分；披露不明确或是只披露了指标中的部分信息设为2分；没有提到相关内

① 中国境内上市公司A股公司数据、上市公司行业数据来源于中国证监会“2009年10月份证券市场概况统计表”“2014年4季度上市公司行业分类结果”。

容的为 1 分；公司在相关指标方面存在问题的为 0 分。所有指标权重相同。

二是计算样本公司二级指标得分百分数、样本公司一级指标得分、样本公司内部控制环境质量得分。① 计算公式如下：

$$\text{样本公司二级指标得分百分数} = \frac{\text{样本公司二级指标实际得分}}{\text{样本公司二级指标应得分}} \tag{6-1}$$

$$\text{样本公司一级指标得分} = \frac{\sum \text{该一级指标下所有二级指标得分百分数}}{\text{该一级指标下二级指标数量}} \tag{6-2}$$

$$\text{样本公司内部控制环境质量得分} = \frac{\sum_{1}^{7} \text{该样本公司所有一级指标得分}}{7} \tag{6-3}$$

其中，样本公司二级指标实际得分为该二级指标下所有具体指标打分结果之和；

样本公司二级指标应得分为该二级指标下具体指标个数 ×3。

6.5.1.2　指标体系的信度和效度分析

为了保证设计的内部控制环境质量指标体系的可信性和有效性，研究首先以全样本对评价指标体系进行了可信度和效度检验。

采用 Cronbach's Alpha 信度分析法检验所设计的质量评价量表的一致性和稳定性。一般 Alpha 信度系数在 0—1 之间，总体 Alpha 信度系数 0.7 以上表示该评价量表可以接受，分项目 Alpha 信度系数 0.6 以上可

① 样本公司一级指标得分、样本公司内部控制环境质量得分均以百分数计。

以接受。如果评价指标变量的 Alpha 信度检验不满足要求，就需要对相关量表进行调整或删改。

首先以公司治理、组织结构和权责分配、发展战略、人力资源、内部审计、社会责任、企业文化 7 个一级指标作为分析指标变量进行 Alpha 信度检验。变量的总体 Alpha 系数为 0.804。7 个分量 Alpha 系数中，一级指标中的发展战略、社会责任、内部审计的系数不满足要求。于是在考虑分类评价目标和合理性基础上，对整个评价指标体系的 18 个二级指标进行了重新组合和反复比对、检验，最后形成了 CGSA、OSA、HR、SR 和 FC 五个一级评价指标变量（见表 6 -6）。此指标变量的总体 Alpha 系数为 0.721，总信度可以接受，各分量指标 Alpha 系数都大于 0.6。

表 6 -6　　评价指标变量的 Alpha 系数

变量名称	包含一级指标内容	系数
CGSA	公司治理、发展战略和内部审计	0.618
OSA	组织结构和权责分配	0.659
HR	人力资源	0.707
SR	社会责任	0.905
FC	企业文化	0.741

信度检验基础上，又对 5 个评价指标变量进行了效度检验。发现 5 个评价指标变量的 KMO 系数 0.735 通过了显著性水平为 0.05 的 Bartlett 球形度检验，并提取出了一个主成分。5 个评价指标变量都可以在一个主成分下载荷大于 0.50，由此可以推断，用分类合并后的 5 个评价指标变量进行内部控制环境质量评价研究是有效的。

6.5.2　研究统计与结果分析

6.5.2.1　三个板块公司的整体比较分析

表 6 -7 是创业板、中小板、主板三个板块分行业内部控制环境质量得分统计，表中行业内部控制环境质量数据按照公式 6 -4 计算获得。

$$\text{行业得分} = \frac{\text{各板块的行业所有样本公司内部控制环境质量得分之和}}{\text{该行业公司数}} \tag{6-4}$$

统计显示，全部深交所上市公司中，金融行业公司内部控制环境质量最好，其主板、中小板的内部控制环境质量得分分别达到了 78.58%、75.70%，创业板没有金融类公司。主板和中小板的所有行业的内部控制环境质量都高于 50%，其中最差的是中小板的文化传播业 58.12%。

创业板中，公共环保业内部控制环境质量最好，为 64.70%，其次是卫生业 60.81%，科研服务业最差，为 46.71%，有三个行业的得分低于 50%，分别是科研服务业（46.71%）、建筑业（48.86%）、水电煤气业（49.22%）。

三个板块数据比较还显示，除了公共环保业的创业板内部控制环境质量得分 64.70% 比中小板的 62.55% 高 2.15% 外，创业板公司的内部控制环境质量水平普遍低于主板和中小板。图 6 -3 是剔除板块中行业不全的行业后三个板块数据图。从图 6 -3 也可以看出，主板、中小板公司的内部控制环境质量总体水平相对较高，创业板公司的内部控制环境质量整体水平最低。

表 6－7　　创业板、中小板、主板分行业统计数据　　（单位:%）

行业	创业板	中小板	主板
农林牧渔业	58.96	69.79	58.81
采矿业	51.41	67.57	60.95
制造业	52.23	59.35	60.34
水电煤气业	49.22	70.90	58.58
建筑业	48.86	67.48	64.94
批发零售业	54.37	65.88	62.65
运输仓储业	54.97	62.24	63.73
住宿餐饮业		59.46	67.48
信息技术业	55.11	63.66	72.01
金融业		75.70	78.58
房地产业		63.89	63.26
商务服务业	56.24	63.84	65.99
科研服务业	46.71	70.40	
公共环保业	64.70	62.55	68.55
卫生业	60.81		
文化传播业	52.18	58.12	60.78
综合			68.81

注：所有统计数据以百分数计，表格中行业空白表示该板块没有相关行业。

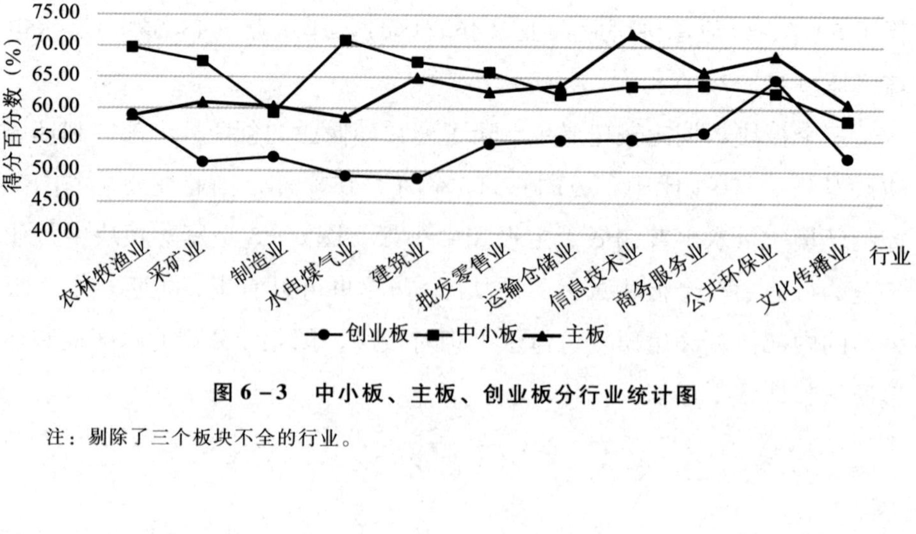

图 6－3　中小板、主板、创业板分行业统计图

注：剔除了三个板块不全的行业。

6.5.2.2　分指标变量比较分析

表 6-8 是主板、中小板、创业板三个板块分行业指标变量的统计数据，对创业板公司分行业内部控制环境质量的公司治理、发展战略和内部审计（CGSA）、组织结构和权责分配（OSA）、人力资源（HR）、社会责任（SR）、企业文化（FC）五个方面进行详细分析。为了更深入分析创业板公司内部控制环境质量情况，表 6-9 给出了创业板公司二级指标的描述性统计。

（1）公司治理、发展战略和内部审计（CGSA）

CGSA 指标反映的是公司治理结构、发展战略和内部审计情况。表 6-8 显示创业板公司在这一方面总体做得最好。行业数据看，科研服务业最差，为 66.51%；公共环保业最好，为 85.48%；其他行业该指标数据都在 75% 到 85% 之间。

对表 6-9 的数据进行再分析可以看到，创业板公司治理结构可得分 6105 分，实际得分 5725 分，得分数 93.78%，议事程序可得分 4884 分，实际得分 3620 分，得分数 74.12%，战略制定可得分 3663 分，实际得分 3318 分，得分数 90.58%，规划实施分可得分 2442 分，实际得分 2020 分，得分数 82.72%。这些数据一方面说明创业板上市公司普遍能够遵守中国证监会要求建立完善的治理结构，能够注重制定并且愿意清晰地披露公司自身发展战略，而且能够较好地落实已有战略规划；另一方面，与治理结构完善程度相比，公司在议事程序和规则方面尚有不足，本变量的具体指标里“重大决策、重大事项、重要人士任免及大额资金支付等程序”“建立了对管理层的必要权力监督和约束机制”得分偏低，在公司权力制衡、监督方面存在不足。表 6-9 中，审计机构与人员可得分 3663 分，实际得分 1920 分，得分数 52.42%。说明公司

表 6-8 主板、中小板、创业板分行业指标变量数据

（单位：%）

行业	CGSA			OSA			HR			SR			FC		
	中小板	主板	创业板	中小板	主板	创业板	中小板	主板	创业板	中小板	主板	创业板	中小板	主板	创业板
农林牧渔业	79.68	80.37	82.27	64.29	67.22	61.11	79.03	38.43	57.25	63.73	65.83	38.33	62.20	42.22	55.83
采矿业	79.83	81.79	75.42	60.00	66.11	55.74	78.86	45.88	47.81	61.94	65.86	32.96	57.22	45.09	45.14
制造业	75.74	80.30	76.06	57.77	61.89	53.04	57.51	60.59	48.69	57.14	60.06	38.45	48.57	38.87	44.90
水电煤气业	74.05	80.41	85.00	63.33	60.38	50.00	84.26	45.58	44.44	73.47	60.00	33.33	59.38	46.54	33.33
建筑业	76.96	83.95	76.67	67.07	63.33	42.67	80.59	49.07	44.07	57.33	74.44	40.89	55.43	53.89	40.00
批发零售业	78.76	82.68	83.30	61.33	67.01	54.44	77.27	52.56	49.38	55.69	61.17	39.44	56.33	49.83	45.28
运输仓储业	77.50	84.22	81.67	52.92	71.28	56.67	71.53	49.00	50.31	55.28	62.22	38.70	53.96	51.92	47.50
住宿餐饮业	63.24	84.84		50.00	80.83		64.35	62.27		66.39	56.94		53.33	52.50	
信息技术业	79.09	86.97	79.52	57.92	80.00	56.43	65.83	71.96	53.90	55.03	71.11	37.82	60.42	50.00	47.85
金融业	85.51	90.64		65.00	85.93		72.22	84.16		76.39	64.94		79.38	67.22	
房地产业	73.94	82.01		64.44	74.81		69.14	63.00		49.32	53.79		62.59	42.69	
商务服务业	76.61	82.41	83.58	61.67	78.67	56.67	64.35	61.85	57.72	55.63	57.33	39.63	60.94	49.67	43.61
科研服务业	88.37		66.51	65.33		45.71	68.52		44.05	65.78		33.02	64.00		44.29
公共环保业	74.09	85.29	85.48	60.48	79.26	60.00	59.26	59.88	68.70	64.76	68.89	42.67	54.17	49.44	66.67
卫生业			80.34			48.89			57.41			55.74			61.67
文化传播业	77.28	83.10	78.25	64.44	64.17	47.62	59.26	55.32	51.85	41.85	50.28	40.79	47.78	51.04	42.38
综合		85.82			79.17			63.43			65.83			49.79	

表 6－9　　　　**创业板公司二级指标描述性统计**

指标变量	二级指标	最大值	最小值	均值	可得分	实际得分	得分百分数
CGSA	治理结构	15	12	14.26	6105	5725	93.78%
	议事规则与程序	12	6	9.18	4884	3620	74.12%
	战略制定	9	3	8.37	3663	3318	90.58%
	规划实施	6	2	5.29	2442	2020	82.72%
	内部审计机构与人员	9	2	5.42	3663	1920	52.42%
	内部审计机制	9	3	6.32	3663	2541	69.37%
OSA	组织机构设置	11	5	6.96	6105	2757	45.16%
	权责分配	14	5	9.42	6105	3813	62.46%
HR	人力资源战略	8	3	5.25	3663	1870	51.05%
	人力资源引进、使用与开发	10	4	6.38	4884	2505	51.29%
	人力资源退出	3	1	1.46	1221	591	48.40%
SR	安全生产责任	12	4	4.84	4884	1961	40.15%
	产品质量保证责任	8	3	3.83	3663	1466	40.02%
	资源节约与环境保护	8	3	3.37	3663	1310	35.76%
	就业与员工权益保护责任及其他责任	6	2	2.59	2442	990	40.54%
	社会责任披露	6	2	2.31	2442	895	36.65%
FC	企业价值观	13	5	7.71	6105	2826	46.29%
	经营理念	12	4	5.56	4884	2238	45.82%

在内部审计部门和人员权责分配、独立性以及内部审计人员能力和业务水平等方面较差；内部审计机制得分 69.37%，也说明此方面存在不足。

（2）组织结构和权责分配（OSA）

从表 6－8 数据看，创业板上市公司组织结构和权责分配方面整体上很差。最好的农林牧渔业为 61.11%，最差的建筑业只有 42.67%。图 6－4 很直观地反映出创业板公司在组织结构和权责分配方面与主板、中小板存在明显差距。表 6 -9 显示，组织结构设置可得分 6105 分，实际得分 2757 分，得分数 45. 16% 。进一步分析本变量的具体指标发现“按照不相容职务分离原则明确职能机构”“评估内部机构设置的合理性和运行的高效率”方面得分很低。权责分配可得分 6105 分，实际得分 3813 分，得分数 62. 46% ，其主要问题是在制定各级员工应承担的内部控制职责、奖惩制度、关键岗位员工定期轮岗制度，按照不相容职务分离原则确定组织岗位权利和责任方面得分很低所致。

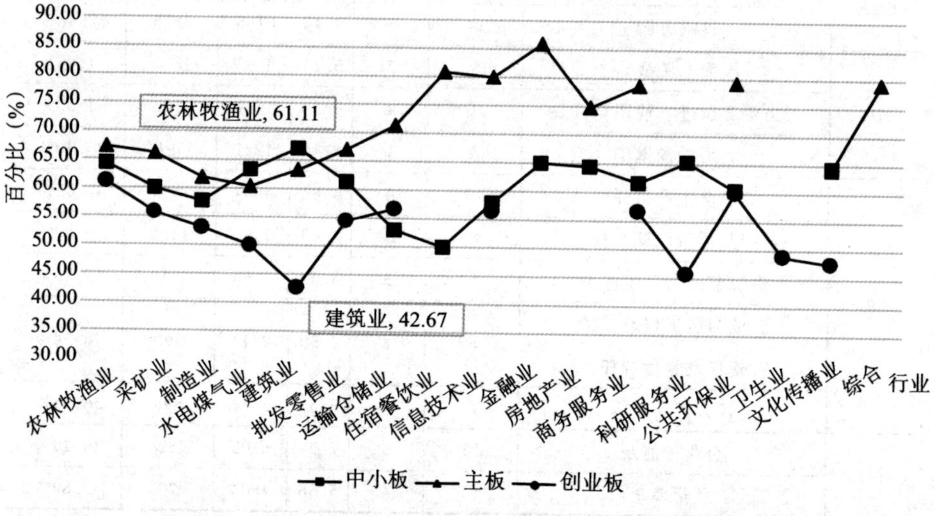

图 6 -4 组织结构和权责分配（OSA）指标行业数据图

（3）人力资源（HR）

HR 由人力资源战略、人力资源引进、使用与开发和人力资源退出 3 个二级指标构成，本变量下有 8 个具体指标。重在考察企业在人力资源管理上是否存在长远考虑，是否有人才吸收、培养、留用的相关政策以及各类人才评价标准和办法，是否建立了员工辞退与离职管理制度，相关政策和制度是否得到落实和执行等方面。从表 6 -9 看，“人力资源战略”可得分 3663 分，实际得分 1870 分，得分数 51.05%；“人力资源引进、使用与开发”指标可得分 4884 分，实际得分 2505 分，得分数 51.29%；“人力资源退出”指标可得分 1221 分，应得分是 591 分，得分数 48.40%。说明创业板上市公司无论在人才战略规划、人才政策和评价、人才吸收、培训和使用政策的执行落实、员工辞退与离职管理等方面都存在一定问题。

（4）社会责任（SR）

承担社会责任是上市公司义不容辞的责任。从表 6－8 数据看，与主板和中小板上市公司相比，创业板上市公司在履行社会责任方面存在很大欠缺。图 6－5 显示其得分最高的卫生业得分只有 55.74%，其他行业的此项得分全部在 43% 以下。从表 6－9 的二级指标看，安全生产责任可得分 4884 分，实际得分 1961 分，得分数 40.15%；产品质量保证责任的可得分 3663 分，实际得分 1466 分，得分数 40.02%；资源节约与环境保护可得分 3663 分，实际得分 1310 分，得分数 35.76%；就业与员工权益保护责任及其他责任的可得分 2442 分，实际得分 990 分，得分数 40.54%。分析上述结果背后的原因，我们发现创业板上市公司在建立并落实安全生产责任制度、制定产品质量标准体系、强化员工安全生产责任意识、质量意识、建立安全生产风险评估、排查和治理机制以及安全事故应急预案、建立并落实产品质量控制、监管责任制度、履行环保责任、依法维护员工合法权益等诸多方面都存在很大问题，急需完善和改进。其社会责任披露指标可得分 2442 分，实际得分 895 分，得分数 36.65% 的得分情况说明，创业板上市公司对履行社会责任的重视程度普遍不足，直接结果是能够按照要求披露社会责任报告的公司较少，披露质量不高。

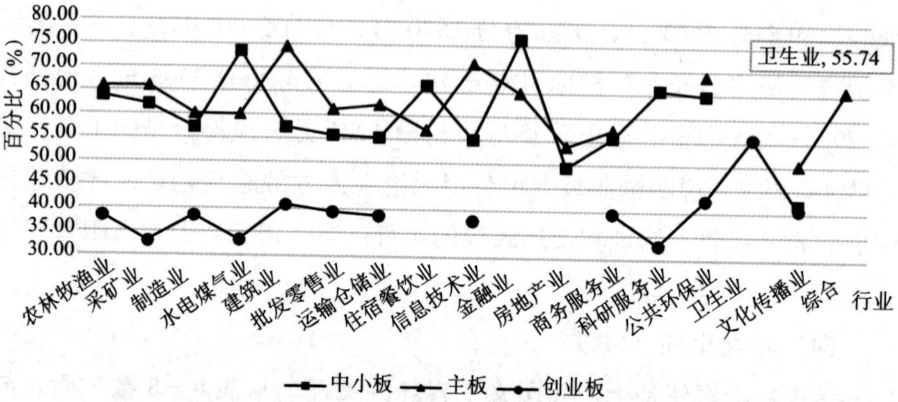

图 6－5 社会责任（SR）指标行业数据图

（5）企业文化（FC）

企业文化反映企业对待诚信、道德价值的认识、追求和承诺，以及高层管理的理念、风格、对待风险的态度等，“缺乏支持内部控制的文化可能会造成风险意识淡薄及应对措施失当、控制活动失效、信息与沟通渠道不畅、监督活动跟进缺失”等。① 本研究从企业价值观和经营理念两大方面考察企业文化的情况。表 6－9 数据显示，创业板公司企业价值观指标可得分 6105 分，实际得分 2826 分，得分数 46.29%，表明企业在明确核心价值观及文化理念、强化员工对于企业核心价值观和文化理念认同、建立与核心价值观和文化理念一致的激励机制、培育员工高尚职业道德等方面还有巨大的提升空间。经营理念指标可得分 4884 分，实际得分 2238 分，得分数 45.82%，说明创业板公司在强化管理层及员工风险意识、制定并在全员范围内落实道德行为守则、建立和倡导贯穿一致的企业经营理念等方面存在问题和不足。

① COSO 发布，财政部会计司组织翻译：《内部控制——整合框架（2013）》，中国财政经济出版社 2014 年版，46 页。

6.5.3 研究结论

本章研究表明，我国创业板公司内部控制环境质量整体上与主板、中小板公司还存在一些差距。尤其在内部审计、组织结构和权责分配、人力资源管理、社会责任、企业文化等方面差距更为明显。因此，基于前面的数据分析，本章认为，完善上市公司对管理层权力的监督和约束，提高公司内部审计的作用和独立性，建立和落实企业人才发展、吸收、培养、使用的全面政策和办法，强化社会责任意识、健全履行社会责任的制度和措施，加强创业板公司支持内部控制的企业文化建设等对改善创业板公司内部控制环境，进而提高内部控制质量都将至关重要。

第7章

企业内部控制缺陷识别模型构建

企业内部控制缺陷识别与预测是通过监测企业经营管理和业务活动，判断内部控制缺陷严重程度的过程，包含内部控制缺陷识别与内部控制缺陷预测两层含义。内部控制缺陷识别，是指通过对企业历史经营管理数据或现实经营管理的日常活动进行监测判断出企业曾经的或当前的内部控制缺陷严重程度的过程；内部控制缺陷预测，是指利用预估的企业未来经营管理数据判断出未来内部控制缺陷严重程度的过程。内部控制缺陷识别与预测事实上构建和采用的是同一个模型，因为该模型是利用 BP 神经网络构建的，所以称之为 BP 缺陷识别预测模型。

7.1　BP 神经网络的基本原理

人工神经网络（Artificial Neural Network，ANN）从信息处理角度对人脑神经元网络进行抽象，建立某种简单模型，按不同的连接方式组成不同的网络。神经网络是一种运算模型，由大量节点（或称神经元）之间相互连接构成。神经网络在人工智能领域取得了广泛应用。

在神经网络模型中，每个神经元节点接收其他神经元输入的信号，累加后再由一种特定的激活函数（Activation Function）处理后形成输出信号，该输出信号也被称为其他神经元的输入信号。每两个神经元节点间的信号都被赋予一个加权值，被称为权重。一个神经网络的知识就存在于这些连接权重之中，这相当于人工神经网络的记忆。一个神经网络在对接收到的输入信号进行处理后，将自身处理后的输出信号与实际期望输出的信号进行比较，如果存在差异，则自动地通过设计好的算法修正神经元之间的连接权重。如果有大量的样本数据反复地作用于该神经网络，每次迭代都会修正连接权重，以使神经网络的输出与实际期望的输出达到最佳匹配。利用这些反复修正的权值，神经网络可以对新的输入信号进行处理，从而得到预期的输出信号。这也是神经网络可以对系统的输出进行识别的缘由。

7.1.1　神经元模型

图 7 -1 为一个神经元的模型示意图。k 为神经元编号。左边括号内x_1，x_2，…，x_n为输入信号，w_{k1}，w_{k2}，…，w_{kn}为各输入信号和神经

元 k 之间的连接权值，b_k 为神经元 k 的偏置，u_k 为神经元 k 对输入信号的加权和与偏置 b_k 相加的结果，$f(\cdot)$ 为激活函数，y_k 为神经元 k 的输出信号。也可以认为偏置是一个输入信号，该输入信号固定值为 1，其连接权值为 b_k。

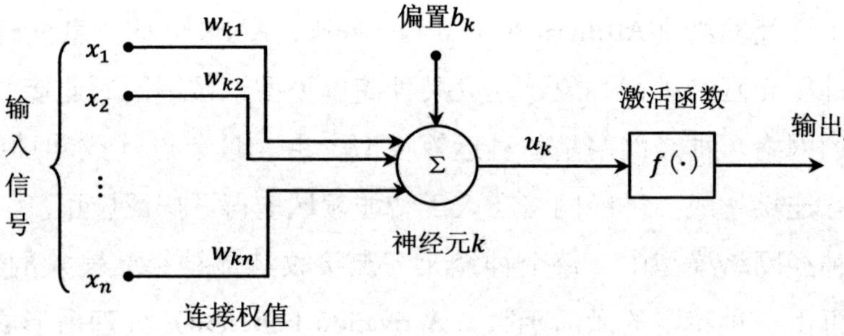

图 7－1 神经元模型

用下面的数学公式可以表示出神经元 k 的输入信号和输出信号之间的关系：

$$y_k = f(u_k) = f\left(\sum_{j=1}^{n} w_{kj} x_j + b_k\right) \tag{7-1}$$

激活函数 $f(\cdot)$ 有几种选择，如阈值函数、分段线性函数和 sigmoid 函数。sigmoid 函数的图形是 S 形的，它严格递增且可微，便于在神经网络中进行微分运算，因此常常被采用。sigmoid 函数的一个例子是 logistic 函数，定义如下：

$$f(x) = \frac{1}{1 + e^{-ax}} \tag{7-2}$$

式中 a 是 sigmoid 函数的倾斜参数。改变参数 a 就可以改变该函数图形的倾斜度。

7.1.2　单层神经元网络模型

如果将多个神经元联系在一起就形成神经元网络。最简单的神经元网络是单层神经元网络。在这样的神经元网络中，输入信号作用于多个神经元上，但各个神经元的输出信号不作用于其他的神经元，且神经元的输出信号不会反馈到自身。

如图 7 -2 为一个单层神经元网络模型示意图。该示意图中有 m 个神经元。左边括号内 x_1，x_2，…，x_n 为输入信号，右边括号内 y_1，y_2，…，y_m 为输出信号。不考虑包含有输入信号的输入层，该神经网络只有一个输出层，故被称为单层神经网络。为了简化起见，在图 7 -2 中没有标出连接权值、偏置和激活函数。

各神经元的输出信号 y_k 可用下面的公式表示：

$$y_k = f(u_k) = f\left(\sum_{j=1}^{n} w_{kj}x_j + b_k\right),(k = 1,2,\cdots,m) \quad (7-3)$$

其中，n 为输入节点数，m 为隐含神经元的个数，$f(\cdot)$ 为激活函数，w_{kj} 为各输入信号 x_j 和神经元 k 之间的连接权值，b_k 为神经元 k 的偏置。

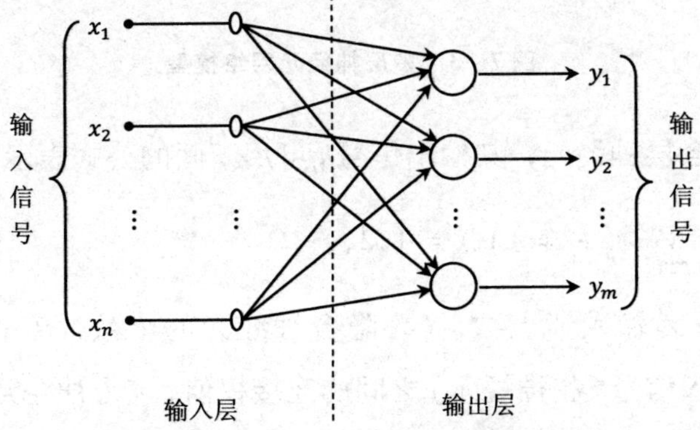

图 7 -2　单层神经元网络模型

7.1.3 多层神经元网络模型

多层神经元网络除了包含输入层和输出层外，中间还有若干的隐含层。对于输入信号很多的系统，采用多层神经元网络模型可以有效降低信号的维数，也可以获取高阶统计特性。如图 7－3 为一个两层神经元网络模型示意图。该示意图中隐含层有 l 个神经元，输出层有 m 个神经元。左边括号内 x_1，x_2，…，x_n 为输入信号，右边括号内 y_1，y_2，…，y_m 为输出信号。为了简化起见，在图 7－3 中没有标出连接权值、偏置和激活函数。

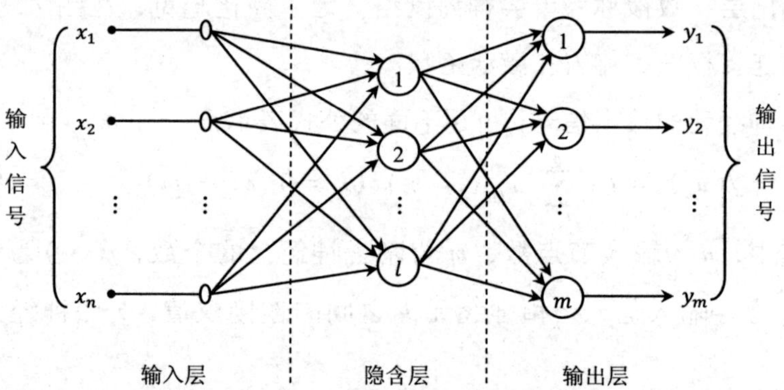

图 7－3 多层神经元网络模型

对于隐含层神经元，其输出信号 h_j 可用下面的公式表示：

$$h_j = f\left(\sum_{i=1}^{n} w_{ji}x_i + a_j\right), j = 1,2,\cdots,l \tag{7-4}$$

其中，n 为输入节点数，l 为隐含神经元的个数，$f(\cdot)$ 为激活函数。w_{ji} 为输入信号 x_i 和神经元 j 之间的连接权值，a_j 为神经元 j 的偏置。

对于输出层神经元，其输出信号 y_k 可用下面的公式表示：

$$y_k = \varphi\left(\sum_{j=1}^{l} v_{kj} h_j + b_k\right), k = 1, 2, \cdots, m \quad (7-5)$$

其中，l 为隐含层神经元的个数，m 为输出层神经元的个数，$\varphi(\cdot)$为激活函数。v_{kj}为隐含层的输出信号h_j和输出层神经元 k 之间的连接权值，b_k为神经元 k 的偏置。

7.1.4 神经网络

BP 神经网络是一种多层前馈型神经网络。该神经网络包含三部分：①输入信号的输入层；②一层或多层的隐含层；③输出神经元的输出层。该神经网络在输入信号的激励下将信息逐层从输入层传播到隐含层，再从隐含层传播到输出层。

BP 神经网络的学习算法采用了误差反向传播算法（Back Propagation Algorithm），即在利用样本数据训练神经网络的过程中，将输入信号的样本数据通过神经网络前向传播后，把从输出层输出的信号与实际的样本的输出信号进行比较，会出现误差，再根据出现的误差反向逐层修正输出层和隐含层的连接权值，所以这样的神经网络也被称为 BP 神经网络（Back Propagation Network）。

对神经网络训练就是根据每次迭代的误差不断地对神经元之间的连接权值进行修正的过程，连接权值的修正也有多种不同的算法。由于修正算法推导过程复杂，在此不列出推导过程，而是直接给出基于 LMS（最小二乘法）的连接权值的修正算法。

为了简化起见，我们只考虑有一个隐含层的 BP 神经网络。假设神经元 i 是输入层神经元，神经元 k 是输出层神经元，而神经元 j 是隐含层神经元。

在第 n 步迭代时，神经元 j 到神经元 k 的连接权值的修正值$\Delta w_{kj}(n)$

由下面的公式给出：

$$\Delta w_{kj}(n)=w_{kj}(n+1)-w_{kj}(n)=-\eta\, e_k(n)\varphi_k'(\cdot)h_j(n) \tag{7-6}$$

其中，$w_{kj}(n+1)$是修正后的连接权值，$w_{kj}(n)$是修正前的连接权值，η是学习速率，$\varphi_k'(\cdot)$是输出层的激活函数的导数，$h_j(n)$是隐含层神经元j的输出信号，也是输出层神经元k从隐含层神经元j接收到输入信号。

$e_k(n)$是样本的实际输出$d_k(n)$与神经网络预测输出$y_k(n)$之间的差，用公式表示为：

$$e_k(n)=d_k(n)-y_k(n) \tag{7-7}$$

在第n步迭代时，对于输入层神经元i和隐含层神经元j之间连接权值的修正值$\Delta w_{ji}(n)$由下面的公式给出：

$$\Delta w_{ji}(n)=w_{ji}(n+1)-w_{ji}(n)=-\eta f_j'(\cdot)\Big(\sum_k \delta_k(n)w_{kj}(n)\Big)x_i(n) \tag{7-8}$$

其中，$w_{ji}(n+1)$是修正后的连接权值，$w_{ji}(n)$是修正前的连接权值，$f_j'(\cdot)$是隐含层的激活函数的导数，$x_i(n)$是输入层神经元i的输出信号，也是隐含层神经元j从输入层神经元i接收到输入信号，$w_{kj}(n)$是第n步迭代时的隐含层神经元j到输出层神经元k的连接权值，$\delta_k(n)$由下面的公式计算：

$$\delta_k(n)=e_k(n)\varphi_k'(\cdot) \tag{7-9}$$

其中，$\varphi_k'(\cdot)$是输出层的激活函数的导数，$e_k(n)$是样本的实际输出$d_k(n)$与神经网络预测输出$y_k(n)$之间的差，前面已给出$e_k(n)$的计算公式。

7.2　内部控制缺陷神经网络的识别

7.2.1　内部控制缺陷预测过程

利用 BP 神经网络进行企业内部控制缺陷识别是一个相对复杂的过程，可以按照图 7-4 所示流程进行。

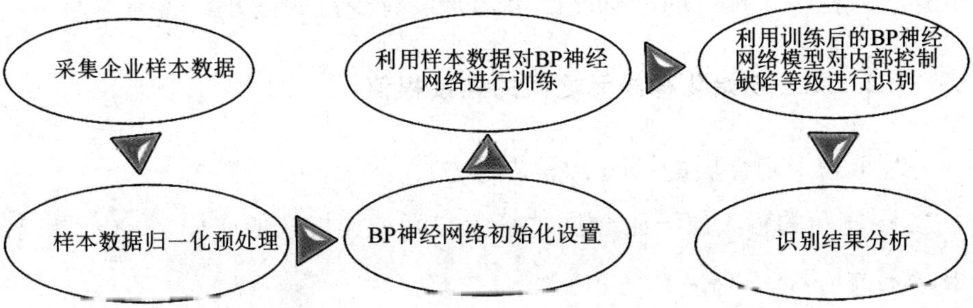

图 7-4　利用 BP 神经网络识别企业内部控制缺陷的流程

7.2.2　BP 神经网络的初始化设置

对 BP 神经网络进行初始化需要完成以下设置：

7.2.2.1　设置输入节点数 *N*，隐含层神经元数 *L*，输出神经元数 *M*

因为三级过程指标有 61 个，所以从分析数据可直接确定输入变量数 N 为 61。每个企业只有一个缺陷等级，所以输出神经元数 M 为 1。

隐含层的个数和每个隐含层的神经元数是可变选项，如果隐含神经元数太少，会导致网络不能得到很好的训练，影响训练的精度。如果隐含神经元数过大，则会导致训练时间增加，增加计算的工作量。对于单隐含层的情况，有些研究给出了经验值：

$$L=\log_2 N \tag{7-10}$$

在实验过程中可采用试算的方法找到合适的隐含层神经元数 L。本章的实验中分别选取了隐含层神经元数 L 为 5、6 和 7，最后的结果差别不大。

对于多隐含层的情况，需要分别确定各隐含层的神经元个数。本章的实验中也试验了两个隐含层的情况，分别选取神经元个数为 7 和 5，试验结果显示，预测的准确度比单隐含层有少量的提升。

7.2.2.2 初始化神经元之间的连接权值

对于一个隐含层的情况，需要考虑：

- 初始的输入层 - 隐含层神经元之间的连接权值 $w_{ji}(1)$，$(i=1,2,\cdots,N;j=1,2,\cdots,L)$。
- 初始的隐含层 - 输出层神经元之间的连接权值 $v_{kj}(1)$，$(j=1,2,\cdots,L;k=1,2,\cdots,M)$。

初始化连接权值一般采用随机数生成的方法。这样的方法简单实用，也能达到比较好的效果。如果在数据量巨大，迭代次数很大的情况下，也可考虑先采用遗传算法，获得一个较佳的初始权值，减少迭代次数，从而缩短训练时间。

7.2.2.3 初始化神经元的阈值

初始化神经元阈值的情况和初始化神经元之间的连接权值类似。对于有一个隐含层的情况，需要考虑：

- 初始隐含层神经元的阈值 $a_j(1)$，$(j=1,2,\cdots,L)$。
- 初始输出层神经元的阈值 $b_k(1)$，$(k=1,2,\cdots,M)$。

类似的，初始化连接权值一般采用随机数生成的方法。

7.2.2.4　确定学习速率 η

学习速率 η 的取值在[0,1]范围之内。如果学习速率较大，则学习速度快，收敛加快，但容易造成过快，从而引起震荡。如果学习速率较小，则学习速度慢，收敛的时间加长。本试验采用了 $\eta=0.1$。

7.2.2.5　确定神经元的激活函数 $f(\cdot)$

隐含层神经元选取 sigmoid 函数，如式（7-11）。该函数可导且函数值落在[-1,1]范围之内，便于计算且不会产生较大误差。

$$f(x)=\frac{1}{1+e^{-x}} \tag{7-11}$$

输出层神经元采用了简单的线性函数，直接取 $f(x)=x$。选取线性函数可使输出值不必限定在较小范围内，更适合于实际应用。

7.2.3　利用样本数据对 BP 神经网络进行训练

利用样本数据对 BP 神经网络进行训练的过程就是按下面所列的步骤进行循环计算，直到达到结束循环的条件。小写的 n 代表了迭代的次数，将 n 设置为 1，按照下面的步骤进行循环计算。

7.2.3.1　计算隐含层的输出 $h_j(n)$

$$h_j(n)=f\Big(\sum_{i=1}^{N} w_{ji}(n)x_i(n)+a_j(n)\Big),j=1,2,\cdots,L \tag{7-12}$$

其中，N 为输入节点数，L 为隐含节点数，$f(\cdot)$为激活函数。

7.2.3.2 计算输出层的预测输出$y_k(n)$

$$y_k(n) = \sum_{j=1}^{L} v_{kj}(n)h_j(n) + b_k(n), k = 1,2,\cdots,L \quad (7-13)$$

7.2.3.3 计算输出层的预测输出和样本实际输出之间的误差$e_k(n)$

$$e_k(n) = o_k(n) - y_k(n), k = 1,2,\cdots,M \quad (7-14)$$

7.2.3.4 计算隐含层-输出层神经元之间的连接权值$v_{kj}(n+1)$和阈值$b_k(n+1)$

$$v_{kj}(n+1) = v_{kj}(n) + \eta h_j(n) e_k(n), k=1,2,\cdots,M; j=1,2,\cdots,L \quad (7-15)$$

$$b_k(n+1) = b_k(n) + \eta e_k(n), k=1,2,\cdots,M \quad (7-16)$$

上式中参数 η 为学习速率。

7.2.3.5 更新输入层-隐含层神经元之间的连接权值$w_{ji}(n+1)$和阈值$a_j(n+1)$

$$w_{ji}(n+1) = w_{ji}(n) + \eta h_j(n)[1-h_j(n)]x_i(n)\sum_{k=1}^{M} v_{kj}(n+1)e_k(n), j = 1,2,\cdots,L; i = 1,2,\cdots,N \quad (7-17)$$

$$a_j(n+1) = a_j(n) + \eta h_j(n)[1-h_j(n)]\sum_{k=1}^{m} v_{kj}(n+1)e_k(n), j = 1,2,\cdots,L \quad (7-18)$$

上式中参数 η 为学习速率。

7.2.3.6　判断算法的迭代是否结束

如果迭代次数达到预定的值或者预测的输出值与实际的输出值之间的误差小于预定的值时，则结束；如果不符合迭代结束的条件，则返回步骤 1 继续。本试验选取误差目标为 0.00001，迭代次数限制值为 100。

对 BP 神经网络进行训练的结果将得到收敛的神经元之间的连接权值 w_{ij} 和 v_{kj}，以及收敛的隐含层神经元的阈值 a_j 和输出层神经元的阈值 $b_k(i=1,2,\cdots,N;j=1,2,\cdots,L;k=1,2,\cdots,M)$。

图 7 -5 是只有 1 层隐含层且隐含层有 7 个神经元的训练界面。图 7 -6 是两层隐含层且两个隐含层分别有 9 个和 5 个神经元的训练界面。

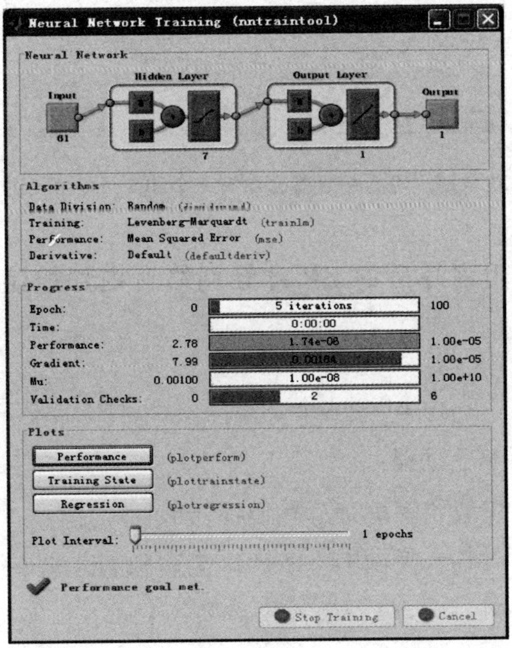

图 7 -5　有 1 层隐含层且隐含层有 7 个神经元的训练界面

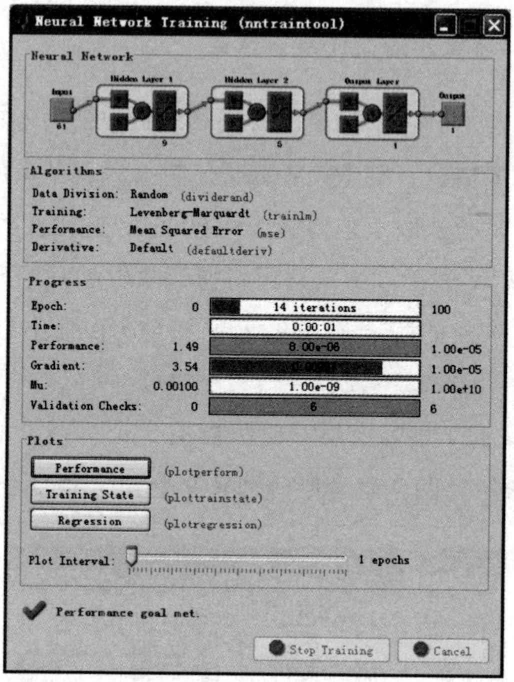

图 7-6 包含两层隐含层且隐含层有 9 个和 5 个神经元的训练界面

7.2.4 利用训练后的 BP 神经网络对内部控制缺陷等级进行预测

训练结束后，利用 BP 缺陷识别预测模型对内部控制缺陷严重程度进行识别包含两个子过程：

①利用连接权值和阈值计算输出信号值。

②依据输出值判断被识别企业的内部控制的缺陷等级。

得到 BP 神经网络的稳定的连接权值w_{ij}和v_{kj}，以及稳定的隐含层神经元的阈值a_j和输出层神经元的阈值b_k（$i=1,2,\cdots,N;j=1,2,\cdots,L;k=1,2,\cdots,M$）之后，可直接用下面的公式计算输出信号值：

首先计算 BP 神经网络隐含层的输出 h_j：

$$h_j = f\left(\sum_{i=1}^{N} w_{ji} x_i + a_j\right) \qquad j = 1,2,\cdots,L \tag{7-19}$$

其中，N 为输入节点数，L 为隐含节点数，$f(\cdot)$ 为隐含层的激活函数，x_i 即为被识别企业的识别指标的评估值。

然后计算 BP 神经网络输出层的输出 y_k。

$$y_k = \sum_{j=1}^{L} v_{kj} h_j + b_k \qquad k = 1,2,\cdots,L$$

依据前面的数据归一化预处理所介绍的，通常由 BP 神经网络计算得到的输出层输出 y_k 是一个在［0,1］范围附近的小数，此时需要一个逆归一化变换，将 y_k 变换成［1,3］范围附近小数，但这个小数还是不能直接判断出被识别企业的内部控制缺陷等级。可以用下面的就近原则来确定识别的结果。

如果 $y_k \leqslant 1.5$，则判断 y_k 为 1，即识别该企业存在重大缺陷。

如果 $1.5 < y_k < 2.5$，则判断 y_k 为 2，即识别该企业存在重要缺陷，但不存在重大缺陷。

如果 $y_k \geqslant 2.5$，则判断 y_k 为 3，即识别该企业仅存在一般缺陷（或不存在缺陷）。

基于 BP 神经网络构建的内控缺陷识别模型如图 7－7 所示。其中，隐含层设置为两层且第 1 层设 9 个神经元、第 2 层设 5 个神经元。

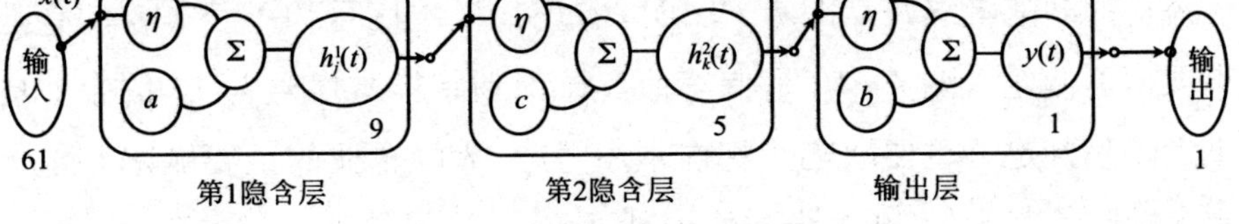

图 7－7　BP 内控缺陷识别模型

图 7－8 为利用该识别模型识别的缺陷等级和实际缺陷等级及识别

准确率数据。可以看出，识别的总体准确率可以达到93.55%。

```
预测的缺陷等级
Columns 1 through 20

  2   3   2   2   3   1   1   1   3   2   3   3   1   3   3   1   2   3   1   3

Columns 21 through 31

  1   3   2   3   2   3   2   1   2   1   1

实际的缺陷等级
Columns 1 through 20

  2   3   2   2   3   1   1   1   3   1   3   3   2   3   3   1   2   3   1   3

Columns 21 through 31

  1   3   2   3   2   3   2   1   2   1   1

预测准确数
重大  重要  一般
  9    8    12

选取样本数
重大  重要  一般
 10    9    12

        预测准确率
  重大      重要      一般
0.9000    0.8889    1.0000

总体准确率
  0.9355
```

图7-8 识别的缺陷等级和实际缺陷等级及识别准确率数据截图

7.2.5 内部控制缺陷预测结果分析

图7-9是识别输出等级和实际缺陷等级对照图，图中实线标注的数据是该公司实际认定的缺陷等级，虚线标注的数据为神经网络识别的该公司的缺陷等级。从图7-9可以看出，样本序号为10和13的企业出现识别偏差，图7-10是偏差值。该识别将样本序号为10的企业的重大缺陷判定为重要缺陷，将样本序号为13的企业的重要缺陷判定为重大缺陷。其余的29个样本均识别准确。

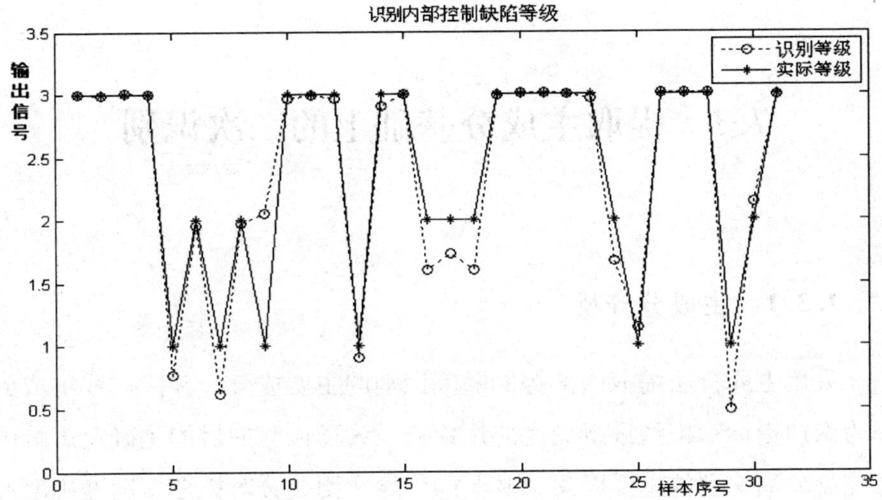

图 7 -9　识别的输出等级和实际缺陷等级的对照图

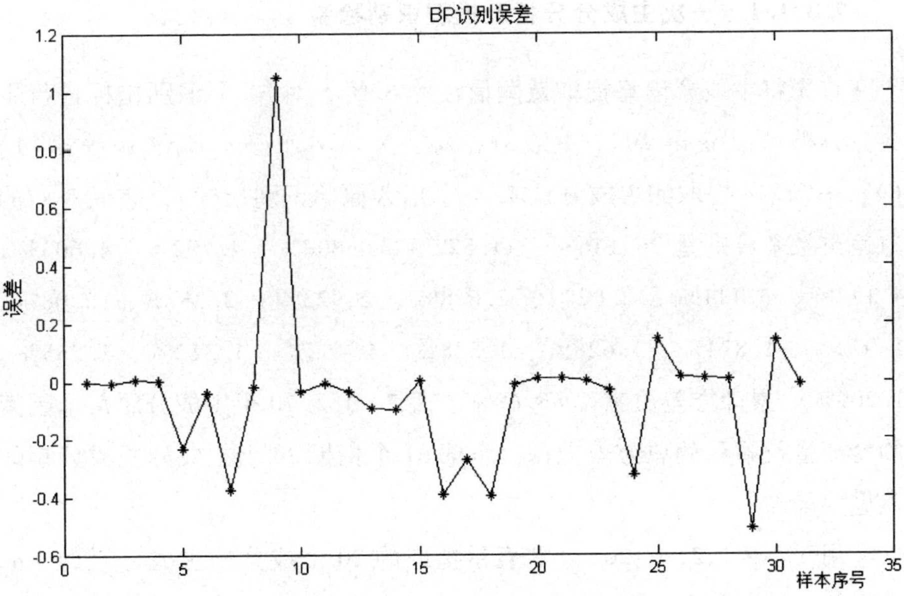

图 7 -10　识别的输出等级和实际缺陷等级之间的误差

7.3 提取主成分基础上的二次识别

7.3.1 主成分分析

采用主成分法提取内部控制缺陷识别的主要成分，并以这些主成分作为识别指标对模型进行深度应用检验。该项检验的目的是确定影响内部控制缺陷识别的主要因素，并明确剔除次要成分对模型识别准确度的影响，主成分应用检验进行了两次。

7.3.1.1 一次主成分分析及模型识别检验

首先将主成分信息提取量阈值设为85%，对61个识别指标进行主成分分析可以获得20个主成分指标：$Y_i = \alpha_i^1 A_1 + \alpha_i^2 A_2 + \cdots + \alpha_{20}^{61} A_{61}$（$Y_1, \cdots, Y_{20}$为提取的主成分；$A_1, \cdots, A_{61}$为原始识别指标），它们对应的方差贡献率分别是26.146%、11.527%、6.808%、4.792%、4.603%、4.147%、3.111%、2.82%、2.628%、2.522%、2.257%、2.08%、1.972%、1.874%、1.628%、1.528%、1.462%、1.312%、1.255%、1.209%。累计方差贡献率85.68%。表7－1为20个主成分时每个因素的特征量及解释的总方差数据。全部61个指标20个主成分的成分矩阵参见附录。

用$Y_i(i=1,2,\cdots,20)$分别表示提取的20个成分的主成分系数，α_{ji}表示第i个主成分对第j个指标的主成分系数($i=1,2,\cdots,20; j=1,2,\cdots,61$)，主成分系数模型如下：

$$Y_i = \alpha_{1i}A1 + \alpha_{2i}A2 + \alpha_{3i}B1 + \alpha_{4i}B2 + \alpha_{5i}C1 + \alpha_{6i}C2 + \alpha_{7i}D1 + \alpha_{8i}D2 + \alpha_{9i}D3 + \alpha_{10i}E1 + \alpha_{11i}E2 + \alpha_{12i}F1 + \alpha_{13i}F2 + \alpha_{14i}F3 + \alpha_{15i}F4 + \alpha_{16i}F5 + \alpha_{17i}G1 + \alpha_{18i}G2 + \alpha_{19i}H1 + \alpha_{20i}H2 + \alpha_{21i}H3 + \alpha_{22i}H4 + \alpha_{23i}H5 + \alpha_{24i}H6 + \alpha_{25i}I1 + \alpha_{26i}I2 + \alpha_{27i}J1 + \alpha_{28i}J2 + \alpha_{29i}K1 + \alpha_{30i}L1 + \alpha_{31i}L2 + \alpha_{32i}L3 + \alpha_{33i}L4 + \alpha_{34i}L5 + \alpha_{35i}L6 + \alpha_{36i}L7 + \alpha_{37i}L8 + \alpha_{38i}L9 + \alpha_{39i}L10 + \alpha_{40i}L11 + \alpha_{41i}L12 + \alpha_{42i}L13 + \alpha_{43i}M1 + \alpha_{44i}M2 + \alpha_{45i}M3 + \alpha_{46i}M4 + \alpha_{47i}M5 + \alpha_{48i}M6 + \alpha_{49i}N1 + \alpha_{50i}N2 + \alpha_{51i}O1 + \alpha_{52i}O2 + \alpha_{53i}P1 + \alpha_{54i}P2 + \alpha_{55i}P3 + \alpha_{56i}Q1 + \alpha_{57i}R1 + \alpha_{58i}R2 + \alpha_{59i}S1 + \alpha_{60i}S2 + \alpha_{61i}S3$$

进一步计算得到 93 家公司的 20 个主成分指标值（见表 7 -1）。

表 7 -1　20 个主成分时每个因素的特征量及解释的总方差数据

成分	初始特征值			提取平方和载入			成分	初始特征值			提取平方和载入		
	合计	方差的百分比（%）	累积百分比（%）	合计	方差的百分比（%）	累积百分比（%）		合计	方差的百分比（%）	累积百分比（%）	合计	方差的百分比（%）	累积百分比（%）
1	15.949	26.146	26.146	15.949	26.146	26.146	15	0.993	1.628	78.914	0.993	1.628	78.914
2	7.032	11.527	37.673	7.032	11.527	37.673	16	0.932	1.528	80.442	0.932	1.528	80.442
3	4.153	6.808	44.481	4.153	6.808	44.481	17	0.892	1.462	81.905	0.892	1.462	81.905
4	2.923	4.792	49.273	2.923	4.792	49.273	18	0.800	1.312	83.217	0.800	1.312	83.217
5	2.808	4.603	53.876	2.808	4.603	53.876	19	0.765	1.255	84.471	0.765	1.255	84.471
6	2.529	4.147	58.022	2.529	4.147	58.022	20	0.737	1.209	85.680	0.737	1.209	85.680
7	1.898	3.111	61.134	1.898	3.111	61.134	21	0.642	1.052	86.732			
8	1.720	2.820	63.954	1.720	2.820	63.954	22	0.623	1.021	87.753			
9	1.603	2.628	66.582	1.603	2.628	66.582	23	0.557	0.913	88.665			
10	1.538	2.522	69.103	1.538	2.522	69.103	24	0.505	0.828	89.494			
11	1.377	2.257	71.360	1.377	2.257	71.360	25	0.486	0.797	90.291			
12	1.269	2.080	73.44	1.269	2.080	73.440	26	0.456	0.748	91.039			
13	1.203	1.972	75.412	1.203	1.972	75.412	27	0.432	0.709	91.748			
14	1.143	1.874	77.286	1.143	1.874	77.286	28	0.419	0.686	92.434			

续表

成分	初始特征值			提取平方和载入			成分	初始特征值			提取平方和载入		
	合计	方差的百分比(%)	累积百分比(%)	合计	方差的百分比(%)	累积百分比(%)		合计	方差的百分比(%)	累积百分比(%)	合计	方差的百分比(%)	累积百分比(%)
29	0.390	0.639	93.073				46	0.104	0.171	98.964			
30	0.363	0.595	93.667				47	0.095	0.156	99.120			
31	0.332	0.544	94.212				48	0.088	0.144	99.264			
32	0.303	0.497	94.709				49	0.074	0.122	99.386			
33	0.283	0.464	95.173				50	0.065	0.107	99.493			
34	0.271	0.444	95.617				51	0.058	0.096	99.589			
35	0.255	0.417	96.034				52	0.046	0.076	99.665			
36	0.221	0.362	96.396				53	0.038	0.063	99.727			
37	0.214	0.35	96.746				54	0.031	0.05	99.778			
38	0.209	0.343	97.089				55	0.029	0.048	99.825			
39	0.189	0.309	97.399				56	0.026	0.043	99.868			
40	0.187	0.306	97.705				57	0.024	0.039	99.907			
41	0.157	0.258	97.963				58	0.019	0.031	99.938			
42	0.142	0.232	98.195				59	0.016	0.026	99.963			
43	0.126	0.206	98.401				60	0.012	0.019	99.983			
44	0.125	0.204	98.605				61	0.011	0.017	100.00			
45	0.114	0.188	98.793										

计算 93 个样本企业 20 个主成分指标的值，以这 20 个主成分作为识别指标利用 BP 缺陷识别预测模型进行内控缺陷识别，可以得到图 7-11 所示的识别结果。

```
        实际的缺陷等级
Columns 1 through 20
  1   3   3   2   2   1   3   2   3   3   2   2   3   3   1   3   1   1   2   3
Columns 21 through 31
  2   2   2   2   3   1   2   3   3   3   3
        识别准确数
  重大    重要    一般
   4      9      14
        选取样本数
  重大    重要    一般
   6     11      14
            识别准确率
  重大        重要        一般
0.6667      0.8182      1.0000
        总体准确率
        0.8710
```

图 7－11　20 个主成分作为识别指标的检验结果

从结果看，总体识别准确率下降为 87.10%。一般缺陷准确率依然是 100%，重要缺陷和重大缺陷识别准确率分别下降为 81.82% 和 66.67%。图 7－12 输出的识别缺陷等级和实际缺陷等级对照显示，样本序号为 6 号、11 号、19 号、26 号的企业出现识别偏差。模型将 6 号、26 号样本的重大缺陷判定为重要缺陷，11 号、19 号样本的重要缺陷判定为重大缺陷。识别误差值见图 7－13。

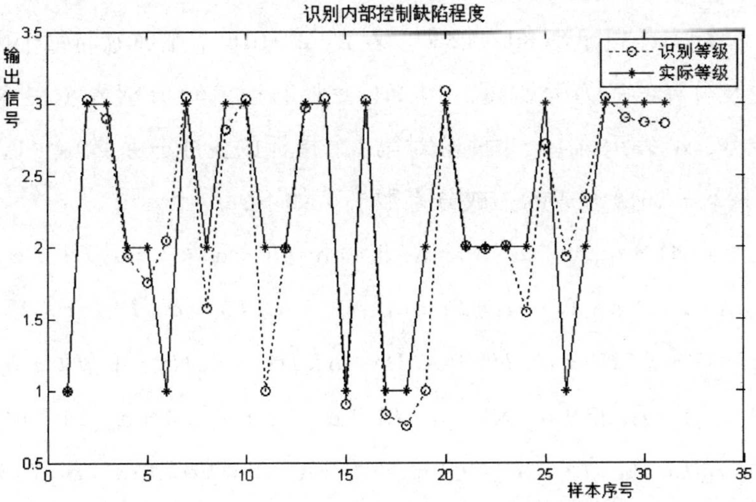

图 7－12　20 个主成分指标识别缺陷等级和实际缺陷等级对照

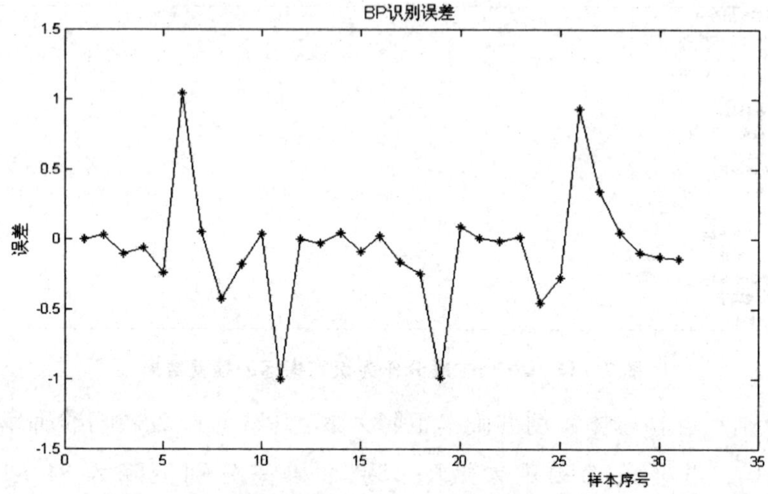

图 7－13 20 个主成分指标识别的输出等级和实际缺陷等级之间的误差

7.3.1.2 二次主成分分析及模型识别检验

进一步将主成分信息提取量阈值设为 80%，可以提取获得 16 个主成分，累计方差贡献率 80.442%。表 7－2 为 16 个主成分时每个因素的特征量及解释的总方差数据。用 $Yi(i=1,2,\cdots,16)$ 分别表示提取的 16 个主成分，α_{ji}表示第 i 个主成分对第 j 个指标的主成分系数（$i=1,2,\cdots,16;j=1,2,\cdots,61$）形成的主成分系数模型如下：

$Y_i=\alpha_{1i}A1+\alpha_{2i}A2+\alpha_{3i}B1+\alpha_{4i}B2+\alpha_{5i}C1+\alpha_{6i}C2+\alpha_{7i}D1+\alpha_{8i}D2+\alpha_{9i}D3+\alpha_{10i}E1+\alpha_{11i}E2+\alpha_{12i}F1+\alpha_{13i}F2+\alpha_{14i}F3+\alpha_{15i}F4+\alpha_{16i}F5+\alpha_{17i}G1+\alpha_{18i}G2+\alpha_{19i}H1+\alpha_{20i}H2+\alpha_{21i}H3+\alpha_{22i}H4+\alpha_{23i}H5+\alpha_{24i}H6+\alpha_{25i}I1+\alpha_{26i}I2+\alpha_{27i}J1+\alpha_{28i}J2+\alpha_{29i}K1+\alpha_{30i}L1+\alpha_{31i}L2+\alpha_{32i}L3+\alpha_{33i}L4+\alpha_{34i}L5+\alpha_{35i}L6+\alpha_{36i}L7+\alpha_{37i}L8+\alpha_{38i}L9+\alpha_{39i}L10+\alpha_{40i}L11+\alpha_{41i}L12+\alpha_{42i}L13+\alpha_{43i}M1+\alpha_{44i}M2+\alpha_{45i}M3+\alpha_{46i}M4+\alpha_{47i}M5+\alpha_{48i}M6+\alpha_{49i}N1+\alpha_{50i}N2+\alpha_{51i}$

$O1 + \alpha_{52i}O2 + \alpha_{53i}P1 + \alpha_{54i}P2 + \alpha_{55i}P3 + \alpha_{56i}Q1 + \alpha_{57i}R1 + \alpha_{58i}R2 + \alpha_{59i}S1 + \alpha_{60i}S2 + \alpha_{61i}S3$

其中，所有系数α_{ji}见附录。进一步计算可以得到 93 家公司的主成分指标值（见表 7 -2）。

表 7 -2　16 个主成分时每个因素的特征量及解释的总方差数据

成分	初始特征值			提取平方和载人			成分	初始特征值			提取平方和载人		
	合计	方差的百分比(%)	累积百分比(%)	合计	方差的百分比(%)	累积百分比(%)		合计	方差的百分比(%)	累积百分比(%)	合计	方差的百分比(%)	累积百分比(%)
1	15.949	26.146	26.146	15.949	26.146	26.146	28	0.419	0.686	92.434			
2	7.032	11.527	37.673	7.032	11.527	37.673	29	0.39	0.639	93.073			
3	4.153	6.808	44.481	4.153	6.808	44.481	30	0.363	0.595	93.667			
4	2.923	4.792	49.273	2.923	4.792	49.273	31	0.332	0.544	94.212			
5	2.808	4.603	53.876	2.808	4.603	53.876	32	0.303	0.497	94.709			
6	2.529	4.147	58.022	2.529	4.147	58.022	33	0.283	0.464	95.173			
7	1.898	3.111	61.134	1.898	3.111	61.134	34	0.271	0.444	95.617			
8	1.720	2.820	63.954	1.720	2.820	63.954	35	0.255	0.417	96.034			
9	1.603	2.628	66.582	1.603	2.628	66.582	36	0.221	0.362	96.396			
10	1.538	2.522	69.103	1.538	2.522	69.103	37	0.214	0.350	96.746			
11	1.377	2.257	71.36	1.377	2.257	71.360	38	0.209	0.343	97.089			
12	1.269	2.080	73.440	1.269	2.080	73.440	39	0.189	0.309	97.399			
13	1.203	1.972	75.412	1.203	1.972	75.412	40	0.187	0.306	97.705			
14	1.143	1.874	77.286	1.143	1.874	77.286	41	0.157	0.258	97.963			
15	0.993	1.628	78.914	0.993	1.628	78.914	42	0.142	0.232	98.195			
16	0.932	1.528	80.442	0.932	1.528	80.442	43	0.126	0.206	98.401			
17	0.892	1.462	81.905				44	0.125	0.204	98.605			
18	0.800	1.312	83.217				45	0.114	0.188	98.793			
19	0.765	1.255	84.471				46	0.104	0.171	98.964			
20	0.737	1.209	85.68				47	0.095	0.156	99.120			
21	0.642	1.052	86.732				48	0.088	0.144	99.264			
22	0.623	1.021	87.753				49	0.074	0.122	99.386			
23	0.557	0.913	88.665				50	0.065	0.107	99.493			
24	0.505	0.828	89.494				51	0.058	0.096	99.589			
25	0.486	0.797	90.291				52	0.046	0.076	99.665			
26	0.456	0.748	91.039				53	0.038	0.063	99.727			
27	0.432	0.709	91.748				54	0.031	0.050	99.778			

续表

成分	初始特征值			提取平方和载入			成分	初始特征值			提取平方和载入		
	合计	方差的百分比(%)	累积百分比(%)	合计	方差的百分比(%)	累积百分比(%)		合计	方差的百分比(%)	累积百分比(%)	合计	方差的百分比(%)	累积百分比(%)
55	0.029	0.048	99.825				59	0.016	0.026	99.963			
56	0.026	0.043	99.868				60	0.012	0.019	99.983			
57	0.024	0.039	99.907				61	0.011	0.017	100.00			
58	0.019	0.031	99.938										

7.3.1.3 提取方法：主成分分析

以 16 个主成分作为识别指标进行缺陷识别，结果显示此时总体识别准确率降到 77.42% 。其中，一般缺陷准确率依然是 100% ，而重大缺陷和重要缺陷识别准确率分别降为 64.29% 和 60% 。图 7 -14 为基于 16 个主成分预测的预测准确率数据。图 7 -15 和图 7 -16 表示识别结果对照和误差值。

```
      实际的缺陷等级
Columns 1 through 12

  2    3    1    1    2    3    1    3    1    1    3    1

Columns 13 through 24

  3    1    1    2    3    3    3    1    2    1    1    1

Columns 25 through 31

  3    3    3    2    1    3    1

      预测准确数
  重大    重要    一般
   9      3      12

      选取样本数
  重大    重要    一般
  14      5      12

            预测准确率
    重大        重要        一般
  0.6429     0.6000     1.0000

总体准确率
  0.7742
```

图 7 -14 基于 16 个主成分预测的预测准确率数据

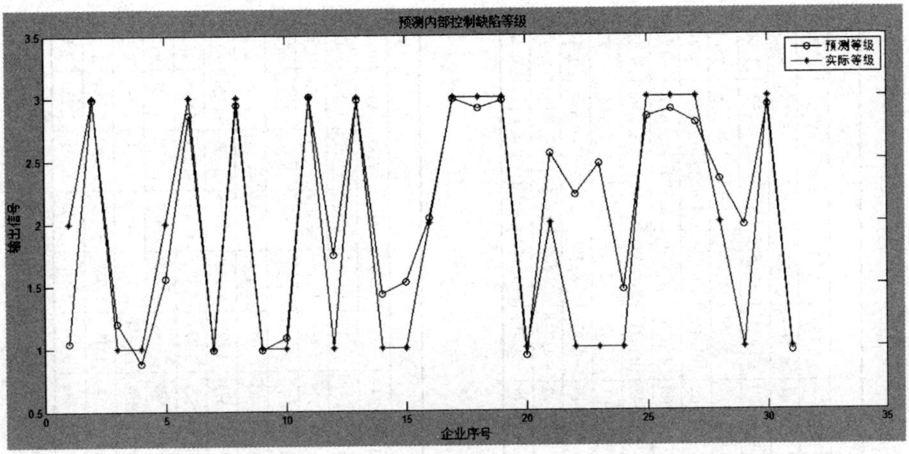

图 7－15　16 个主成分预测输出等级和实际缺陷等级对照

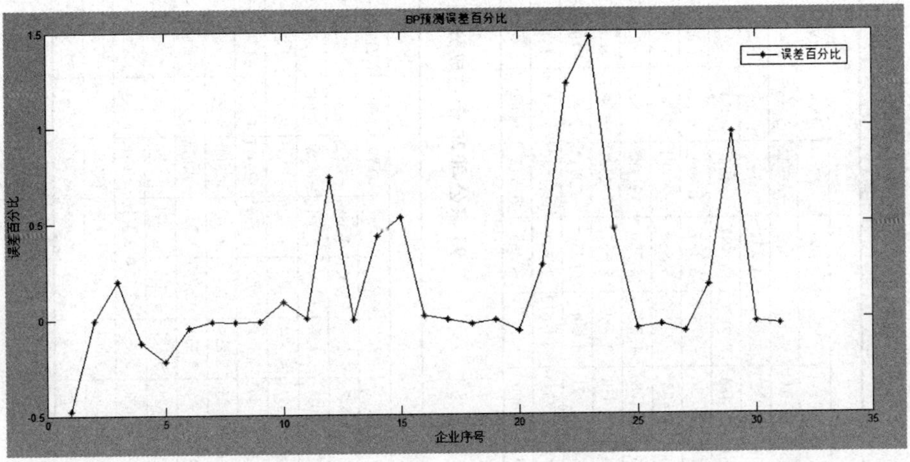

图 7－16　16 个主成分分析后预测的输出等级和实际缺陷等级之间的误差

表 7－3 是 93 家公司 16 个主成分指标值数据；表 7－4 是 93 家公司 20 个主成分指标值数据。

表 7－3　　93 家公司 16 个主成分指标值

公司	主成分															
代码	Y1	Y2	Y3	Y4	Y5	Y6	Y7	Y8	Y9	Y10	Y11	Y12	Y13	Y14	Y15	Y16
000058	29.001	9.876	10.355	-0.614	7.447	7.587	-3.521	3.386	-4.628	4.446	2.510	4.200	7.553	-2.800	-5.150	-0.445
000756	33.915	10.778	-3.598	6.932	3.024	5.627	1.447	2.393	-0.960	6.642	-6.520	7.828	-0.575	5.579	1.452	1.006
600215	36.300	8.234	-3.901	11.485	7.397	16.984	1.405	-0.170	-7.415	10.634	-2.211	-3.190	2.383	4.153	0.174	-4.121
600301	51.472	14.487	-4.318	10.026	-2.693	3.187	1.904	6.435	-2.414	6.115	-4.462	-3.469	-0.285	3.643	3.479	5.463
600189	11.623	-3.603	18.614	4.576	-2.257	5.858	-2.491	2.692	0.818	4.629	-1.100	4.338	0.479	3.573	3.647	-1.389
600087	40.606	15.114	0.133	2.198	1.551	3.750	-2.183	7.922	-0.013	3.819	-1.647	0.021	4.638	6.929	5.276	5.122
600598	27.049	6.882	-6.091	11.418	2.889	5.587	7.232	10.471	0.835	5.336	1.800	2.612	-2.306	3.871	7.144	1.733
600970	40.992	10.047	-0.654	11.271	0.608	6.356	-2.714	2.474	-10.465	12.448	-7.440	-0.976	-8.309	8.709	11.534	0.471
000833	54.323	25.690	-3.375	8.259	-10.632	2.204	-1.666	8.834	6.632	-3.204	-7.392	-4.718	2.269	15.542	1.438	7.978
000825	53.830	3.410	-0.669	5.300	-4.756	0.365	5.547	6.628	-4.055	9.682	-1.900	-2.795	-1.650	8.884	4.646	3.448

表 7－4　　93 家公司 20 个主成分指标值

公司	主成分																			
代码	Y1	Y2	Y3	Y4	Y5	Y6	Y7	Y8	Y9	Y10	Y11	Y12	Y13	Y14	Y15	Y16	Y17	Y18	Y19	Y20
000058	29.001	9.876	10.355	-0.614	7.447	7.587	-3.521	3.386	-4.628	4.446	2.510	4.200	7.553	-2.800	-5.150	-0.445	-0.712	-7.322	1.063	-0.256
000756	33.915	10.778	-3.598	6.932	3.024	5.627	1.447	2.393	-0.960	6.642	-6.520	7.828	-0.575	5.579	1.452	1.006	-2.634	-0.001	0.926	3.645
600215	36.300	8.234	-3.901	11.485	7.397	16.984	1.405	-0.170	-7.415	10.634	-2.211	-3.190	2.383	4.153	0.174	-4.121	3.761	-0.390	-2.866	2.459
600301	51.472	14.487	-4.318	10.026	-2.693	3.187	1.904	6.435	-2.414	6.115	-4.462	-3.469	-0.284	3.643	3.479	5.463	-4.655	-7.751	9.349	0.283
600189	11.623	-3.603	18.614	4.576	-2.257	5.858	-2.491	2.692	0.818	4.629	-1.100	4.338	0.479	3.573	3.647	-1.389	-0.858	1.659	-0.263	-2.029
600087	40.606	15.114	0.132	2.197	1.551	3.750	-2.183	7.922	-0.013	3.819	-1.647	0.021	4.638	6.929	5.275	5.122	1.301	2.238	5.969	1.338
600598	27.049	6.882	-6.091	11.418	2.889	5.587	7.232	10.471	0.835	5.336	1.800	2.612	-2.306	3.871	7.144	1.733	0.107	0.672	5.528	-1.324
600970	40.992	10.047	-0.654	11.271	0.608	6.355	-2.714	2.474	-10.465	12.448	-7.440	-0.976	-8.309	8.709	11.534	0.471	-0.130	-6.513	0.153	0.294
000833	54.323	25.690	-3.375	8.259	-10.632	2.204	-1.666	8.834	6.632	-3.204	-7.392	-4.718	2.269	15.542	1.438	7.978	8.211	0.120	5.453	1.145
000825	53.830	3.410	-0.669	5.300	-4.756	0.365	5.547	6.628	-4.055	9.682	-1.900	-2.794	-1.650	8.884	4.646	3.448	-1.651	3.204	3.250	2.594

7.4　内部控制缺陷识别与预测研究结论与说明

利用 BP 神经网络技术模型对内部控制缺陷识别与预测的研究可以得出几方面结论。

7.4.1　关于研究方法的选择

经济与管理活动中的预测都要依据一定的方法，建立一定的模型，各种预测方法都存在优势和不足。BP 神经网络模型模拟人脑思维进行预测，在解决复杂性经济管理问题上具有优势，利用 BP 神经网络模型对内部控制缺陷进行预测方法是可行的。

7.4.2　关于研究样本和结果的说明

关于研究样本和结果需要说明的是，为了验证 BP 神经网络企业内部控制缺陷的效果，从 93 个企业样本中随机选取 62 家企业作为训练样本，而将另外 31 家企业作为检验样本，不管是采用单隐含层的 BP 神经网络，还是采用两个隐含层的神经网络，检验的效果都是比较好的，识别准确率都能达到 90% 以上。

另外，通过多次试验训练和检验，发现仅有一般内部控制缺陷的企业，BP 神经网络的识别准确率可达到 100% ，但存在重大缺陷和重要缺陷的企业，识别的准确率常常会有一些波动，有时是对重大缺陷企业的识别准确率高一些，有时则是对重要缺陷的企业的识别准确率高一些，但一般达不到 100% 。这也说明，对于存在重大缺陷和重要缺陷的企业，企业对内部控制的过程指标执行情况差异性较小，即如果企业对内部控制的过程指标不执行或执行不到位，则有较大的可能会导致重要缺陷甚至重大缺陷发生。而仅有一般内部控制缺陷的企业，其内部控制的过程指标执行时所呈现的特征相对稳定，因而，识别与预测的准确率比较高，也比较稳定。

7.4.3 原始数据的“保真”问题

原始数据的“保真”对提高识别与预测准确度非常重要。通过主成分分析，提取了主要指标后，BP 神经网络对各种等级缺陷的识别准确率都出现不同程度的降低。随着主成分数量的减少，指标数量从 61 个到 20 个，再到 16 个，识别准确率也逐级下降。这一方面说明，企业内部控制评价指标的确定非常重要，是实现内部控制缺陷识别与预测的基础，另一方面也说明，企业内部控制评价指标越是能反映企业各项管理和业务活动的实际情况，越是“保真”，识别与预测结果也越符合企业实际的未来走势，识别与预测结果越准确。由于提取主成分，把相对次要的成分剔除了，相当于采集的原始数据能够反映的信息量减少。因此，基于这些输入信号识别与预测得到的输出信号准确度降低，也就降低了识别与预测准确度。

7.4.4 影响识别与预测准确度的主要因素

利用 BP 缺陷识别预测模型进行缺陷识别与预测，以下因素可能会影响识别与预测的准确度：

- 建立的 BP 缺陷识别预测模型的准确性对内部控制缺陷识别与预测起决定性作用。这是内部控制缺陷识别与预测准确的基础保障。
- 内部控制评价指标数量越多，指标越具体详细，基于评价指标采集的原始数据反映出的企业各项管理和业务活动的情况与企业实际情况越符合，于是越可能提高内部控制缺陷识别与预测的准确度。

- 采集原始数据，即指标打分信息的准确度也是影响内部控制缺陷识别与预测准确度的重要因素。

第 8 章

内部控制缺陷识别预测与跟踪机制

企业内部控制缺陷识别与预测是一个系统化工程，建立了 BP 神经网络缺陷识别模型后，应该积极从实施目标、实施组织、实施方法几方面综合设计建立缺陷识别和预测机制，防范企业内部控制缺陷在企业内部进一步加深危害及向企业上下游扩散。

8.1　为什么选择神经网络技术识别控制缺陷

我们常说管理即控制。内部控制作为企业管理的重要部分，内部控制系统的结构异常复杂多变，其复杂性主要表现在以下方面：

8.1.1　内部控制系统受影响因素多

一个企业的内部控制系统受到来自企业内外部的各种因素影响。比如，主管部门发布了一个制度要求企业执行，企业需要将其纳入内部控制体系中，没有任何选择余地。于是企业的内部控制程序、手段、方法等就必须跟着发生改变。比如，一个企业总经理发生更替，新任总经理与原任总经理管理风格不同。原任总经理比较敢于冒险接受新事物，强调感情留人，企业管理环境较为宽松，而新任总经理做事比较谨慎，强调制度管人，喜欢企业运营按部就班，一切按照预定轨道运行，那么企业的内部控制目标、环境、程序、手段、评价等一系列内容也都会跟着发生改变。

8.1.2　企业内部控制系统本身结构复杂

从根本上来说，一个企业由人、财、物、信息等各种资源构成。这些资源结合在一起完成的目标、内容等不同就形成了钢铁、煤炭、电力、信息等各种不同行业的企业；这些资源按照不同的结构组合在一起，又形成了各式各样、千变万化的管理结构、组织结构、人员结构、财务结构、信息结构、资源管理结构等，幻化出多种多样决策程序、管理程序、组织程序、人事程序、信息处理程序，以及销售、采购、仓管、财务等各种业务程序……于是，为了企业管理目标的实现，内部控制设定了“保证企业经营管理合法合规、资产安全、财务报告及相关信息真实完整，提高经营效率和效果，促进企业实现发展战略”多个目标和“全面性、重要性、制衡性、适应性、成本效益”多项原则……企业内部控制系统的结构异常复杂而且时刻面临改变。

8.1.3 内部控制系统输出结果复杂

首先，内部控制系统输出结果的形式是多种多样的，既包括企业政策、控制制度、组织机构、控制流程、控制活动，也包括企业的管理风格、企业文化和价值观等。

其次，内部控制系统输出结果既会表现为有与没有，也会表现在有效与没效，以及在多大程度上有效（即有效性水平）。比如，需要建立的内部控制制度是否建立起来？建立的制度是不是全面？控制流程是否建立和实施？控制活动是否实施，采用的控制活动是否适当与全面？支持内部控制的企业文化是不是建立起来？作为控制基础的风险评估是否实施？另外，企业建立的总体内部控制系统及其各组成方面是否有效。比如，建立的内部控制制度是否有效？设计并实施的控制流程是否有效？采用的控制活动是否有效？实施的风险评估是否有效？等等。

8.1.4 内部控制系统评价复杂

内部控制系统输出结果的复杂性决定了内部控制系统评价的复杂程度高。

首先，内部控制系统评价对象是复杂的。①内部控制系统输出结果作为评价对象，通过评价内部控制系统输出结果来评价内部控制系统的健全程度以及健全内部控制系统的有效程度；②内部控制系统建设过程作为评价对象，通过评价内部控制系统设计、实施的建设过程是否存在，以及该建设过程是否处于有效管理中，达到评价内部控制系统的目的；③由于企业内部控制的目的是实现主体的管理目标，也可以从内部控制目标是否达成以及达成的程度评价内部控制系统。

其次，内部控制系统评价的标准是多样的、不统一的，也不是一成不变的。一个企业内部控制系统质量高低并没有一个简单的、统一的、固定不变的评判标准。

最后，即使是针对同一个评价对象，评价指标的设计和评价标准的确定也不是唯一的。比如，以评价内部控制系统是否有效来说，按照COSO 观点，一个有效的内部控制系统“可以为主体目标实现提供合理保证，并将影响主体实现目标的风险降低到可接受的水平。”① 也就是说，可以通过评价是否为企业目标达成提供了合理保证和将风险降到了可接受水平来评价企业内部控制系统的有效性。那么如何界定合理保证？哪些指标可以代表它？不同的企业显然有不同的标准，同一个企业在发展变化中这个标准也需要不断调整。更进一步，企业内部控制失效意味着企业存在内部控制重大缺陷。如果我们从企业是否存在内部控制重大缺陷反过来评价其内部控制是否失效，也会面临判定企业是否存在重大缺陷的依据不同，不同企业重大缺陷界定标准有异，评判主体不同会产生评价结果不一致的问题。

8.1.5　企业内部控制问题时间特征不明显

企业内部控制系统随时处于调整、完善的发展变化中，这种调整、

---

① COSO，内部控制整合框架（2013），10 页。

完善的有效性又会随着企业内外环境及经营管理等条件变化改变。对企业来说，内部控制系统是一个需要持续完善、质量不断反复的过程，所以内部控制问题的时间属性并不明显，由此，基于时间序列进行识别诊断的模型将很难评判和保证识别与预测结果的合理性。因此，时间序列模型不适于解决该类问题。

类似趋势拟合法、平滑法、ARIMA 等时间序列模型常用于确定性变化和随机性变化的分析预测。该类方法一般比较简单，在解决复杂人文社会科学类问题方面不是最好的选择。神经网络模型模拟人的大脑思维，更适于内部控制等复杂经济管理与人文社会科学类问题的研究和解决。

8.2 缺陷识别与预测实施目标

BP 神经网络内部控制缺陷识别与预测旨在将自动控制理论、数据挖掘技术和网络技术运用于内部控制缺陷认定。一方面，利用预测控制理论建立起内部控制缺陷识别模型，利用该模型和数据挖掘技术实现对内部控制缺陷的早期预警和跟踪，并利用网络技术构建起企业内部控制缺陷的监测网络，提高内部控制缺陷认定的标准化、定量化程度和规范化水平，进而减少内部控制缺陷认定的人为因素，及时发现和消除内部控制缺陷，减少由于缺陷可能带来的严重后果。另一方面，通过完善内部控制缺陷认定标准体系、完善缺陷等级分类标准和认定过程标准，可以进一步提高内部控制缺陷认定的科学化水平。

8.2.1　缺陷识别预测对内部控制建设的预期效果

利用 BP 神经网络完成内部控制缺陷识别预测对内部控制建设的预期效果体现在三方面：

8.2.1.1　完善内部控制缺陷认定标准体系，提高内部控制缺陷认定的科学化水平

采用层次分析法，基于规范体系和企业自身业务和管理特征，确定内部控制缺陷认定指标及其权重，建立起全面、系统、操作性强的内部控制缺陷认定指标谱系。不仅可以丰富内部控制理论，而且极大促进了内部控制规范体系的实践应用。

8.2.1.2　提高内部控制缺陷认定的标准化、定量化程度和规范化水平

改进目前内部控制缺陷等级认定方法，完善缺陷等级分类标准和认定过程标准，从内部控制缺陷认定单纯依赖评价人员和注册会计师的职业素养，变成利用信息技术辅助评价人员和注册会计师，人机共同完成内部控制缺陷认定，减少由于人为因素造成的对内部控制缺陷认定的差异和不一致性。

8.2.1.3　完善内部控制缺陷的识别预警机制，提高企业管理水平

基于预测控制理论、数据挖掘方法和网络技术建立起内部控制缺陷识别模型，利用该模型，通过构建内部控制缺陷的早期预警机制，一方面完成企业内部控制缺陷认定指标的监测、分析，有助于将内部控制缺陷隐患消除在萌芽状态；另一方面对于已经确定的内部控制缺陷，有效

跟踪缺陷解决状态，让管理者实时了解各种缺陷的解决状况，防止缺陷后果的蔓延。

8.2.2 缺陷识别预测的目标

8.2.2.1 总体目标

缺陷预防是企业内部控制的最高境界。企业内部控制缺陷识别预测的总体目标是通过构建内部控制缺陷早期预警机制，对内部控制缺陷做出早期的识别，将缺陷消除在苗头状态，使企业内部控制缺陷始终处于可控的状态，从而保证企业的正常运营，维护企业财产安全，提高企业管理水平。

8.2.2.2 具体目标

内部控制是由企业董事会、经理阶层和其他职员实施的，为实现营运的效率效果、财务报告的可靠性、相关法令的遵循性等目标而提供合理保证的过程。其根本目的是为企业实现管理目标提供合理保证。一个企业在存续期间，只要有影响管理目标实现的风险因素存在，就需要实施内部控制。因此，内部控制缺陷识别与预测是为了更好地发挥内部控制的作用。内部控制缺陷识别与预测可以达到以下具体目标：

- 完善我国企业内部控制缺陷认定指标体系。
- 通过对企业日常活动进行监测，并利用 BP 缺陷识别预测模型完成企业内部控制缺陷严重程度的识别。
- 建立企业内部控制缺陷早期预警机制。

8.3　缺陷识别预测、状态跟踪的实施组织

内部控制缺陷识别预测必须由一定组织机构和人员完成，实施组织是一切实施活动开展的基础。

8.3.1　领导与管理机构

企业实施内部控制缺陷识别预测的目的是通过构建内部控制缺陷早期预警机制，对内部控制缺陷做出早期的识别，使企业内部控制缺陷始终处于可控的状态。这需要人员和组织上的保证，如图 8 -1 所示。

企业内部控制缺陷防控的实施组织是企业整个组织结构中的一部分。首先要建立和完善企业法人治理结构，董事会、监事会、经理层应该职责划分明确，并能真正发挥各自应有的作用，形成有效的企业治理、监督和制约机制。在此基础上，企业应该单独设立负责内部控制建设的专门机构，或者由企业内部审计机构，或者风险管理机构承担，具体负责实施企业内部控制缺陷识别预测，可以由公司的副总具体领导并总体负责相关工作。该机构要设立专门的内部控制缺陷识别预测工作组，负责日常相关工作。工作组的规模、结构和状况依特定企业的需求而定。

内部控制缺陷防控是企业内部控制建设的一部分，涉及所有的部门和员工，因此企业的每个成员都应明确内部控制的总目标和各自的权利和责任。

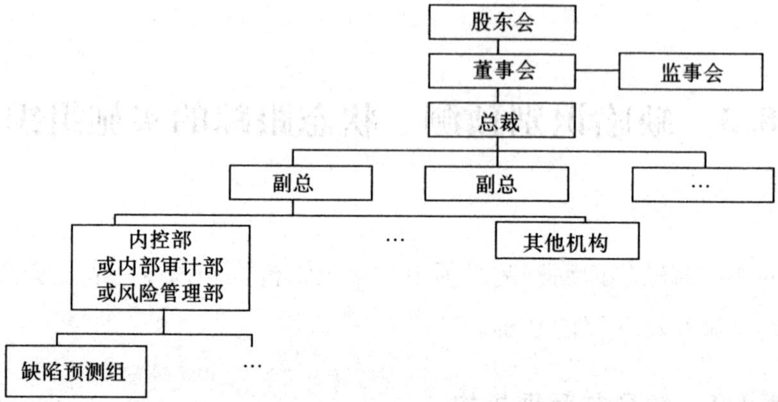

图 8 -1 内部控制缺陷防控管理和领导机构

8.3.2 实施组织设置

为了保证识别与预测结果的真实、客观、准确、全面，并实现预测结果的规范化利用。内部控制缺陷识别与预测具体实施组织应该在职能上独立于企业其他部门。

内部控制缺陷识别与预测具体实施组织应该在负责人领导下，具体设置结果分析评定组、预测模型维护组、数据采集组以及指标体系维护组，并设置安排具体人员完成相关工作。图 8 -2 给出了内部控制缺陷识别预测组织的构成。

其中，各小组应该承担如下职能：

- 负责人对内部控制缺陷识别预测工作实施负总责。

- 结果分析评定组负责内部控制缺陷识别与预测输出结果的分析，并在此基础上确定并给出评定结论，以及最终评估报告的形成和管理。

- 识别预测模型维护支持组负责 BP 缺陷识别预测模型的维护支持，包括负责设计和开发内部控制缺陷预测系统，确保识别与预测模型

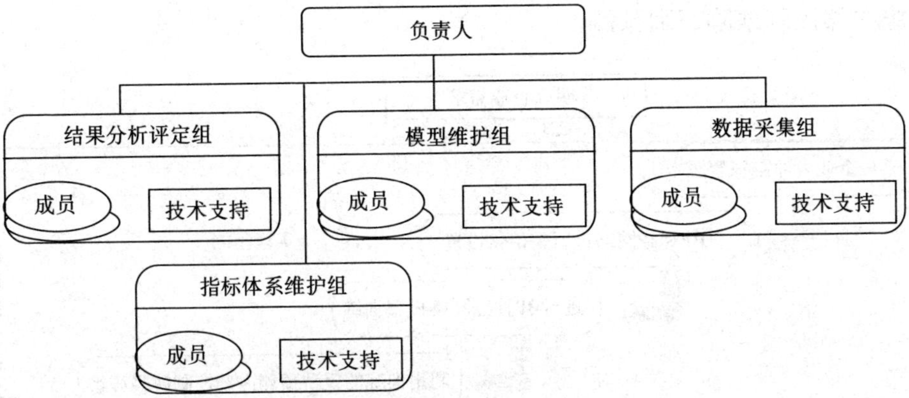

图 8－2　内部控制缺陷识别预测实施组织

的计算机程序是正确的，并根据需要进行升级、修改和完善。

• 数据采集组负责内部控制缺陷识别预测所使用的数据的采集、整理。

• 指标体系和标准维护组的工作是内部控制缺陷识别预测的重要基础，包括：企业内部控制监测评价指标体系的设计、建立和完善；企业内部控制缺陷严重程度等级分类和等级标准的制定；企业内部控制缺陷识别预测评价程序的制定；企业内部控制缺陷识别预测实施的各类人员资格标准制定，以及数据采集方法和程序的确定。

8.4　缺陷识别与预测实施方法

内部控制缺陷防控的核心是对内部控制缺陷做出早期识别，使企业内部控制缺陷始终处于可控状态。企业可以按照图 8－3 所示的步骤实施内部控制缺陷识别预测。

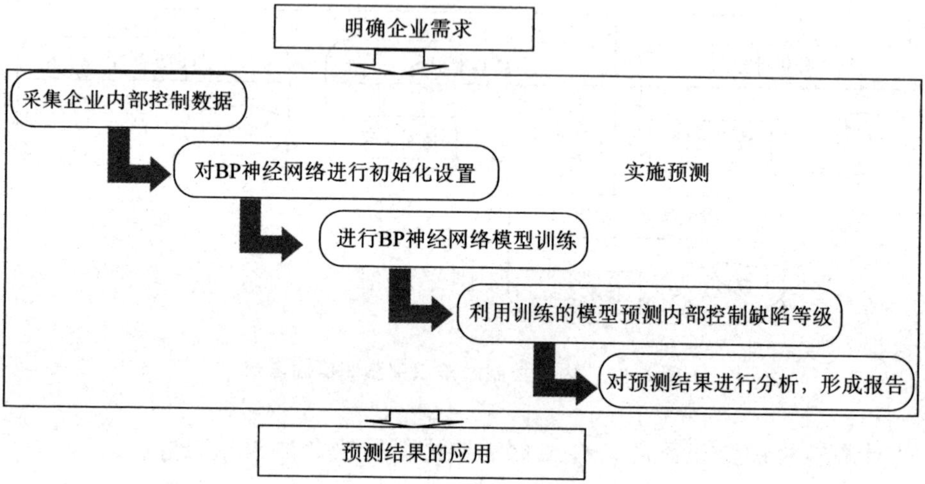

图 8-3 内部控制缺陷识别与预测实施方法

8.4.1 明确企业需求

内部控制缺陷识别与预测实施的第一步是要充分明确企业需求。内部控制缺陷识别与预测实施需要人、财、物各方面的投入和支持，一个企业经营环境越复杂，改善内部控制的愿望越强烈，管理层对改进的支持越大，实施的目标就越容易达成。

8.4.2 实施识别预测

- 采集企业内部控制数据。根据设计的内部控制评价指标、数据采集方法和程序采集相关数据；根据缺陷严重程度标准确定模型中输出信号判定数据。
- 对建立的 BP 缺陷识别与预测模型进行初始化设置。

- 进行 BP 神经网络模型训练，或者利用已经训练好的模型。
- 利用训练完成的模型识别与预测，并输出内部控制缺陷等级数据。
- 确定缺陷严重程度等级，并生成预测评价报告。确定缺陷严重程度主要是企业的自我评价，即企业自己根据内部控制缺陷识别预测的等级标准进行自我评价，了解自身内部控制能力状况，以便进一步改进。

8.4.3　应用识别预测结果

研究利用识别预测结果改善管理工作。

8.5　缺陷识别预测、状态跟踪的规范化

企业内部控制是由企业董事会、经理阶层和其他职员实施的，为实现控制目标而提供合理保证的过程，包括一系列活动和方法。而通过对企业历史、日常或未来的经营管理和业务活动进行监测可以判断出企业曾经、当前或未来的内部控制缺陷的严重程度，这就是企业内部控制缺陷的识别与预测。内部控制缺陷识别与预测规范化是企业内部控制缺陷识别与预测的标准化、范式化。当企业内部控制缺陷识别与预测工作进入相对稳定状态时，缺陷识别与预测规范化的问题就越发重要，此时就需要对其进行规范化。因此，缺陷识别与预测规范化也意味着企业事前控制能力已经渐趋成熟。

8.5.1 规范化可以给企业内部控制缺陷识别与预测带来多方面好处

- 可以将内部控制缺陷识别与预测的过程透明化、强制化、标准化，从而极大提高企业按计划时间和成本开展内部控制识别与预测的能力。
- 可以保证预测流程、预测流程输入的文档、预测流程输出的结果的格式和内容等的一致性。
- 可以确保缺陷识别预测工作所体现的内部控制事前控制能力是属于企业的，而非属于某个人，摆脱内部控制成败过分依赖领导者、专职核心业务人员等个人的情况。
- 可以降低预测工作的无序化，使企业管理人员、业务人员能把更多的精力放在企业创造性的活动上，不至于因内部控制项目陷入无序、混乱状态而使企业处于被动局面。
- 有助于提高内部控制缺陷识别与预测结果的应用，切实改善企业管理的科学化水平。
- 有助于提高内部控制缺陷识别与预测结果应用的及时性，最大化发挥缺陷预测的效应。

需要说明的是，内部控制缺陷识别与预测规范化的内容不是一成不变的，它会随着企业情况的变化、预测技术和方法的发展不断更新，会随着内部控制实践不断完善。

8.5.2 内部控制缺陷识别与预测规范化的内容

- 管理对象：确定内部控制缺陷识别与预测工作中哪些活动需要管理，明确这些活动的作用、先后次序及相互依赖关系。

• 管理内容：规定内部控制缺陷识别与预测工作的条件、内容、可采用的方法、技术以及预测工作结果。

• 评审标准：明确内部控制缺陷识别与预测结果的评价机制及相应的评价方法、技术。

• 组织机构：明确内部控制缺陷识别与预测工作所需的工作组及相应的人员配置，规定他们的职责和活动范围以及各工作组之间的相互关系。

• 方针规程：为各工作组、人员、活动制定相应的书面的、文档化的方针规程，这些方针规程，不仅是内部控制缺陷识别与预测规范化本身的内容，也是内部控制缺陷识别与预测规范化的基础和保证。

8.6　缺陷识别与预测的其他问题

8.6.1　缺陷预测结果的应用

经济与管理活动中的各种预测方法都存在优势和不足。BP 神经网络模型模拟人脑思维进行预测，在解决复杂的经济管理问题上具有优势，利用 BP 神经网络模型对内部控制缺陷进行预测方法是可行的。但在内部控制缺陷识别与预测结果的应用时还是需要注意以下几方面：

8.6.1.1　充分挖掘和应用识别与预测结果

企业内部控制缺陷识别与预测需要投入一定的人力、财力、物力，内部控制缺陷识别与预测结果应用越广泛、越深入，越可以摊薄成本，提高投入的经济效益。如何合理、广泛地应用预测结果，如何及时认识评估和改进通过预测反映出的企业在经营管理和业务处理中的问题，是发挥预测作用的重要内容。

8.6.1.2 合理确定识别与预测的准确度水平

从研究结论我们已经看到，内部控制监测得越细致、越具体，即内部控制评价指标设计得越全面，采集的原始数据反映的输入信息特征越多，识别结果越准确，预测结果与实际的吻合度越高，识别与预测准确率也越高。但是这些无疑也伴随着更多的监测投入。因此，企业要正确认识识别与预测准确度，合理确定可以接受的准确度水平，在内部控制缺陷识别与预测工作中也应该坚持成本效益原则。如果花费太大，效果又不十分明显，就要量力而行。毕竟不是越高的预测准确率就越好，这还要与企业的实际情况及承受能力相符合。

8.6.1.3 持续改进识别预测模型

企业内部控制缺陷识别与预测及采用的识别与预测模型不是一成不变的。比如，重点业务调整、企业业务与管理中风险点变化，监测指标都需要进行调整和修订。此时需要重新分析评估内部控制缺陷识别指标是否也需要做相应修改完善，缺陷识别预测模型的参数，如各层神经元个数、隐含层层数等是否也需要做调整改变。因此，每过一定时间(比如一年)，企业就应该重新审视相关监测、识别与预测活动，强调持续不断的完善，确保识别与预测模型处于最优应用状态。

8.6.2 缺陷识别与预测理论的构建

理论研究可以为企业采用新的管理措施、管理方法和管理手段提供基础支持，对新方法和措施的使用推广起良好的促进作用。内部控制缺陷识别与预测作为内部控制建设的一部分同样也不例外。将新技术应用于企业管理，提高企业管理的科学化水平，不仅可以更好地发挥新技术的作用，而且通过新技术与管理的结合，也可以丰富完善管理方法和理论以及内部控制理论，提高企业管理水平。

内部控制缺陷识别与预测主要从降低内部控制评价人为操纵、提高评价的自动化水平、落实和完善事前控制理念方面发挥作用。内部控制缺陷识别与预测中具体需要进行内部控制评价指标设计、内部控制缺陷标准确定、内部控制缺陷识别与预测模型训练、内部控制缺陷识别与预测程序定义、内部控制缺陷识别与预测结果分析和应用几方面工作。这些都离不开内部控制理论、信息技术理论的支持和指导。在此基础上，建立内部控制缺陷识别与预测理论对促进现代信息技术环境下内部控制理论的发展具有重要意义。

研究成果——BP 内部控制缺陷识别与预测模型是基于我国 93 家上市公司样本，利用 BP 神经网络技术方法建立的一个理论模型。模型应用阶段，缺陷识别与预测具体实施时，还要根据企业设计的内部控制评价指标体系、内部控制缺陷严重程度分类及等级分类标准进行部分调整。因此，理论和实践如何相结合是摆在企业面前的重要课题。如何帮助企业认识内部控制缺陷识别与预测模型的理论内核，向他们提供有关的基础知识与信息，帮助他们解决实施中遇到的问题也是非常关键的。

附 录

表 1　　16 个主成分的成分矩阵

原指标	成分															
	1	2	3	4	5	6	7	8	9	10	11	12	13	14	15	16
A1	0. 443	0. 200	0. 469	−0. 234	0. 173	0. 133	−0. 240	−0. 098	0. 120	−0. 010	−0. 332	0. 083	0. 101	0. 167	0. 121	−0. 288
A2	0. 475	0. 154	0. 516	−0. 281	0. 081	0. 213	−0. 151	−0. 122	0. 064	0. 072	−0. 366	−0. 030	0. 029	0. 179	0. 107	−0. 125
B1	0. 710	−0. 258	0. 058	0. 189	−0. 157	0. 256	−0. 003	−0. 003	0. 017	0. 021	0. 163	0. 033	−0. 072	−0. 086	−0. 125	−0. 095
B2	0. 541	−0. 160	0. 163	0. 336	−0. 225	−0. 075	−0. 256	−0. 098	−0. 054	0. 285	0. 028	−0. 096	0. 062	0. 136	0. 040	−0. 083
C1	0. 474	0. 099	0. 389	−0. 227	−0. 254	−0. 242	−0. 287	0. 187	0. 041	0. 052	0. 085	0. 221	−0. 220	−0. 236	0. 150	−0. 005
C2	0. 448	0. 045	0. 344	−0. 172	−0. 298	−0. 234	−0. 231	0. 120	0. 068	0. 106	−0. 024	0. 303	−0. 195	−0. 259	0. 108	0. 014
D1	0. 363	0. 065	0. 461	0. 038	−0. 514	−0. 072	0. 078	−0. 046	−0. 115	−0. 027	0. 202	−0. 074	0. 261	−0. 088	0. 023	0. 076
D2	0. 508	−0. 090	0. 335	0. 087	−0. 288	−0. 290	−0. 127	−0. 028	−0. 185	0. 328	0. 028	−0. 119	0. 258	−0. 076	0. 164	−0. 015
D3	−0. 141	0. 218	0. 188	0. 366	−0. 255	0. 267	0. 195	0. 039	0. 222	−0. 158	0. 318	0. 326	0. 254	0. 102	0. 111	−0. 155
E1	0. 090	0. 051	0. 491	0. 465	0. 109	0. 096	−0. 304	0. 092	−0. 334	−0. 150	0. 078	−0. 061	−0. 192	0. 099	−0. 071	0. 213
E2	0. 275	−0. 226	0. 315	0. 315	0. 184	0. 220	−0. 412	0. 062	−0. 309	−0. 031	0. 086	0. 111	−0. 149	0. 069	−0. 194	0. 117
F1	0. 289	−0. 346	0. 139	0. 367	0. 182	−0. 225	0. 369	0. 004	0. 025	−0. 036	0. 083	−0. 082	−0. 250	0. 193	0. 156	−0. 072
F2	0. 366	−0. 444	0. 063	0. 096	0. 127	−0. 264	0. 392	−0. 157	0. 046	−0. 168	−0. 061	0. 305	−0. 031	0. 206	−0. 041	0. 051
F3	0. 212	−0. 140	0. 306	0. 390	0. 013	−0. 103	0. 426	0. 199	−0. 152	−0. 069	−0. 100	−0. 051	−0. 061	−0. 194	0. 135	−0. 258
F4	0. 241	−0. 351	0. 472	0. 174	0. 206	−0. 217	0. 246	−0. 014	0. 059	0. 040	−0. 337	−0. 087	−0. 055	−0. 034	0. 049	0. 088
F5	0. 336	−0. 350	0. 339	0. 191	0. 288	−0. 250	0. 215	0. 108	−0. 156	−0. 084	−0. 304	0. 023	0. 009	0. 052	−0. 149	0. 022
G1	0. 595	−0. 120	0. 296	0. 146	−0. 304	0. 001	0. 172	−0. 023	0. 084	0. 079	0. 034	0. 105	0. 062	−0. 014	−0. 315	−0. 076

续表 1

原指标	成分															
	1	2	3	4	5	6	7	8	9	10	11	12	13	14	15	16
G2	0. 406	−0. 128	0. 381	0. 252	−0. 132	−0. 339	0. 126	−0. 213	0. 005	0. 180	0. 010	0. 178	0. 124	0. 039	−0. 254	0. 012
H1	0. 732	−0. 319	−0. 291	−0. 128	0. 159	−0. 058	0. 080	0. 081	−0. 134	0. 124	0. 159	0. 044	0. 061	−0. 093	−0. 114	0. 075
H2	−0. 125	0. 619	−0. 072	−0. 229	0. 262	−0. 018	0. 295	0. 248	−0. 234	0. 211	−0. 041	0. 112	0. 079	−0. 003	−0. 052	0. 134
H3	−0. 027	0. 719	0. 036	0. 105	0. 035	0. 123	0. 302	0. 262	−0. 240	0. 141	−0. 080	0. 123	0. 043	−0. 115	0. 052	0. 000
H4	0. 540	0. 325	0. 080	−0. 259	−0. 096	0. 305	0. 161	−0. 064	−0. 317	0. 165	0. 071	−0. 045	0. 037	0. 201	−0. 026	−0. 056
H5	0. 229	0. 678	0. 135	−0. 258	0. 086	−0. 154	0. 014	0. 197	−0. 131	0. 031	−0. 184	0. 159	−0. 029	−0. 042	0. 019	0. 151
H6	0. 537	0. 405	−0. 193	−0. 155	0. 284	−0. 056	0. 133	0. 070	−0. 260	0. 237	0. 157	0. 221	0. 060	0. 071	−0. 061	0. 011
I1	0. 711	−0. 029	0. 226	−0. 326	0. 152	−0. 187	0. 011	0. 127	0. 078	−0. 181	0. 229	−0. 157	−0. 184	−0. 021	−0. 118	−0. 058
I2	0. 643	0. 138	0. 279	−0. 247	0. 171	−0. 208	0. 004	0. 095	0. 050	−0. 247	0. 262	−0. 208	−0. 197	0. 003	−0. 074	0. 009
J1	0. 441	0. 308	0. 291	−0. 448	0. 219	−0. 133	−0. 005	0. 105	0. 171	−0. 205	0. 245	−0. 125	0. 013	0. 048	−0. 055	−0. 111
J2	0. 028	0. 760	0. 201	−0. 202	−0. 004	0. 042	0. 157	0. 002	−0. 182	0. 018	−0. 070	−0. 023	0. 082	0. 111	0. 011	0. 067
K1	0. 756	−0. 118	0. 119	−0. 431	0. 073	−0. 076	0. 105	0. 083	0. 148	0. 068	0. 108	−0. 108	0. 105	−0. 060	−0. 056	0. 024
L1	0. 665	0. 221	−0. 163	0. 092	−0. 375	−0. 054	0. 084	0. 127	0. 037	−0. 063	−0. 018	−0. 029	−0. 063	0. 022	0. 095	0. 087
L2	0. 634	−0. 192	−0. 370	0. 028	0. 140	−0. 090	0. 125	0. 004	0. 112	0. 143	−0. 018	−0. 065	−0. 076	0. 000	0. 227	−0. 064
L3	0. 663	0. 302	−0. 197	0. 048	−0. 329	−0. 073	0. 179	0. 022	0. 170	−0. 118	−0. 202	−0. 068	−0. 183	−0. 074	−0. 023	0. 019
L4	0. 621	−0. 263	−0. 372	−0. 041	0. 106	−0. 118	0. 140	0. 005	0. 012	0. 155	0. 061	0. 103	0. 098	−0. 013	0. 030	0. 019
L5	0. 650	0. 262	−0. 100	−0. 055	−0. 287	0. 036	0. 080	−0. 074	0. 128	−0. 065	−0. 049	−0. 301	0. 219	0. 046	−0. 045	0. 066
L6	0. 653	0. 352	−0. 307	0. 127	−0. 330	0. 004	0. 085	0. 028	0. 144	−0. 025	−0. 053	0. 043	−0. 016	0. 113	−0. 102	0. 074
L7	0. 600	0. 181	−0. 268	0. 099	−0. 052	−0. 111	−0. 048	0. 045	0. 004	−0. 090	0. 083	0. 002	−0. 039	0. 264	−0. 017	0. 150
L8	0. 569	0. 095	−0. 153	−0. 011	−0. 050	−0. 353	−0. 263	−0. 120	−0. 046	−0. 033	−0. 133	0. 033	−0. 041	0. 422	0. 179	0. 200
L9	0. 539	0. 196	−0. 370	0. 145	−0. 083	0. 019	−0. 026	0. 115	−0. 061	0. 188	0. 018	−0. 112	−0. 223	0. 227	0. 265	−0. 201

续表 2

原指标	成分															
	1	2	3	4	5	6	7	8	9	10	11	12	13	14	15	16
L10	0. 629	0. 392	−0. 195	0. 108	−0. 413	−0. 033	0. 043	0. 004	0. 129	−0. 063	−0. 109	−0. 095	−0. 117	0. 041	0. 006	0. 191
L11	0. 590	−0. 168	−0. 285	0. 167	0. 094	0. 176	−0. 096	−0. 251	−0. 204	0. 211	−0. 088	−0. 035	0. 031	−0. 279	0. 131	−0. 022
L12	0. 394	0. 393	0. 109	0. 088	0. 080	−0. 110	−0. 106	−0. 131	0. 264	−0. 210	−0. 276	0. 170	0. 244	−0. 197	−0. 074	0. 053
L13	0. 399	0. 406	−0. 131	0. 125	−0. 038	0. 368	−0. 028	−0. 039	0. 055	−0. 199	−0. 138	0. 038	−0. 054	0. 065	−0. 279	−0. 046
M1	0. 623	0. 002	−0. 181	−0. 071	0. 134	0. 146	−0. 016	−0. 331	−0. 177	−0. 417	0. 025	0. 249	0. 050	−0. 119	0. 199	0. 011
M2	0. 614	0. 139	−0. 121	−0. 028	0. 131	0. 067	0. 023	−0. 386	−0. 172	−0. 285	0. 108	0. 321	−0. 040	−0. 095	0. 193	0. 099
M3	0. 768	−0. 451	−0. 251	−0. 097	0. 108	−0. 002	−0. 064	−0. 028	0. 039	0. 111	0. 073	0. 069	−0. 044	−0. 106	−0. 073	−0. 008
M4	0. 780	−0. 394	−0. 226	−0. 078	0. 098	−0. 070	−0. 098	−0. 026	0. 115	0. 135	0. 020	0. 110	2. 393E-6	−0. 125	−0. 002	0. 067
M5	0. 390	0. 333	−0. 128	0. 260	0. 276	−0. 134	−0. 170	0. 001	0. 247	0. 140	0. 162	0. 243	0. 091	0. 243	−0. 102	−0. 182
M6	0. 516	0. 240	−0. 242	0. 241	0. 066	0. 011	−0. 150	0. 392	−0. 089	−0. 235	−0. 027	−0. 041	0. 089	−0. 096	−0. 028	−0. 317
N1	0. 695	0. 094	−0. 198	0. 245	0. 273	−0. 146	−0. 148	0. 183	0. 019	−0. 039	−0. 082	−0. 113	0. 100	−0. 127	0. 031	0. 024
N2	0. 446	0. 251	−0. 280	0. 351	0. 150	−0. 084	−0. 266	0. 420	−0. 094	−0. 181	−0. 096	−0. 011	0. 196	−0. 053	−0. 027	−0. 103
O1	0. 737	0. 063	−0. 053	−0. 029	−0. 032	0. 340	0. 083	−0. 229	−0. 114	0. 037	−0. 137	−0. 095	−0. 198	−0. 081	−0. 169	−0. 032
O2	0. 740	0. 037	−0. 048	−0. 031	−0. 029	0. 350	0. 065	−0. 220	−0. 117	0. 094	−0. 120	−0. 129	−0. 217	−0. 132	−0. 163	−0. 097
P1	−0. 002	0. 706	0. 146	0. 300	0. 365	−0. 047	−0. 013	−0. 253	0. 208	0. 129	0. 126	−0. 134	−0. 053	−0. 146	0. 018	0. 061
P2	0. 016	0. 725	0. 137	0. 335	0. 329	0. 006	0. 028	−0. 209	0. 227	0. 126	0. 133	−0. 099	−0. 047	−0. 135	0. 063	−0. 006
P3	−0. 105	0. 710	0. 170	0. 240	0. 340	−0. 063	0. 009	−0. 247	0. 225	0. 200	0. 131	−0. 089	−0. 100	−0. 090	0. 022	0. 075
Q1	0. 570	−0. 183	−0. 030	−0. 007	0. 204	−0. 122	−0. 113	−0. 154	−0. 156	−0. 061	0. 071	−0. 291	0. 444	0. 012	−0. 038	0. 084
R1	0. 542	−0. 303	0. 225	−0. 037	0. 165	0. 230	0. 168	−0. 029	−0. 081	−0. 323	0. 061	−0. 167	0. 167	−0. 027	0. 256	0. 053
R2	0. 554	−0. 059	0. 398	−0. 140	0. 014	0. 416	0. 067	0. 028	−0. 025	0. 131	0. 207	0. 074	−0. 035	0. 160	0. 123	−0. 123
S1	0. 250	−0. 178	0. 290	0. 256	0. 129	0. 437	0. 050	0. 320	0. 192	0. 063	0. 082	−0. 013	0. 029	0. 018	0. 161	0. 388
S2	0. 369	−0. 538	−0. 041	−0. 135	0. 390	0. 220	−0. 046	0. 194	0. 288	0. 187	−0. 140	0. 096	0. 058	0. 078	−0. 068	0. 029
S3	0. 388	−0. 284	0. 103	0. 005	−0. 018	0. 563	0. 040	0. 278	0. 328	0. 091	−0. 077	0. 049	0. 075	−0. 030	0. 083	0. 220

提取方法：主成分分析，a. 16 个主成分被提取。

表 2

20 个主成分的成分矩阵

原指标	成分																			
	1	2	3	4	5	6	7	8	9	10	11	12	13	14	15	16	17	18	19	20
A1	0.443	0.200	0.469	-0.234	0.173	0.133	-0.240	-0.098	0.120	-0.010	-0.332	0.083	0.101	0.167	0.121	-0.288	-0.152	-0.004	-0.035	-0.028
A2	0.475	0.154	0.516	-0.281	0.081	0.213	-0.151	-0.122	0.064	0.072	-0.366	-0.030	0.029	0.179	0.107	-0.125	0.098	0.095	-0.003	0.019
B1	0.710	-0.258	0.058	0.189	-0.157	0.256	-0.003	-0.003	0.017	0.021	0.163	0.033	-0.072	-0.086	-0.125	-0.095	0.018	-0.142	-0.019	0.165
B2	0.541	-0.160	0.163	0.336	-0.225	-0.075	-0.256	-0.098	-0.054	0.285	0.028	-0.096	0.062	0.136	0.040	-0.083	0.191	-0.171	0.063	-0.065
C1	0.474	0.099	0.389	-0.227	-0.254	-0.242	-0.287	0.187	0.041	0.052	0.085	0.221	-0.220	-0.236	0.150	-0.005	0.050	-0.081	0.108	-0.021
C2	0.448	0.045	0.344	-0.172	-0.298	-0.234	-0.231	0.[illegible]20	0.068	0.106	-0.024	0.303	-0.195	-0.259	0.108	0.014	-0.121	-0.069	-0.138	-0.183
D1	0.363	0.065	0.461	0.038	-0.514	-0.072	0.078	-0.046	-0.115	-0.027	0.202	-0.074	0.261	-0.088	0.023	0.076	0.124	-0.083	-0.245	0.007
D2	0.508	-0.090	0.335	0.087	-0.288	-0.290	-0.127	-0.028	-0.185	0.328	0.028	-0.119	0.258	-0.076	0.164	-0.015	0.050	0.017	-0.070	0.132
D3	-0.141	0.218	0.188	0.366	-0.255	0.267	0.195	0.039	0.222	-0.158	0.318	0.326	0.254	0.102	0.111	-0.155	-0.006	-0.111	0.078	0.188
E1	0.090	0.051	0.491	0.465	0.109	0.096	-0.304	0.092	-0.334	-0.150	0.078	-0.061	-0.192	0.099	-0.071	0.213	0.022	0.146	0.032	0.087
E2	0.275	-0.226	0.315	0.315	0.184	0.220	-0.412	0.062	-0.309	-0.031	0.086	0.111	-0.149	0.069	-0.194	0.117	0.055	0.197	0.253	-0.004
F1	0.289	-0.346	0.139	0.367	0.182	-0.225	0.369	0.004	0.025	-0.036	0.083	-0.082	-0.250	0.193	0.156	-0.072	0.098	-0.069	0.009	-0.391
F2	0.366	-0.444	0.063	0.096	0.127	-0.264	0.392	-0.157	0.046	-0.168	-0.061	0.305	-0.031	0.206	-0.041	0.051	-0.194	-0.038	0.000	0.045
F3	0.212	-0.140	0.306	0.390	0.013	-0.103	0.426	0.1[illegible]9	-0.152	-0.069	-0.100	-0.051	-0.061	-0.194	0.135	-0.258	0.128	0.012	0.200	0.210
F4	0.241	-0.351	0.472	0.174	0.206	-0.217	0.246	-0.[illegible]14	0.059	0.040	-0.337	-0.087	-0.055	-0.034	0.049	0.088	0.229	-0.126	-0.045	0.127
F5	0.336	-0.350	0.339	0.191	0.288	-0.250	0.215	0.108	-0.156	-0.084	-0.304	0.023	0.009	0.052	-0.149	0.022	-0.046	0.008	-0.145	0.117
G1	0.595	-0.120	0.296	0.146	-0.304	0.001	0.172	-0.023	0.084	0.079	0.034	0.105	0.062	-0.014	-0.315	-0.076	-0.212	0.246	-0.179	-0.021
G2	0.406	-0.128	0.381	0.252	-0.132	-0.339	0.126	-0.213	0.005	0.180	0.010	0.178	0.124	0.039	-0.254	0.012	-0.187	0.067	0.054	-0.165
H1	0.732	-0.319	-0.291	-0.128	0.159	-0.058	0.080	0.081	-0.134	0.124	0.159	0.044	0.061	-0.093	-0.114	0.075	0.134	-0.011	-0.063	-0.028

续表 1

原指标	成分																			
	1	2	3	4	5	6	7	8	9	10	11	12	13	14	15	16	17	18	19	20
H2	-0.125	0.619	-0.072	-0.229	0.262	-0.018	0.295	0.248	-0.234	0.211	-0.041	0.112	0.079	-0.003	-0.052	0.134	0.083	-0.131	0.089	0.025
H3	-0.027	0.719	0.036	0.105	0.035	0.123	0.302	0.262	-0.240	0.141	-0.080	0.123	0.043	-0.115	0.052	0.000	0.059	0.047	0.002	-0.090
H4	0.540	0.325	0.080	-0.259	-0.096	0.305	0.161	-0.064	-0.317	0.165	0.071	-0.045	0.037	0.201	-0.026	-0.056	-0.188	-0.088	0.080	0.031
H5	0.229	0.678	0.135	-0.258	0.086	-0.154	0.014	0.197	-0.131	0.031	-0.184	0.159	-0.029	-0.042	0.019	0.151	-0.018	0.039	-0.177	0.144
H6	0.537	0.405	-0.193	-0.155	0.284	-0.056	0.133	0.070	-0.260	0.237	0.157	0.221	0.060	0.071	-0.061	0.011	0.125	-0.086	-0.052	-0.103
I1	0.711	-0.029	0.226	-0.326	0.152	-0.187	0.011	0.127	0.078	-0.181	0.229	-0.157	-0.184	-0.021	-0.118	-0.058	0.016	0.033	0.065	0.092
I2	0.643	0.138	0.279	-0.247	0.171	-0.208	0.004	0.095	0.050	-0.247	0.262	-0.208	-0.197	0.003	-0.074	0.009	0.003	0.028	0.006	0.130
J1	0.441	0.308	0.291	-0.448	0.219	-0.133	-0.005	0.105	0.171	-0.205	0.245	-0.125	0.013	0.048	-0.055	-0.111	0.082	-0.074	0.010	0.031
J2	0.028	0.760	0.201	-0.202	-0.004	0.042	0.157	0.002	-0.182	0.018	-0.070	-0.023	0.082	0.111	0.011	0.067	-0.028	0.138	0.180	-0.123
K1	0.756	-0.118	0.119	-0.431	0.073	-0.076	0.105	0.083	0.148	0.068	0.108	-0.108	0.105	-0.060	-0.056	0.024	0.015	0.028	0.076	-0.014
L1	0.665	0.221	-0.163	0.092	-0.375	-0.054	0.084	0.127	0.037	-0.063	-0.018	-0.029	-0.063	0.022	0.095	0.087	-0.065	0.017	0.317	-0.117
L2	0.634	-0.192	-0.370	0.028	0.140	-0.090	0.125	0.004	0.112	0.143	-0.018	-0.065	-0.076	0.000	0.227	-0.064	0.080	0.064	-0.012	0.072
L3	0.663	0.302	-0.197	0.048	-0.329	-0.073	0.179	0.022	0.170	-0.118	-0.202	-0.068	-0.183	-0.074	-0.023	0.019	-0.029	0.071	0.159	-0.080
L4	0.621	-0.263	-0.372	-0.041	0.106	-0.118	0.140	0.005	0.012	0.155	0.061	0.103	0.098	-0.013	0.030	0.019	-0.057	0.289	0.044	0.190
L5	0.650	0.262	-0.100	-0.055	-0.287	0.036	0.080	-0.074	0.128	-0.065	-0.049	-0.301	0.219	0.046	-0.045	0.066	0.151	0.181	-0.125	-0.101
L6	0.653	0.352	-0.307	0.127	-0.330	0.004	0.085	0.028	0.144	-0.025	-0.053	0.043	-0.016	0.113	-0.102	0.074	-0.006	0.141	0.032	0.057
L7	0.600	0.181	-0.268	0.099	-0.052	-0.111	-0.048	0.045	0.004	-0.090	0.083	0.002	-0.039	0.264	-0.017	0.150	-0.208	-0.410	-0.046	0.187
L8	0.569	0.095	-0.153	-0.011	-0.050	-0.353	-0.263	-0.120	-0.046	-0.033	-0.133	0.033	-0.041	0.422	0.179	0.200	0.004	-0.034	-0.035	0.080
L9	0.539	0.196	-0.370	0.145	-0.083	0.019	-0.026	0.115	-0.061	0.188	0.018	-0.112	-0.223	0.227	0.265	-0.201	0.002	0.223	-0.129	0.141

续表 2

原指标	成分																			
	1	2	3	4	5	6	7	8	9	10	11	12	13	14	15	16	17	18	19	20
L10	0.629	0.392	-0.195	0.108	-0.413	-0.033	0.043	0.004	0.129	-0.053	-0.109	-0.095	-0.117	0.041	0.006	0.191	0.014	-0.037	0.049	-0.035
L11	0.590	-0.168	-0.285	0.167	0.094	0.176	-0.096	-0.251	-0.204	0.211	-0.088	-0.035	0.031	-0.279	0.131	-0.022	-0.059	-0.121	0.126	0.045
L12	0.394	0.393	0.109	0.088	0.080	-0.110	-0.106	-0.131	0.264	-0.210	-0.276	0.170	0.244	-0.197	-0.074	0.053	0.150	-0.052	0.245	0.050
L13	0.399	0.406	-0.131	0.125	-0.038	0.368	-0.028	-0.039	0.055	-0.199	-0.138	0.038	-0.054	0.065	-0.279	-0.046	0.337	-0.122	-0.094	-0.038
M1	0.623	0.002	-0.181	-0.071	0.134	0.146	-0.016	-0.331	-0.177	-0.417	0.025	0.249	0.050	-0.119	0.199	0.011	0.011	0.060	-0.063	-0.022
M2	0.614	0.139	-0.121	-0.028	0.131	0.067	0.023	-0.386	-0.172	-0.285	0.108	0.321	-0.040	-0.095	0.193	0.099	0.107	0.136	-0.113	0.012
M3	0.768	-0.451	-0.251	-0.097	0.108	-0.002	-0.064	-0.028	0.039	0.111	0.073	0.069	-0.044	-0.106	-0.073	-0.008	0.054	0.051	0.035	-0.042
M4	0.780	-0.394	-0.226	-0.078	0.098	-0.070	-0.098	-0.026	0.115	0.135	0.020	0.110	2.393E-6	-0.125	-0.002	0.067	0.060	0.017	0.013	0.005
M5	0.390	0.333	-0.128	0.260	0.276	-0.134	-0.170	0.301	0.247	0.140	0.162	0.243	0.091	0.243	-0.102	-0.182	0.310	-0.002	-0.002	-0.075
M6	0.516	0.240	-0.242	0.241	0.066	0.011	-0.150	0.392	-0.089	-0.235	-0.027	-0.041	0.089	-0.096	-0.028	-0.317	-0.059	0.098	-0.182	-0.053
N1	0.695	0.094	-0.198	0.245	0.273	-0.146	-0.148	0.183	0.019	-0.039	-0.082	-0.113	0.100	-0.127	0.031	0.024	-0.188	-0.137	-0.022	-0.108
N2	0.446	0.251	-0.280	0.351	0.150	-0.084	-0.266	0.420	-0.094	-0.181	-0.096	-0.011	0.196	-0.053	-0.027	-0.103	-0.209	-0.070	-0.023	-0.068
O1	0.737	0.063	-0.053	-0.029	-0.032	0.340	0.083	-0.229	-0.114	0.037	-0.137	-0.095	-0.198	-0.081	-0.169	-0.032	-0.088	-0.181	-0.098	0.010
O2	0.740	0.037	-0.048	-0.031	-0.029	0.350	0.065	-0.220	-0.117	0.094	-0.120	-0.129	-0.217	-0.132	-0.163	-0.097	0.014	-0.073	-0.066	-0.014
P1	-0.002	0.706	0.146	0.300	0.365	-0.047	-0.013	-0.253	0.208	0.129	0.126	-0.134	-0.053	-0.146	0.018	0.061	-0.121	0.031	-0.038	0.025
P2	0.016	0.725	0.137	0.335	0.329	0.006	0.028	-0.209	0.227	0.126	0.133	-0.099	-0.047	-0.135	0.063	-0.006	-0.111	0.023	-0.034	0.009
P3	-0.105	0.710	0.170	0.240	0.340	-0.063	0.009	-0.247	0.225	0.200	0.131	-0.089	-0.100	-0.090	0.022	0.075	-0.103	0.027	-0.027	0.057
Q1	0.570	-0.183	-0.030	-0.007	0.204	-0.122	-0.113	-0.154	-0.156	-0.061	0.071	-0.291	0.444	0.012	-0.038	0.084	-0.029	0.023	0.155	-0.003
R1	0.542	-0.303	0.225	-0.037	0.165	0.230	0.168	-0.029	-0.081	-0.323	0.061	-0.167	0.167	-0.027	0.256	0.053	-0.080	-0.044	-0.017	-0.198
R2	0.554	-0.059	0.398	-0.140	0.014	0.416	0.067	0.028	-0.025	0.131	0.207	0.074	-0.035	0.160	0.123	-0.123	-0.121	-0.016	0.114	-0.067
S1	0.250	-0.178	0.290	0.256	0.129	0.437	0.050	0.320	0.192	0.063	0.082	-0.013	0.029	0.018	0.161	0.388	0.072	0.040	-0.196	-0.125
S2	0.369	-0.538	-0.041	-0.135	0.390	0.220	-0.046	0.194	0.288	0.187	-0.140	0.096	0.058	0.078	-0.068	0.029	-0.075	0.001	0.031	-0.076
S3	0.388	-0.284	0.103	0.005	-0.018	0.563	0.040	0.278	0.328	0.091	-0.077	0.049	0.075	-0.030	0.083	0.220	-0.052	0.025	0.046	0.177

由因子载荷系数（成分矩阵中的数据）除以 $\sqrt{特征值}$，可以得到主成分系数。

表 3 **16 个主成分系数矩阵**

原指标 / α_{ji}	成分															
	1	2	3	4	5	6	7	8	9	10	11	12	13	14	15	16
A1	0. 111	0. 075	0. 230	−0. 137	0. 103	0. 084	−0. 174	−0. 075	0. 095	−0. 008	−0. 283	0. 074	0. 092	0. 156	0. 121	−0. 298
A2	0. 119	0. 058	0. 253	−0. 164	0. 048	0. 134	−0. 110	−0. 093	0. 051	0. 058	−0. 312	−0. 027	0. 026	0. 167	0. 107	−0. 129
B1	0. 178	−0. 097	0. 028	0. 111	−0. 094	0. 161	−0. 002	−0. 002	0. 013	0. 017	0. 139	0. 029	−0. 066	−0. 080	−0. 125	−0. 098
B2	0. 135	−0. 060	0. 080	0. 197	−0. 134	−0. 047	−0. 186	−0. 075	−0. 043	0. 230	0. 024	−0. 085	0. 057	0. 127	0. 040	−0. 086
C1	0. 119	0. 037	0. 191	−0. 133	−0. 152	−0. 152	−0. 208	0. 143	0. 032	0. 042	0. 072	0. 196	−0. 201	−0. 221	0. 151	−0. 005
C2	0. 112	0. 017	0. 169	−0. 101	−0. 178	−0. 147	−0. 168	0. 091	0. 054	0. 085	−0. 020	0. 269	−0. 178	−0. 242	0. 108	0. 015
D1	0. 091	0. 025	0. 226	0. 022	−0. 307	−0. 045	0. 057	−0. 035	−0. 091	−0. 022	0. 172	−0. 066	0. 238	−0. 082	0. 023	0. 079
D2	0. 127	−0. 034	0. 164	0. 051	−0. 172	−0. 182	−0. 092	−0. 021	−0. 146	0. 264	0. 024	−0. 106	0. 235	−0. 071	0. 165	−0. 016
D3	−0. 035	0. 082	0. 092	0. 214	−0. 152	0. 168	0. 142	0. 030	0. 175	−0. 127	0. 271	0. 289	0. 232	0. 095	0. 111	−0. 161
E1	0. 023	0. 019	0. 241	0. 272	0. 065	0. 060	−0. 221	0. 070	−0. 264	−0. 121	0. 066	−0. 054	−0. 175	0. 093	−0. 071	0. 221
E2	0. 069	−0. 085	0. 155	0. 184	0. 110	0. 138	−0. 299	0. 047	−0. 244	−0. 025	0. 073	0. 099	−0. 136	0. 065	−0. 195	0. 121
F1	0. 072	−0. 130	0. 068	0. 215	0. 109	−0. 141	0. 268	0. 003	0. 020	−0. 029	0. 071	−0. 073	−0. 228	0. 181	0. 157	−0. 075
F2	0. 092	−0. 167	0. 031	0. 056	0. 076	−0. 166	0. 285	−0. 120	0. 036	−0. 135	−0. 052	0. 271	−0. 028	0. 193	−0. 041	0. 053
F3	0. 053	−0. 053	0. 150	0. 228	0. 008	−0. 065	0. 309	0. 152	−0. 120	−0. 056	−0. 085	−0. 045	−0. 056	−0. 181	0. 135	−0. 267
F4	0. 060	−0. 132	0. 232	0. 102	0. 123	−0. 136	0. 179	−0. 011	0. 047	0. 032	−0. 287	−0. 077	−0. 050	−0. 032	0. 049	0. 091
F5	0. 084	−0. 132	0. 166	0. 112	0. 172	−0. 157	0. 156	0. 082	−0. 123	−0. 068	−0. 259	0. 020	0. 008	0. 049	−0. 150	0. 023
G1	0. 149	−0. 045	0. 145	0. 085	−0. 181	0. 001	0. 125	−0. 018	0. 066	0. 064	0. 029	0. 093	0. 057	−0. 013	−0. 316	−0. 079
G2	0. 102	−0. 048	0. 187	0. 147	−0. 079	−0. 213	0. 091	−0. 162	0. 004	0. 145	0. 009	0. 158	0. 113	0. 036	−0. 255	0. 012
H1	0. 183	−0. 120	−0. 143	−0. 075	0. 095	−0. 036	0. 058	0. 062	−0. 106	0. 100	0. 135	0. 039	0. 056	−0. 087	−0. 114	0. 078
H2	−0. 031	0. 233	−0. 035	−0. 134	0. 156	−0. 011	0. 214	0. 189	−0. 185	0. 170	−0. 035	0. 099	0. 072	−0. 003	−0. 052	0. 139

续表 1

原指标 \ α_{ji}	成分															
	1	2	3	4	5	6	7	8	9	10	11	12	13	14	15	16
H3	-0.007	0.271	0.018	0.061	0.021	0.077	0.219	0.200	-0.190	0.114	-0.068	0.109	0.039	-0.108	0.052	0.000
H4	0.135	0.123	0.039	-0.151	-0.057	0.192	0.117	-0.049	-0.250	0.133	0.061	-0.040	0.034	0.188	-0.026	-0.058
H5	0.057	0.256	0.066	-0.151	0.051	-0.097	0.010	0.150	-0.103	0.025	-0.157	0.141	-0.026	-0.039	0.019	0.156
H6	0.134	0.153	-0.095	-0.091	0.169	-0.035	0.097	0.053	-0.205	0.191	0.134	0.196	0.055	0.066	-0.061	0.011
I1	0.178	-0.011	0.111	-0.191	0.091	-0.118	0.008	0.097	0.062	-0.146	0.195	-0.139	-0.168	-0.020	-0.118	-0.060
I2	0.161	0.052	0.137	-0.144	0.102	-0.131	0.003	0.072	0.039	-0.199	0.223	-0.185	-0.180	0.003	-0.074	0.009
J1	0.110	0.116	0.143	-0.262	0.131	-0.084	-0.004	0.080	0.135	-0.165	0.209	-0.111	0.012	0.045	-0.055	-0.115
J2	0.007	0.287	0.099	-0.118	-0.002	0.026	0.114	0.002	-0.144	0.015	-0.060	-0.020	0.075	0.104	0.011	0.069
K1	0.189	-0.044	0.058	-0.252	0.044	-0.048	0.076	0.063	0.117	0.055	0.092	-0.096	0.096	-0.056	-0.056	0.025
L1	0.167	0.083	-0.080	0.054	-0.224	-0.034	0.061	0.097	0.029	-0.051	-0.015	-0.026	-0.057	0.021	0.095	0.090
L2	0.159	-0.072	-0.182	0.016	0.084	-0.057	0.091	0.003	0.088	0.115	-0.015	-0.058	-0.069	0.000	0.228	-0.066
L3	0.166	0.114	-0.097	0.028	-0.196	-0.046	0.130	0.017	0.134	-0.095	-0.172	-0.060	-0.167	-0.069	-0.023	0.020
L4	0.155	-0.099	-0.183	-0.024	0.063	-0.074	0.102	0.004	0.009	0.125	0.052	0.091	0.089	-0.012	0.030	0.020
L5	0.163	0.099	-0.049	-0.032	-0.171	0.023	0.058	-0.056	0.101	-0.052	-0.042	-0.267	0.200	0.043	-0.045	0.068
L6	0.164	0.133	-0.151	0.074	-0.197	0.003	0.062	0.021	0.114	-0.020	-0.045	0.038	-0.015	0.106	-0.102	0.077
L7	0.150	0.068	-0.132	0.058	-0.031	-0.070	-0.035	0.034	0.003	-0.073	0.071	0.002	-0.036	0.247	-0.017	0.155
L8	0.142	0.036	-0.075	-0.006	-0.030	-0.222	-0.191	-0.091	-0.036	-0.027	-0.113	0.029	-0.037	0.395	0.180	0.207
L9	0.135	0.074	-0.182	0.085	-0.050	0.012	-0.019	0.088	-0.048	0.152	0.015	-0.099	-0.203	0.212	0.266	-0.208
L10	0.158	0.148	-0.096	0.063	-0.246	-0.021	0.031	0.003	0.102	-0.051	-0.093	-0.084	-0.107	0.038	0.006	0.198
L11	0.148	-0.063	-0.140	0.098	0.056	0.111	-0.070	-0.191	-0.161	0.170	-0.075	-0.031	0.028	-0.261	0.131	-0.023

续表 2

原指标 \ α_{ji}	成分															
	1	2	3	4	5	6	7	8	9	10	11	12	13	14	15	16
L12	0. 099	0. 148	0. 053	0. 051	0. 048	-0. 069	-0. 077	-0. 100	0. 209	-0. 169	-0. 235	0. 151	0. 222	-0. 184	-0. 074	0. 055
L13	0. 100	0. 153	-0. 064	0. 073	-0. 023	0. 231	-0. 020	-0. 030	0. 043	-0. 160	-0. 118	0. 034	-0. 049	0. 061	-0. 280	-0. 048
M1	0. 156	0. 001	-0. 089	-0. 042	0. 080	0. 092	-0. 012	-0. 252	-0. 140	-0. 336	0. 021	0. 221	0. 046	-0. 111	0. 200	0. 011
M2	0. 154	0. 052	-0. 059	-0. 016	0. 078	0. 042	0. 017	-0. 294	-0. 136	-0. 230	0. 092	0. 285	-0. 036	-0. 089	0. 194	0. 103
M3	0. 192	-0. 170	-0. 123	-0. 057	0. 064	-0. 001	-0. 046	-0. 021	0. 031	0. 090	0. 062	0. 061	-0. 040	-0. 099	-0. 073	-0. 008
M4	0. 195	-0. 149	-0. 111	-0. 046	0. 058	-0. 044	-0. 071	-0. 020	0. 091	0. 109	0. 017	0. 098	0. 000	-0. 117	-0. 002	0. 069
M5	0. 098	0. 126	-0. 063	0. 152	0. 165	-0. 084	-0. 123	0. 001	0. 195	0. 113	0. 138	0. 216	0. 083	0. 227	-0. 102	-0. 189
M6	0. 129	0. 091	-0. 119	0. 141	0. 039	0. 007	-0. 109	0. 299	-0. 070	-0. 189	-0. 023	-0. 036	0. 081	-0. 090	-0. 028	-0. 328
N1	0. 174	0. 035	-0. 097	0. 143	0. 163	-0. 092	-0. 107	0. 140	0. 015	-0. 031	-0. 070	-0. 100	0. 091	-0. 119	0. 031	0. 025
N2	0. 112	0. 095	-0. 137	0. 205	0. 090	-0. 053	-0. 193	0. 320	-0. 074	-0. 146	-0. 082	-0. 010	0. 179	-0. 050	-0. 027	-0. 107
O1	0. 185	0. 024	-0. 026	-0. 017	-0. 019	0. 214	0. 060	-0. 175	-0. 090	0. 030	-0. 117	-0. 084	-0. 181	-0. 076	-0. 170	-0. 033
O2	0. 185	0. 014	-0. 024	-0. 018	-0. 017	0. 220	0. 047	-0. 168	-0. 092	0. 076	-0. 102	-0. 115	-0. 198	-0. 123	-0. 164	-0. 100
P1	-0. 001	0. 266	0. 072	0. 175	0. 218	-0. 030	-0. 009	-0. 193	0. 164	0. 104	0. 107	-0. 119	-0. 048	-0. 137	0. 018	0. 063
P2	0. 004	0. 273	0. 067	0. 196	0. 196	0. 004	0. 020	-0. 159	0. 179	0. 102	0. 113	-0. 088	-0. 043	-0. 126	0. 063	-0. 006
P3	-0. 026	0. 268	0. 083	0. 140	0. 203	-0. 040	0. 007	-0. 188	0. 178	0. 161	0. 112	-0. 079	-0. 091	-0. 084	0. 022	0. 078
Q1	0. 143	-0. 069	-0. 015	-0. 004	0. 122	-0. 077	-0. 082	-0. 117	-0. 123	-0. 049	0. 061	-0. 258	0. 405	0. 011	-0. 038	0. 087
R1	0. 136	-0. 114	0. 110	-0. 022	0. 098	0. 145	0. 122	-0. 022	-0. 064	-0. 260	0. 052	-0. 148	0. 152	-0. 025	0. 257	0. 055
R2	0. 139	-0. 022	0. 195	-0. 082	0. 008	0. 262	0. 049	0. 021	-0. 020	0. 106	0. 176	0. 066	-0. 032	0. 150	0. 123	-0. 127
S1	0. 063	-0. 067	0. 142	0. 150	0. 077	0. 275	0. 036	0. 244	0. 152	0. 051	0. 070	-0. 012	0. 026	0. 017	0. 162	0. 402
S2	0. 092	-0. 203	-0. 020	-0. 079	0. 233	0. 138	-0. 033	0. 148	0. 227	0. 151	-0. 119	0. 085	0. 053	0. 073	-0. 068	0. 030
S3	0. 097	-0. 107	0. 051	0. 003	-0. 011	0. 354	0. 029	0. 212	0. 259	0. 073	-0. 066	0. 043	0. 068	-0. 028	0. 083	0. 228

表 4 **20 个主成分系数矩阵**

原指标	成分																			
	1	2	3	4	5	6	7	8	9	10	11	12	13	14	15	16	17	18	19	20
A1	0.111	0.075	0.230	-0.137	0.103	0.084	-0.174	-0.075	0.095	-0.008	-0.283	0.074	0.092	0.156	0.121	-0.298	-0.161	-0.004	-0.040	-0.033
A2	0.119	0.058	0.253	-0.164	0.048	0.134	-0.110	-0.093	0.051	0.058	-0.312	-0.027	0.026	0.167	0.107	-0.129	0.104	0.106	-0.003	0.022
B1	0.178	-0.097	0.028	0.111	-0.094	0.161	-0.002	-0.002	0.013	0.017	0.139	0.029	-0.066	-0.080	-0.125	-0.098	0.019	-0.159	-0.022	0.192
B2	0.135	-0.060	0.080	0.197	-0.134	-0.047	-0.186	-0.075	-0.043	0.230	0.024	-0.085	0.057	0.127	0.040	-0.086	0.202	-0.191	0.072	-0.076
C1	0.119	0.037	0.191	-0.133	-0.152	-0.152	-0.208	0.143	0.032	0.042	0.072	0.196	-0.201	-0.221	0.151	-0.005	0.053	-0.091	0.123	-0.024
C2	0.112	0.017	0.169	-0.101	-0.178	-0.147	-0.168	0.091	0.054	0.085	-0.020	0.269	-0.178	-0.242	0.108	0.015	-0.128	-0.077	-0.158	-0.213
D1	0.091	0.025	0.226	0.022	-0.307	-0.045	0.057	-0.025	-0.091	-0.022	0.172	-0.066	0.238	-0.082	0.023	0.079	0.131	-0.093	-0.280	0.008
D2	0.127	-0.034	0.164	0.051	-0.172	-0.182	-0.092	-0.021	-0.146	0.264	0.024	-0.106	0.235	-0.071	0.165	-0.016	0.053	0.019	-0.080	0.154
D3	-0.035	0.082	0.092	0.214	-0.152	0.168	0.142	0.030	0.175	-0.127	0.271	0.289	0.232	0.095	0.111	-0.161	-0.006	-0.124	0.089	0.219
E1	0.023	0.019	0.241	0.272	0.065	0.060	-0.221	0.070	-0.264	-0.121	0.066	-0.054	-0.175	0.093	-0.071	0.221	0.023	0.163	0.037	0.101
E2	0.069	-0.085	0.155	0.184	0.110	0.138	-0.299	0.047	-0.244	-0.025	0.073	0.099	-0.136	0.065	-0.195	0.121	0.058	0.220	0.289	-0.005
F1	0.072	-0.130	0.068	0.215	0.109	-0.141	0.268	0.003	0.020	-0.029	0.071	-0.073	-0.228	0.181	0.157	-0.075	0.104	-0.077	0.010	-0.455
F2	0.092	-0.167	0.031	0.056	0.076	-0.166	0.285	-0.120	0.036	-0.135	-0.052	0.271	-0.028	0.193	-0.041	0.053	-0.205	-0.042	0.000	0.052
F3	0.053	-0.053	0.150	0.228	0.008	-0.065	0.309	0.152	-0.120	-0.056	-0.085	-0.045	-0.056	-0.181	0.135	-0.267	0.136	0.013	0.229	0.245
F4	0.060	-0.132	0.232	0.102	0.123	-0.136	0.179	-0.011	0.047	0.032	-0.287	-0.077	-0.050	-0.032	0.049	0.091	0.242	-0.141	-0.051	0.148
F5	0.084	-0.132	0.166	0.112	0.172	-0.157	0.156	0.082	-0.123	-0.068	-0.259	0.020	0.008	0.049	-0.150	0.023	-0.049	0.009	-0.166	0.136
G1	0.149	-0.045	0.145	0.085	-0.181	0.001	0.125	-0.013	0.066	0.064	0.029	0.093	0.057	-0.013	-0.316	-0.079	-0.224	0.275	-0.205	-0.024
G2	0.102	-0.048	0.187	0.147	-0.079	-0.213	0.091	-0.162	0.004	0.145	0.009	0.158	0.113	0.036	-0.255	0.012	-0.198	0.075	0.062	-0.192
H1	0.183	-0.120	-0.143	-0.075	0.095	-0.036	0.058	0.062	-0.106	0.100	0.135	0.039	0.056	-0.087	-0.114	0.078	0.142	-0.012	-0.072	-0.033
H2	-0.031	0.233	-0.035	-0.134	0.156	-0.011	0.214	0.189	-0.185	0.170	-0.035	0.099	0.072	-0.003	-0.052	0.139	0.088	-0.146	0.102	0.029

续表 1

原指标	成分																			
	1	2	3	4	5	6	7	8	9	10	11	12	13	14	15	16	17	18	19	20
H3	-0.007	0.271	0.018	0.061	0.021	0.077	0.219	0.200	-0.190	0.114	-0.068	0.109	0.039	-0.108	0.052	0.000	0.062	0.053	0.002	-0.105
H4	0.135	0.123	0.039	-0.151	-0.057	0.192	0.117	-0.049	-0.250	0.133	0.061	-0.040	0.034	0.188	-0.026	-0.058	-0.199	-0.098	0.091	0.036
H5	0.057	0.256	0.066	-0.151	0.051	-0.097	0.010	0.150	-0.103	0.025	-0.157	0.141	-0.026	-0.039	0.019	0.156	-0.019	0.044	-0.202	0.168
H6	0.134	0.153	-0.095	-0.091	0.169	-0.035	0.097	0.053	-0.205	0.191	0.134	0.196	0.055	0.066	-0.061	0.011	0.132	-0.096	-0.059	-0.120
I1	0.178	-0.011	0.111	-0.191	0.091	-0.118	0.008	0.097	0.062	-0.146	0.195	-0.139	-0.168	-0.020	-0.118	-0.060	0.017	0.037	0.074	0.107
I2	0.161	0.052	0.137	-0.144	0.102	-0.131	0.003	0.072	0.039	-0.199	0.223	-0.185	-0.180	0.003	-0.074	0.009	0.003	0.031	0.007	0.151
J1	0.110	0.116	0.143	-0.262	0.131	-0.084	-0.004	0.080	0.135	-0.165	0.209	-0.111	0.012	0.045	-0.055	-0.115	0.087	-0.083	0.011	0.036
J2	0.007	0.287	0.099	-0.118	-0.002	0.026	0.114	0.002	-0.144	0.015	-0.060	-0.020	0.075	0.104	0.011	0.069	-0.030	0.154	0.206	-0.143
K1	0.189	-0.044	0.058	-0.252	0.044	-0.048	0.076	0.063	0.117	0.055	0.092	-0.096	0.096	-0.056	-0.056	0.025	0.016	0.031	0.087	-0.016
L1	0.167	0.083	-0.080	0.054	-0.224	-0.034	0.061	0.097	0.029	-0.051	-0.015	-0.026	-0.057	0.021	0.095	0.090	-0.069	0.019	0.362	-0.136
L2	0.159	-0.072	-0.182	0.016	0.084	-0.057	0.091	0.003	0.088	0.115	-0.015	-0.058	-0.069	0.000	0.228	-0.066	0.085	0.072	-0.014	0.084
L3	0.166	0.114	-0.097	0.028	-0.196	-0.046	0.130	0.017	0.134	-0.095	-0.172	-0.060	-0.167	-0.069	-0.023	0.020	-0.031	0.079	0.182	-0.093
L4	0.155	-0.099	-0.183	-0.024	0.063	-0.074	0.102	0.004	0.009	0.125	0.052	0.091	0.089	-0.012	0.030	0.020	-0.060	0.323	0.050	0.221
L5	0.163	0.099	-0.049	-0.032	-0.171	0.023	0.058	-0.056	0.101	-0.052	-0.042	-0.267	0.200	0.043	-0.045	0.068	0.160	0.202	-0.143	-0.118
L6	0.164	0.133	-0.151	0.074	-0.197	0.003	0.062	0.021	0.114	-0.020	-0.045	0.038	-0.015	0.106	-0.102	0.077	-0.006	0.158	0.037	0.066
L7	0.150	0.068	-0.132	0.058	-0.031	-0.070	-0.035	0.034	0.003	-0.073	0.071	0.002	-0.036	0.247	-0.017	0.155	-0.220	-0.458	-0.053	0.218
L8	0.142	0.036	-0.075	-0.006	-0.030	-0.222	-0.191	-0.091	-0.036	-0.027	-0.113	0.029	-0.037	0.395	0.180	0.207	0.004	-0.038	-0.040	0.093
L9	0.135	0.074	-0.182	0.085	-0.050	0.012	-0.019	0.088	-0.048	0.152	0.015	-0.099	-0.203	0.212	0.266	-0.208	0.002	0.249	-0.147	0.164
L10	0.158	0.148	-0.096	0.063	-0.246	-0.021	0.031	0.003	0.102	-0.051	-0.093	-0.084	-0.107	0.038	0.006	0.198	0.015	-0.041	0.056	-0.041
L11	0.148	-0.063	-0.140	0.098	0.056	0.111	-0.070	-0.191	-0.161	0.170	-0.075	-0.031	0.028	-0.261	0.131	-0.023	-0.062	-0.135	0.144	0.052

续表 2

原指标	成分																			
	1	2	3	4	5	6	7	8	9	10	11	12	13	14	15	16	17	18	19	20
L12	0.099	0.148	0.053	0.051	0.048	-0.069	-0.077	-0.100	0.209	-0.169	-0.235	0.151	0.222	-0.184	-0.074	0.055	0.159	-0.058	0.280	0.058
L13	0.100	0.153	-0.064	0.073	-0.023	0.231	-0.020	-0.030	0.043	-0.160	-0.118	0.034	-0.049	0.061	-0.280	-0.048	0.357	-0.136	-0.107	-0.044
M1	0.156	0.001	-0.089	-0.042	0.080	0.092	-0.012	-0.252	-0.140	-0.336	0.021	0.221	0.046	-0.111	0.200	0.011	0.012	0.067	-0.072	-0.026
M2	0.154	0.052	-0.059	-0.016	0.078	0.042	0.017	-0.254	-0.136	-0.230	0.092	0.285	-0.036	-0.089	0.194	0.103	0.113	0.152	-0.129	0.014
M3	0.192	-0.170	-0.123	-0.057	0.064	-0.001	-0.046	-0.021	0.031	0.090	0.062	0.061	-0.040	-0.099	-0.073	-0.008	0.057	0.057	0.040	-0.049
M4	0.195	-0.149	-0.111	-0.046	0.058	-0.044	-0.071	-0.020	0.091	0.109	0.017	0.098	0.000	-0.117	-0.002	0.069	0.064	0.019	0.015	0.006
M5	0.098	0.126	-0.063	0.152	0.165	-0.084	-0.123	0.001	0.195	0.113	0.138	0.216	0.083	0.227	-0.102	-0.189	0.328	-0.002	-0.002	-0.087
M6	0.129	0.091	-0.119	0.141	0.039	0.007	-0.109	0.299	-0.070	-0.189	-0.023	-0.036	0.081	-0.090	-0.028	-0.328	-0.062	0.110	-0.208	-0.062
N1	0.174	0.035	-0.097	0.143	0.163	-0.092	-0.107	0.140	0.015	-0.031	-0.070	-0.100	0.091	-0.119	0.031	0.025	-0.199	-0.153	-0.025	-0.126
N2	0.112	0.095	-0.137	0.205	0.090	-0.053	-0.193	0.320	-0.074	-0.146	-0.082	-0.010	0.179	-0.050	-0.027	-0.107	-0.221	-0.078	-0.026	-0.079
O1	0.185	0.024	-0.026	-0.017	-0.019	0.214	0.060	-0.175	-0.090	0.030	-0.117	-0.084	-0.181	-0.076	-0.170	-0.033	-0.093	-0.202	-0.112	0.012
O2	0.185	0.014	-0.024	-0.018	-0.017	0.220	0.047	-0.168	-0.092	0.076	-0.102	-0.115	-0.198	-0.123	-0.164	-0.100	0.015	-0.082	-0.075	-0.016
P1	-0.001	0.266	0.072	0.175	0.218	-0.030	-0.009	-0.193	0.164	0.104	0.107	-0.119	-0.048	-0.137	0.018	0.063	-0.128	0.035	-0.043	0.029
P2	0.004	0.273	0.067	0.196	0.196	0.004	0.020	-0.159	0.179	0.102	0.113	-0.088	-0.043	-0.126	0.063	-0.006	-0.118	0.026	-0.039	0.010
P3	-0.026	0.268	0.083	0.140	0.203	-0.040	0.007	-0.183	0.178	0.161	0.112	-0.079	-0.091	-0.084	0.022	0.078	-0.109	0.030	-0.031	0.066
Q1	0.143	-0.069	-0.015	-0.004	0.122	-0.077	-0.082	-0.117	-0.123	-0.049	0.061	-0.258	0.405	0.011	-0.038	0.087	-0.031	0.026	0.177	-0.003
R1	0.136	-0.114	0.110	-0.022	0.098	0.145	0.122	-0.022	-0.064	-0.260	0.052	-0.148	0.152	-0.025	0.257	0.055	-0.085	-0.049	-0.019	-0.231
R2	0.139	-0.022	0.195	-0.082	0.008	0.262	0.049	0.021	-0.020	0.106	0.176	0.066	-0.032	0.150	0.123	-0.127	-0.128	-0.018	0.130	-0.078
S1	0.063	-0.067	0.142	0.150	0.077	0.275	0.036	0.244	0.152	0.051	0.070	-0.012	0.026	0.017	0.162	0.402	0.076	0.045	-0.224	-0.146
S2	0.092	-0.203	-0.020	-0.079	0.233	0.138	-0.033	0.148	0.227	0.151	-0.119	0.085	0.053	0.073	-0.068	0.030	-0.079	0.001	0.035	-0.089
S3	0.097	-0.107	0.051	0.003	-0.011	0.354	0.029	0.212	0.259	0.073	-0.066	0.043	0.068	-0.028	0.083	0.228	-0.055	0.028	0.053	0.206

主要参考文献

[1] Masli A, Peters G F, Richardson V J, Sanchez J M. Examining the Potential Benefits of Internal Control Monitoring Technology [J]. The Accounting Review, 2010, 85 (3): 1001 -1034

[2] Abid F, Zouari A. Financial Distress Prediction Using Neural Networks [C]. Proceedings of the MS 2000 International Conference on Modeling and Simulation, 2000, 9 (1): 399 -406

[3] López -Iturriaga, Félix J, López -de -Foronda, Öscar, Pastor -Sanz, Iván. Predicting Bankruptcy Using Neural Networks in the Current Financial Crisis: A Study of U. S. Commercial Banks. working paper. 28 Nov. 2010

[4] Boritz J E, Hayes L, Lim J H. A Content Analysis of Auditors' Reports on it Internal Control Weaknesses: The Comparative Advantages of an Automated Approach to Control Weakness Identification [J]. International Journal of Accounting Information Systems, 2013, 14 (2): 138 -163

[5] Bedard J C, Graham L E. Detection and Severity Classifications of Sarbanes -Oxley Section 404 Internal Control Deficiencies [J], The Accounting Review, 2011, 86 (3): 825 -855

[6] Doyle J, Ge W, Mcvay S. Determinants of Weaknesses in Inter-

nal Control over Financial Reporting [J]. Journal of Accounting and Economics, 2007 (44): 193 -223

[7] Chung K C, Tan S S, Holdsworth D K. Insolvency Prediction Model Using Multivariate Discriminant Analysis and Artificial Neural Network for the Finance Industry in New Zealand [J]. International Journal of Business and Management, 2008, 39 (1): 19 -28

[8] Dixon M F, Klabjan D, Bang J. Classification - Based Financial Markets Prediction Using Deep Neural Networks [J]. Algorithmic Finance, 2016 (Accepted Paper)

[9] Perez, M. Artificial neural networks and bankruptcy forecasting: a state of the art. Neural Computing and Applications. 2006, 15 (2): 154 - 163

[10] Sarah C. Rice, David P. Weber. How Effective is Internal Control Reporting under SOX 404? Determinants of the (Non -) Disclosure of Existing Material Weaknesses [J]. Journal of Accounting Research, 2012, 50 (3): 811 -843

[11] Wasserman, S., and Faust, K. Social Network Analysis: Methods and Applications. Cambridge: Cambridge University Press, 1994

[12] Denis D. K, Mcconnell J J. International Corporate Governance [J]. Journal of Financial and Quantitative Analysis, 2003, 38 (1): 36

[13] Jensen M C, Meckling W H. Theory of the Firm: Managerial Behavior, Agency Costs and Ownership Structure, Journal of Financial Economics, 1976, 3 (4)

[14] Acharya V V, Myers S C, Rajan R G. The Internal Governance of Firms [J]. Social Science Electronic Publishing. 2010

[15] Metrick A, Gompers P A, Ishii J L. Corporate Governance And Equity Prices [J]. Quarterly Journal of Economics, 2003, 118 (1): 107 -155

[16] Fama, Eugene F., Jensen, Michael C.. Separation of Ownership and Control. Journal of Law and Economics, Vol. 26, No. 2, Corporations and Private Property: A Conference Sponsored by the Hoover Institution. 1983 (6): 301 -325

[17] Rosenblueth A, Wiener N, Bigelow J. Behavior, Purpose and Teleology [J]. Philosophy of Science, 1943, 10 (1): 18 -24

[18] Robert A. G. Monks, Nell Minow 著，李维安，牛建波等译. 公司治理（第五版）[M]. 北京：中国人民大学出版社，2017

[19] Kevin Keasey, Steve Thompson, Mike Wright 编，刘霄仑，朱晓辉译. 公司治理：受托责任、企业与国际比较（第一版）[M]. 北京：人民邮电出版社，2013

[20]（美）西蒙斯（Robert Simons）著，鲜红霞，郭旭力译. 控制 [M]. 北京：机械工业出版社，2004

[21]（美）N. 维纳著，郝季仁译. 北京：控制论 [M]. 科学出版社，2009

[22] 边肇祺，张学工. 模式识别 [M]. 北京：清华大学出版社，2000

[23] 陈汉文. 中国上市公司内部控制指数（2010）：制定、分析与评价 [J]. 证券时报，2011 (9)：6

[24] 陈林，黄章树. 基于 ARIMA 模型的期货价格分析与预测 [J]. 福州大学学报（哲学社会科学版），2010 (03)：32—37

[25] 池国华，关建朋，乔跃峰. 企业内部控制评价系统的构建

[J]. 财经问题研究，2011（05）：87—92

[26] 贺彩霞，冉茂盛，廖成林. 基于系统动力学的区域社会经济系统模型 [J]. 管理世界，2009（03）：170—171

[27] 侯利强，杨善林，王晓佳. 基于粒子群优化偏最小二乘支持向量机的我国税收收入预测研究 [J]. 中国管理科学，2013（S1）：1—7

[28] 胡海青，张琅，张道宏，陈亮. 基于支持向量机的供应链金融信用风险评估研究 [J]. 软科学，2011（05）：26—30

[29] 蒋燕. ARIMA 模型在广西全社会固定资产投资预测中的应用 [J]. 数理统计与管理，2006（05）：588—592

[30] 孔宁宁，魏韶巍. 基于主成分分析和 Logistic 回归方法的财务预警模型比较——来自我国制造业上市公司的经验证据 [J]. 经济问题，2010（06）：112—116

[31] 刘军. 社会网络分析导论 [M]. 北京：社会科学文献出版社，2004

[32] 刘勇，汪旭晖. ARIMA 模型在我国能源消费预测中的应用 [J]. 经济经纬，2007（05）：11—13

[33] 骆良彬，王河流. 基于 AHP 的上市公司内部控制质量模糊评价 [J]. 审计研究，2008（06）：84—96

[34] 王海林. 价值链内部控制模型 [M]. 经济科学出版社，2007

[35] 王海林. 企业内部控制能力评价研究 [M]. 首都经济贸易大学出版社，2011

[36] 王海林. 企业内部控制缺陷识别与诊断研究——基于神经网络的模型构建 [J]. 会计研究，2017（08）：74—80

[37] 王海林. IT 环境下企业内部控制模式探讨 [J]. 会计研究，

2008 (11): 63—68

[38] 王海林，张书娟．上市公司网络财务报告系统评价研究 [J]. 审计研究，2012 (5): 76—85

[39] 王海林，王晓旭．企业国际化、信息透明度与内部控制质量 [J]. 审计研究，2018 (1): 78—85

[40] 王海林，李斌．政府控制、公司特征与网络财务报告系统质量研究——基于公司网站数据的分析 [J]. 审计研究，2016 (04): 50—60

[41] 王海林，李斌．企业盈利能力、国际化与网络财务报告系统质量．首都经济贸易大学学报，2018 (6)

[42] 王海林，陈淼琳．企业内部控制缺陷研究的知识图谱分析 [J]. 财会通讯，2017 (29): 64—68

[43] 王海林，韦婉．创业板上市公司内部控制环境质量研究——基于深交所主板、中小板、创业板的比较 [J]. 财会通讯，2017 (01): 5—9.

[44] 王惠芳．上市公司内部控制缺陷认定：困境破解及框架构建 [J]. 审计研究，2011 (2): 71—76

[45] 王茜，戴文涛．基于判别分析的内部控制重大缺陷预测研究 [J]. 财经问题研究，2012 (5): 48—54

[46] 熊志斌．基于 ARIMA 与神经网络集成的 GDP 时间序列预测研究 [J]. 数理统计与管理，2011 (02): 306—314

[47] 杨有红，李宇立．内部控制缺陷的识别、认定与报告 [J]. 会计研究，2011 (3): 76—80

[48] 张先治，戴文涛．中国企业内部控制评价系统研究 [J]. 审计研究，2011 (01): 69—78

[49] OECD 公司治理原则（2015）

[50] COSO. 内部控制——整合框架（1992 版，2013 版）

[51] 财政部. 企业内部控制基本规范及配套指引

[52] 2011 年、2012 年、2013 年存在重要或重大缺陷的上市公司的内控自我评价报告、内控审计报告